教育类系列教材

学前特殊儿童
融合教育理论与实务

XUEQIAN TESHU ERTONG

RONGHE JIAOYU LILUN YU SHIWU

主编 郭文斌 韩秦虎

西安交通大学出版社

XI'AN JIAOTONG UNIVERSITY PRESS

图书在版编目(CIP)数据

学前特殊儿童融合教育理论与实务 / 郭文斌,韩秦
虎主编. — 西安：西安交通大学出版社,2024.8.
ISBN 978 - 7 - 5693 - 3854 - 6

Ⅰ.G76

中国国家版本馆 CIP 数据核字第 2024XT4399 号

书　　名	学前特殊儿童融合教育理论与实务
	XUEQIAN TESHU ERTONG RONGHE JIAOYU LILUN YU SHIWU
主　　编	郭文斌　韩秦虎
责任编辑	王建洪
责任校对	柳　晨
封面设计	任加盟

出版发行	西安交通大学出版社
	(西安市兴庆南路 1 号　邮政编码 710048)
网　　址	http://www.xjtupress.com
电　　话	(029)82668357　82667874(市场营销中心)
	(029)82668315(总编办)
传　　真	(029)82668280
印　　刷	西安五星印刷有限公司

开　　本	787mm×1092mm　1/16　　印张 15.25　　字数 338 千字
版次印次	2024 年 8 月第 1 版　2024 年 8 月第 1 次印刷
书　　号	ISBN 978 - 7 - 5693 - 3854 - 6
定　　价	46.80 元

如发现印装质量问题,请与本社市场营销中心联系。
订购热线:(029)82665248　(029)82667874
投稿热线:(029)82665379　QQ:793619240
读者信箱:xj_rwjg@126.com

序

早在 1995 年,上海就率先开始在一些定点的幼儿园招收残疾幼儿。21 世纪初,华东师范大学学前特殊教育学院的周念丽老师在上海的几个幼儿园开始学前融合教育的实证研究,并相继出版了《自闭症幼儿的社会认知:理论、实验及干预的研究》和《学前融合教育的比较与实证研究》两本著作,用认知实验的方法,证明了早期教育的有效性和学前融合教育的必要性与可行性。但这些都还是零星的研究,没能得到更为广泛的推广,尤其是在普通学前教育界,颇有孤掌难鸣之窘。

但是,从国家和地方政府公布和实施了第一期《特殊教育提升计划(2014—2016 年)》之后,情况就大不一样了。伴随着人们对非义务教育阶段特殊教育,尤其是学前融合教育的重视,全国范围内,尤其是承担了随班就读国家实验区建设的市区,展开了一些有关早期融合教育的研究。2017 年,《残疾人教育条例》进一步强调,要保障残疾人的受教育权,完善特殊教育体系,提高特殊教育质量。2021 年 12 月 31 日,国务院办公厅转发由教育部、国家发展改革委、民政部、财政部、人力资源社会保障部、国家卫生健康委和中国残联共同发布的《"十四五"特殊教育发展提升行动计划》,其中明确提出"推进融合教育,全面提高特殊教育质量","积极发展学前特殊教育,鼓励普通幼儿园接收具有接受普通教育能力的残疾儿童就近入园随班就读"。各级地方政府也积极响应国家政策,制定了一系列地方性特殊教育政策,为学前融合教育的发展提供了有力的保障。随着教育理念的转变,我欣喜地看到学前融合教育的实践范围逐渐扩大,许多幼儿园和特殊教育学校开始尝试开展融合教育,将特殊儿童纳入普通教育体系,让他们与健全儿童一起学习、生活。一些地区还开展了"随班就读"项目,为特殊儿童提供更加个性化的教育支持。学前融合教育的研究领域不断丰富,研究方法不断改进,学者们不仅关注融合教育的理论探讨，还开展了很多实证研究，为融合教育的实践提供了有力支持。我国学前融合教育一步一步地从理念转向实践、从实证研究走向推广应用的成熟发展过程。

　　郭文斌作为我博导生涯中所指导的第 23 名博士研究生，也是我的博士生中的关门弟子，是我认为最努力、最勤奋好学的研究生之一。他敏锐地意识到了特殊教育向学前和职业教育两端延伸的重要意义，在注重残疾人职业教育研究的同时，也关注了学前融合教育的研究。其与西安市启智学校韩秦虎书记合作编写的《学前特殊儿童融合教育理论与实务》一书的出版，是他们对我国学前特殊教育事业作出的一份重要贡献。书中不仅介绍了学前融合教育的理念和原则，还详细阐述了如何设计和实施融合教育课程，以及如何通过评估和教学来促进特殊儿童的学习进步。这些内容对于那些在学前融合教育领域工作的教育工作者和家长来说，具有很高的实用价值。书中还分享了许多实际案例，这些案例展示了学前融合教育在实践中的成功应用，为读者提供了具体的借鉴和启示。郭文斌和韩秦虎合作撰写的这本《学前特殊儿童融合教育理论与实务》，他们主动对学前融合教育展开研究，并积极进行学前融合教育实践尝试的产物，值得庆贺。郭文斌要求我为本书写几句话，是以为序。

2024 年 1 月 19 日

前言

　　《学前特殊儿童融合教育理论与实务》的出版，旨在响应我国近年来对于特殊儿童教育的重视和政策倡导，为学前特殊儿童融合教育提供了理论支持和实践指导。本书从特殊儿童的身心特点出发，深入剖析了融合教育的理念、方法、途径和策略，为从事学前特殊教育的教师、家长和相关专业人士提供了重要参考。随着社会的发展和科技的进步，人们对特殊儿童的关注和认识逐渐加深。我国政府也高度重视特殊儿童的教育问题，并制定了一系列相关政策。2017年，《残疾人教育条例》进一步强调，要保障残疾人的受教育权，完善特殊教育体系，提高特殊教育质量。在这样的政策背景下，学前特殊儿童融合教育正逐渐成为我国教育领域的一个热点话题。融合教育是一种以人为本的教育理念，强调尊重个体差异，注重发挥特殊儿童的潜能和个性，帮助他们更好地融入社会。在学前阶段，融合教育对于特殊儿童的成长和发展具有尤为重要的意义。通过融合教育，特殊儿童可以学会与健全儿童交往、互动，培养自己的自尊、自信和独立意识，为其未来的学习和生活奠定坚实基础。

　　本书的作者长期从事特殊教育工作，具有丰富的实践经验和理论素养。书中所提出的学前特殊儿童融合教育理念和方法，紧密围绕国家相关政策，充分体现了时代精神。全书共分为九章，从学前特殊儿童融合教育概述入手，详细介绍了学前融合教育的产生与发展、我国学前融合教育发展的现状与趋势、学前特殊儿童的评估、学前融合教育课程建构、学前特殊儿童行为问题的干预、学前特殊儿童的幼小转衔、建构学前融合教育的支持体系和构建有效的家庭与幼儿园合作模式等内容。同时，本书还结合大量实际案例，为读者提供了可操作性强的教育建议和实践指导。值得一提的是,本书在阐述学前特殊儿童融合教育的同时,还特别强调了构建有效的家庭与幼儿园合作模式,这无疑为融合教育的实施提供了更加全面、深入的支持。

第一章为学前特殊儿童融合教育概述,主要从五个方面进行阐述,第一,回溯学前特殊儿童融合教育的产生与发展历程,从中总结经验、把握规律,增强在学前特殊儿童融合教育领域不断开拓前进的勇气和力量;第二,对特殊儿童、学前儿童、学前特殊儿童、融合教育、学前特殊儿童融合教育等核心概念进行界定,以更好地展现研究对象是什么;第三,阐明学前特殊儿童融合教育的内容;第四,阐述学前特殊儿童融合教育的意义;第五,提出学前特殊儿童融合教育面临的困难以及未来需要努力的方向,对学前特殊儿童融合教育形成较为全面的认知。

第二章为学前融合教育的产生与发展。学前融合教育是为有特殊需要的学前年龄段儿童提供的教育,具体包含两方面内容:一是教育的对象具有特殊的教育需要,属于特殊教育范畴;二是教育对象的年龄为 0～6 岁,即婴幼儿阶段。本章从学前融合教育的产生与发展两方面进行阐述,重点探讨国内外学前融合教育的发展概况以及国外学前融合教育的发展对我国的启示,并进一步指出了未来我国学前融合教育的发展路径。

第三章为我国学前融合教育发展的现状与趋势,主要对学前融合教育发展的现状、趋势以及西安市学前特殊儿童融合教育的现状展开论述。学前融合教育发展的现状主要由发展成就与发展困境两部分构成。学前融合教育发展的趋势包含三方面:重视评估在学前融合教育高质量发展中的重要作用,重视学前融合教育班级的课程比重调整,关注幼师融合教育素养的培养。同时,本章结合西安市的具体情况,重点关注西安市学前融合教育发展中的问题、政策帮扶、推进效果以及西安市学前融合幼儿园取得的成绩。

第四章为学前特殊儿童的评估,主要围绕学前特殊儿童评估概述、学前特殊儿童评估工具、西安市学前特殊儿童评估案例三个方面展开。学前特殊儿童评估概述包括其含义、内容、方法和过程;学前特殊儿童评估工具由智力评估工具、适应性评估工具、情绪行为评估工具、感知觉与动作评估工具、早期发展评估工具和语言评估工具六个部分组成;西安市学前特殊儿童评估案例围绕案例的基本情况、评估工具与方法、评估结果、评估结论与建议四个方面展开。

第五章为学前融合教育课程构建，主要围绕学前融合教育课程概述、学前融合教育课程构建模式、学前融合教育课程构建的调整以及西安市学前融合教育课程构建案例四个方面展开讲述。学前融合教育课程是融合教育有效实施的重要保证，只有课程真正地适应每个儿童的需要，特殊儿童才能真正地从融合教育中获得最大的益处，且健全儿童也能够得到较好的发展，因此在实施学前融合教育的过程中，课程的构建极为重要。

第六章为学前特殊儿童行为问题的干预，围绕行为问题的界定、常用的干预策略和常见行为问题处理以及相关干预案例四个方面的内容展开，促进学前特殊儿童在幼儿园中更好地接受教育，减少特殊儿童如难以静坐、与同伴相处困难、自伤行为、攻击行为等行为问题的发生。

第七章为学前特殊儿童的幼小转衔，主要从融合教育中的幼小转衔、特殊儿童幼小转衔的实施、西安市特殊儿童幼小转衔的具体案例等三个方面展开论述。学前儿童由幼儿园教育模式转入小学教育模式，需花费较长时间适应。健全儿童尚且如此，特殊儿童由于生理或病理上的缺陷，更需要我们的帮助，幼小转衔教育就显得尤为重要。

第八章为建构学前融合教育的支持体系，主要从政策、环境、专业、社会四个方面讲述学前融合教育的支持体系，并列举了西安市建构学前融合教育支持体系案例，更加直观地体现学前融合教育支持体系的建构。

第九章为构建有效的家庭与幼儿园合作模式，主要从家园合作对特殊儿童的必要性、教师与特殊儿童家长的关系、有效家园合作的策略、西安市学前融合幼儿园有效家园合作案例四个方面展开论述。

本书内容参阅了大量国内外相关研究资料，在此向相关作者表示感谢。书中观点仅代表作者观点，且由于个人水平有限，书中内容难免存在疏漏之处，敬请各位读者批评指正。

郭文斌　韩秦虎

2024 年 1 月 15 日

目录

第一章
学前特殊儿童融合教育概述

学习目标

1. 了解学前特殊儿童融合教育的产生与发展。
2. 理解学前特殊儿童融合教育的含义和内容。
3. 熟悉学前特殊儿童融合教育的意义，了解面临的困难以及未来发展。

知识导图

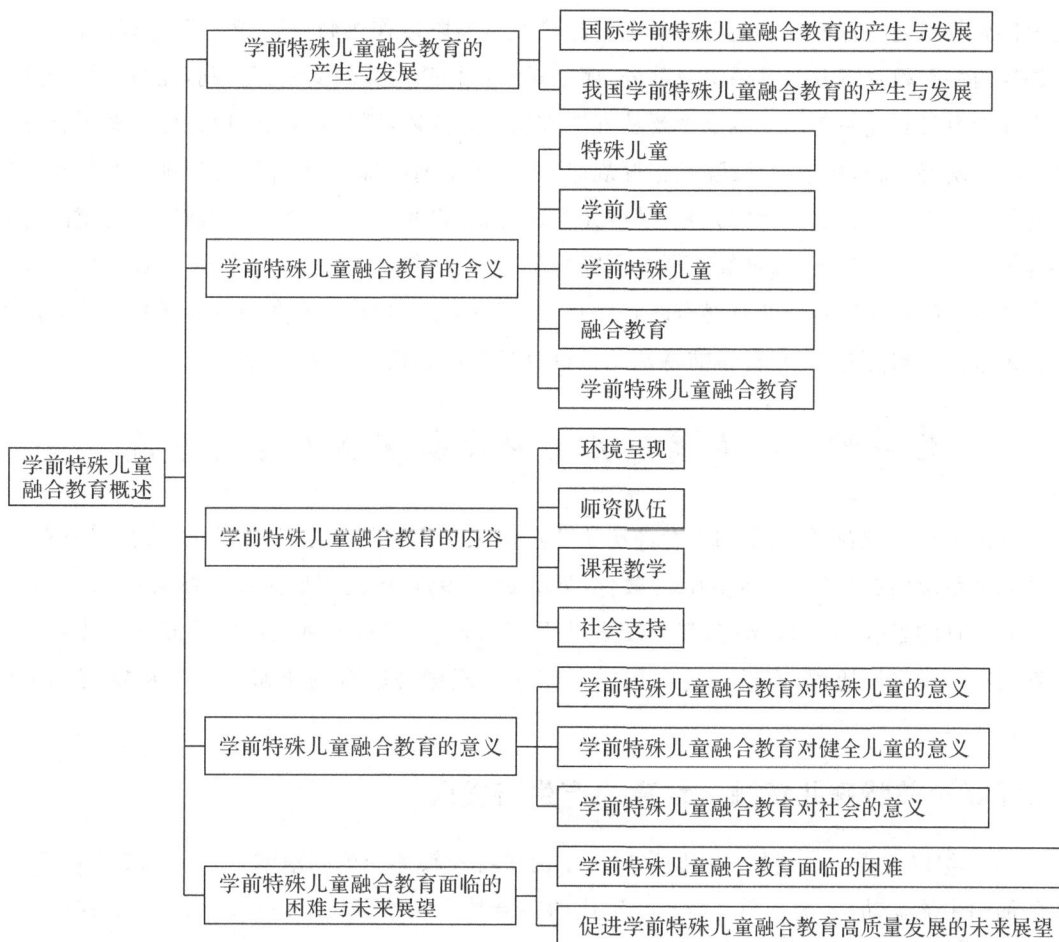

学前特殊儿童融合教育概述

- 学前特殊儿童融合教育的产生与发展
  - 国际学前特殊儿童融合教育的产生与发展
  - 我国学前特殊儿童融合教育的产生与发展
- 学前特殊儿童融合教育的含义
  - 特殊儿童
  - 学前儿童
  - 学前特殊儿童
  - 融合教育
  - 学前特殊儿童融合教育
- 学前特殊儿童融合教育的内容
  - 环境呈现
  - 师资队伍
  - 课程教学
  - 社会支持
- 学前特殊儿童融合教育的意义
  - 学前特殊儿童融合教育对特殊儿童的意义
  - 学前特殊儿童融合教育对健全儿童的意义
  - 学前特殊儿童融合教育对社会的意义
- 学前特殊儿童融合教育面临的困难与未来展望
  - 学前特殊儿童融合教育面临的困难
  - 促进学前特殊儿童融合教育高质量发展的未来展望

导读

现如今,融合教育愈发受到广泛关注,对于学前特殊儿童而言,融合教育成为他们融入社会、全面发展的关键途径。所谓学前特殊儿童融合教育,即是在同一教育环境中将特殊儿童与健全儿童相结合,通过有针对性的教育方法和手段,使特殊儿童能够最大限度地发挥潜能,实现个性化成长。这是一项既充满挑战又充满机遇的事业。只有全社会共同参与,方能确保特殊儿童在融合环境中茁壮成长,实现全面发展。

思考

1. 学前特殊儿童和健全儿童的需求有什么异同?

2. 你在日常生活中遇见过哪些学前特殊儿童融合教育形式?

当前,我国特殊教育迎来了高速发展期。近年来,随着融合理念的不断发展,融合教育已成为世界范围内特殊教育事业发展的主要趋势。学前阶段作为特殊儿童接受教育的伊始,不仅是我国特殊教育事业的重要组成部分,而且对维护特殊幼儿的受教育权利,提高其社会适应和生存能力具有重要作用。本章主要从五个方面进行阐述,第一,回溯学前特殊儿童融合教育的产生与发展历程,从中总结经验、把握规律,增强在学前特殊儿童融合教育领域不断开拓前进的勇气和力量;第二,对特殊儿童、学前儿童、学前特殊儿童、融合教育、学前特殊儿童融合教育等核心概念进行界定,以更好地展现研究对象是什么;第三,阐明学前特殊儿童融合教育的内容;第四,阐述学前特殊儿童融合教育的意义;第五,提出学前特殊儿童融合教育面临的困难以及未来需要努力的方向,对学前特殊儿童融合教育形成较为全面的认知。

第一节　学前特殊儿童融合教育的产生与发展

回溯历史,学前特殊儿童的教育经历了从远离大众视线的孤立(isolation)的特殊教育,到公共教育系统内的隔离(segregation)教育(Winzer,1993),再到回归主流的统合(integration)教育和今日的融合(inclusion)教育的发展过程(Winzer,2009)。通过梳理学前特殊儿童融合教育的产生和发展历程,有助于为我国学前特殊儿童融合教育的未来发展做出富有创见的选择。

一、国际学前特殊儿童融合教育的产生与发展

20世纪以美国为代表的发达国家掀起了两次特殊教育变革的浪潮:一次是20世纪70年代的回归主流运动,一次是20世纪90年代的融合教育改革(Meyen et al.,1995)。这两次变革给特殊教育带来了积极影响,推动了世界各国的特殊教育由隔离走向融合。

(一)传统的隔离式的特殊教育

1.孤立的养护机构及特殊学校

西方文艺复兴和启蒙运动为早期特殊教育发展奠定了思想基础。18世纪下半叶,法国作为实施特殊教育的先驱国家之一,率先创建了寄宿制教养机构,针对聋、盲、智力障碍三类特殊学生开展特殊教育。先驱者们致力于探索适合特殊教育的各种教学技术,如手语教学、盲文教学和感觉生理训练等。这些基于临床的特殊教学技术的发展与运用,使传统的隔离式的安置形式得以固定下来,也成为彰显特殊教育"特殊性"的重要标志。特殊教育机构和学校的建立在特殊教育乃至人类社会的发展史上都具有里程碑的意义,它们改变了特殊人群被教育排斥的历史,被视为在教育中实现社会公正的积极的解决方案。

2.公共教育系统内分离的特殊班级

在美国,随着强制入学法案的颁布与执行,公立学校迫于日益增多的问题学生(包括低成就、违纪、移民儿童等)以及不断增加的教学压力和班级管理压力,需要建立一种与隔离式机构设施等效化的场所,于是在公立学校内部出现了特殊班级。至20世纪中期,这种自足式的特殊班级迅速发展,成为传统特殊教育安置相关学生的另一种选择。特殊班级所面向的有障碍学生虽不在完全隔离的特殊学校,但同样也被移出了主流环境,无法与普通教师和同龄健全伙伴接触。这种分离的特殊班级安置形式反而为特殊儿童及某些少数族裔儿童被错误分类和负面标记提供了方便,招致了教育改革者的强烈批判。

(二)一体化教育

1.回归主流运动

20世纪50年代,受北欧"正常化"原则的影响,去机构化运动和反对种族隔离的政治声浪在美国此起彼伏。布朗诉托皮卡教育局案的判决结果"隔离就是不平等",对教育中固有的特殊隔离问题的解决产生了重要启示。同时,由特殊班安置引发的与隔离和错误分类有关的另一种教育排斥现象,引起了学者高度关注。劳埃德·邓恩在1968年发文《轻度智障者的特殊教育:是否适当》,对特殊班的安置效果与正当性进行质疑,这成为推动美国"回归主流"运动的导火索。其后,美国颁布《残疾人教育法》(*Individual with Disabilities Education Act*,IDEA),将"最少受限制环境"列为法定教育安置原则,自此奏响了融合教育的序曲。在实践层面,IDEA支持为有障碍学生提供连续性的弹性服务模式,即学生在校可利用部分时间参与普通教育的非学术活动(如艺术、音乐、体育等),其他时间则接受巡回辅导、资源教室方案、特殊班等抽离式特殊服务,以满足他们的特殊教育需求。很显然,回归主流所倡导的一体化教育对残障学生有门槛要求,他们必须具备适应主流教育的能力,否则在此之前仍需被抽离出来接受特殊教育。

2.普通教育改革运动

1983年美国发表报告《国家在危机中:教育改革势在必行》,该报告针对健全学生学业成就日渐低落的问题而展开,掀起了一次教育改革浪潮。这一浪潮同样引发特殊教育界的自我反省,其中有关抽离式特殊教育服务的批评甚嚣尘上,使特殊儿童在哪里安置更佳的议题再度成为争论的焦点。批评者认为抽离式特殊教育方案意图虽好,但缺乏强力的证据证明学生可从中受益。于是,20世纪80年代中期,以玛德琳·威尔为首的学院派支持者发起了"普通教育改革运动",要求取消抽离式特殊教育服务模式,倡导特殊教育融合于普通教育。遗憾的是,这场运动被评价为一场"特殊教育工作者忘了邀请普通教育这个新娘的婚礼"(Lieberman,1985),对普通学校教育并没有产生预期的深远影响。

(三)融合教育

进入20世纪90年代,联合国教科文组织(UNESCO)在推动融合教育方面发挥了重要作用,先后召开"世界全民教育大会"(1990)和"世界特殊教育大会"(1994),并分别发布了在国际教育史上具有里程碑意义的《世界全民教育宣言》和《萨拉曼卡宣言》。前者从普通教育出发,关注个体发展和基本学习需要;后者则关注特殊需要和特殊问题,提出融合教育概念,呼吁所有政府以法律或政策的形式为特殊教育提供支持(Kiuppis,2013)。这两个世界大会也为国际组织后续推动包容性教育制度的建立奠定了基础。2006年,联合国大会通过《残疾人权利公约》,将全纳教育作为一项公民权利。此外,UNESCO在2008年以"融合教育:未来之路"为主题举办了第48届国际教育大会,基于每个学习者同等重要且享有获得有效教育机会的权利的原则,讨论将融合概念扩展到所有儿童。可见,在国际化教育大背景下,融合教育理念的内涵已超越教育范畴,延伸出教育愿景、社会平等和公正这些元素,并与全民教育理念殊途同归。融合教育关注的对象从最初的有"特殊教育"需要的学生,转向在各种不利环境中有"特殊的"教育需要的人,如女童、难民、偏远农村的农民、游牧民、贫民窟穷人、艾滋病人等弱势边缘人群,再转向所有学习者,两次转向均以满足学习者多元的差异性需求作为教育实践的出发点。在特殊教育实践领域,融合教育主张在普通班级为有特殊需要的学生提供特殊教育支持。欧美国家的第一代融合教育,主要采取调整和增加教学资源的策略,如适应性教学、课程调整、助理教师等。在这种特殊支持模式下,有障碍的学生容易被包裹在各种"专业服务"中,这就容易形成有障碍的学生与普通师生相分隔的"气泡"效应,也使得有特殊需要的学生有被"贴标签"的可能。

随着主流教室中具有不同文化背景的、有残障的以及低学业成就的学生人数增加,为应对学习者的各种差异,融合教育开始进入第二代的发展模式。在这一阶段,学校改革者要求重建整个学校系统,整合特殊教育与普通教育各自的优势和资源,为所有学生(包括有障碍的学生)和教育者打造一个更利于合作的、灵活的学习环境;改革者还要求在教学上采用通用学习设计,实施差异化教学以及小组合作教学来促进学生的全纳教育。回顾西方特殊教育的发展史可清晰地看到,贯穿其中的围绕关于有特殊需要的学生的安置"地点"所发生的变化,将特殊教育与普通教育渐进融合直至与全民教育理念殊途同归的全纳教育,特殊教育与普通教育由双轨并行逐渐走向一体化的融合过程。

二、我国学前特殊儿童融合教育的产生与发展

我国特殊教育的起步虽落后于西方国家,但发展迅速,在改革开放后的短短几十年走过了西方两个多世纪的发展历程(王雁 等,2019)。回顾相关文献可知,我国特殊儿童学前教育的政策发展经历了由初步探索期(1978—2000 年)到逐渐发展期(2001—2009 年)再到增速发展期(2010 年至今)的阶段。在这个过程中,由"初等教育为发展重点,特殊儿童学前教育发展处于边缘化位置,政策文件数量增长缓慢"向"特殊儿童学前教育正式纳入特殊教育规划体系,但关键点仍在于普及九年义务教育",再向"学前教育发展进入新时期,特殊儿童学前教育以资助形式被纳入国家公共服务及学前教育政策的统筹规划"进行转变(宋国语 等,2021),政策文件数量不断增加,国家对特殊儿童学前教育的重视程度也逐渐提升。

(一)初步探索期(1978—2000 年)

在融合教育的思想传入我国后,党和国家以其他发达国家的融合教育实践为参考,结合我国特殊教育发展实际,逐步探索出我国融合教育的本土形式——随班就读,且先在义务教育阶段探索融合教育的推广与实践。为满足现代化建设的迫切需求,党的十一届三中全会于 1978 年召开,全国上下进入了改革开放新时期,教育事业被置于优先且重要的发展地位,融合教育有了发展的契机。1982 年,《中华人民共和国宪法》公布,规定"中华人民共和国公民有受教育的权利和义务""国家和社会帮助安排盲、聋、哑和其他有残疾的公民的劳动、生活和教育",为特殊人群接受教育提供了重要的法律保障。随后,国务院于 1986 年转发《关于实施〈义务教育法〉若干问题的意见》,指出:"特殊儿童的义务教育办学形式要灵活多样,除设特殊教育学校外,还可在普通中、小学附设特殊教学班。应该把那些虽有残疾,但不妨碍正常学习的儿童吸收到普通中小学上学。"这是我国首次明文规定特殊儿童可以进入普通学校就读,迈出了融合教育第一步。1988 年 11 月,我国首次召开全国特殊教育工作会议,提出适合中国实际情况的特殊儿童义务教育格局——"以在普通学校附设特殊教育班和随班就读为主体、以特殊教育学校为骨干",自此,越来越多的各类特殊儿童进入普通学校,其受教育需求日益多样化。由此可知,这一时期国家以普及初等教育为重点,同时将残疾人康复工作纳入国家发展规划[①]。这一时期,尽管特殊儿童的学前教育也受到关注,但着重抓好初等教育的发展导向使得特殊儿童学前教育处于边缘发展状态,主要以康复的形式进行。

(二)逐渐发展期(2001—2009 年)

进入 21 世纪,尤其是"十一五"期间,有关特殊教育的法律法规与文件密集出台或修订。2001 年《中国残疾人事业"十五"计划纲要》指出,"积极发展学前教育""逐步形成学前教育、义务教育、高级中等教育、高等教育相互衔接的残疾人特殊教育体系",特殊儿童学前教育正式被

---

① 国务院批转国家计委等部门关于中国残疾人事业五年工作纲要的通知[Z].中华人民共和国国务院公报,1988.

纳入特殊教育体系规划,作为特殊教育的学前延伸阶段开始逐渐发展。2006年修订的《中华人民共和国义务教育法》中有五条(六款)涉及了特殊教育,如第十九条第二款规定:"普通学校应当接收具有接受普通教育能力的特殊适龄儿童、少年随班就读,并为其学习、康复提供帮助。"总的来说,这一时期特殊儿童、少年的义务教育情况成为"普及九年义务教育"验收工作的核心指标,并具有"一票否决"的效力(曹跃进 等,2012),学前特殊儿童融合教育处于缓慢发展期。

(三)增速发展期(2010年至今)

自2010年起,我国社会建设以改善民生为重点,进入社会福利时代,儿童福利制度也有了新突破(华国栋,2003)。普惠性和公益性成为公共教育的战略目标(刘继同,2012),加之全面普及九年义务教育目标的完成,学前教育进入新的发展时期,特殊教育体系建设继续以向两端延伸发展为目标。2010年《国务院关于当前发展学前教育的若干意见》首次提出资助特殊儿童接受普惠性学前教育,特殊儿童学前教育以"资助"的形式被纳入国家公共服务以及学前教育政策的统筹规划之中。这一时期,国家开始大力支持学前融合教育的发展,前有《特殊教育提升计划(2014—2016年)》明确提出"积极发展非义务教育阶段特殊教育……支持普通幼儿园创造条件接收特殊儿童",为学前融合教育发展提供了政策导向;再有《第二期特殊教育提升计划(2017—2020年)》提出"全面推进融合教育""加大力度发展特殊儿童学前教育",为学前融合教育发展指明了方向;后有《中国儿童发展纲要(2021—2030年)》指出要全面推进融合教育,大力发展特殊儿童学前教育,将学前融合教育推到前所未有的高度。

第二节　学前特殊儿童融合教育的含义

了解并鉴别与学前特殊儿童融合教育相关联的核心概念是科学开展研究的前提,本节主要对"特殊儿童""学前儿童""学前特殊儿童""融合教育""学前特殊儿童融合教育"进行概念界定。

一、特殊儿童

特殊儿童基于特殊教育对象,具有广义与狭义之分。广义的特殊儿童(exceptional children)指与正常儿童相比,在各方面具有显著差异的各类儿童,这里的差异表现为两个方面,一是指发展水平低于正常的儿童,二是指发展水平高于正常的儿童,即天才儿童。狭义的特殊儿童专指特殊儿童(children with disabilities),即身心发展有缺陷的儿童,又称缺陷儿童(defect children)、障碍儿童(handicapped children),包括智力障碍、听力障碍、视力障碍、言语障碍、情绪和行为障碍、多重障碍等类型(朴永馨,2006)。此外,不同国家对特殊儿童的定义不一,研究对象范围在国际上也尚未形成标准化范畴。

二、学前儿童

《教育大辞典》将学前教育界定为"从出生至入学前的教育"(顾明远,1999)。我国大部分地区儿童的入学年龄为 6 岁,因此一般将 0~6 岁的儿童统称为学前儿童。对 0~6 岁儿童开展的教育称为学前教育,具体又可以细分为早期教育或托育(3 岁前)以及幼儿教育(3~6 岁)。

三、学前特殊儿童

基于学前教育及特殊儿童两个概念,本书将学前特殊儿童定义为学前阶段由于先天性和非先天性的因素致使生理、心理、智力及感官等存在障碍的特殊儿童,包括视力障碍、听力障碍、语言障碍、肢体障碍、智力障碍、精神障碍、多重障碍、其他障碍等儿童。

四、融合教育

融合教育又称全纳教育,于 1994 年"世界特殊教育大会"所颁布的《萨拉曼卡宣言》中正式提出。尽管许多国家都将全纳教育作为特殊教育发展的理想以及相关政策制定的理论依据,但实际上人们对于全纳教育是什么仍然众说纷纭,没有一个确切统一的概念。但融合教育作为一种新的教学理念,主张让特殊儿童进入普通班级和普通儿童在相同的环境中接受教育,强调满足所有儿童的教育需要,关心特殊儿童受教育权利,提倡平等公正,这是学界普遍认同的。

五、学前特殊儿童融合教育

学前特殊儿童融合教育是指让有特殊教育需要的学前幼儿进入普通幼儿园,与普通幼儿共同接受保育和教育的教育形式(雷江华 等,2015)。其强调为特殊儿童提供一个正常化的非隔离的教育环境,是一项对特殊幼儿和普通幼儿均有益的教育安置形式。

第三节　学前特殊儿童融合教育的内容

发展高质量的学前特殊儿童融合教育是我国教育事业发展的新任务。何谓高质量的学前特殊儿童融合教育?学前特殊儿童融合教育质量包括哪些内容?这些问题目前还没有一个标准的答案。众多研究表明,影响学前特殊儿童融合教育质量的因素复杂多样,但也存在着内在一致性,即建构高质量的学前特殊儿童融合教育需包含以下四个方面:①物理环境——无障碍措施、空间大小适宜及安全、适应特殊学生所做的调整;②社会环境——教师对特殊幼儿的尊重及公平对待、师生互动、教师对特殊学生的协助、同伴互动;③课程与教学——课程设计、课程调整、教学策略、个别化教育计划、学习评量多元化;④支持系统——专业人员的支持、在职训练、家长的参与度(张国栋 等,2015)。本节主要从环境呈现、师资队伍、课程教学、社会支持几个方面展开阐述。

一、环境呈现

对于学前特殊幼儿,高质量的融合环境至关重要,其不仅包含物理等硬件层面,也包含文化等软件资源。高质量融合的物理环境是社会文化的基础,最少受限制环境(least restrictive environment,LRE)是融合教育的重要视窗。对于物理环境来讲,不仅要体现在社区和早期项目中,还应争取面向所有儿童,甚至具体到特殊儿童的学位数量,以及环境中干扰特殊儿童活动的障碍物等,应遵循通用学习理论并进行详细调查。例如,"家长对课程的满意度、特殊儿童的适应度、特殊儿童在课程中的其他需要等",均需要详细的数据支撑并予以审查。此外,还应该及时关注文化氛围,创设一个和谐的、接纳的社会氛围对学前特殊儿童社会融合的过程与效果都非常重要,高质量的学前融合教育应发展包容的文化氛围和良好的公众意识。增强社会对特殊儿童学前融合教育的关切,首先,有助于改善群众对特殊儿童群体的歧视性认知;其次,有助于带动群众树立包容与尊重特殊儿童群体的良好心态,进而以实际行动来关心和帮助特殊儿童群体。然而,改变往往是艰难而漫长的,要想达成这个目标,一方面,要利用一切途径和手段普及相关的特殊教育知识,通过标语、传单、报刊、电视、广播、橱窗等多种方式普及预防残疾、早期康复、特殊教育等知识,提高人们对特殊群体与相关人道主义思想的认识,积极创造特殊儿童平等接受教育、参与社会生活的氛围。另一方面,组织动员社区居民为特殊群体提供志愿服务活动,鼓励社区居民与特殊群体及其家庭成员经常沟通,只有每个社区居民理解了特殊群体,尊重、关心他们,才能为特殊儿童的成长营造良好的氛围。在幼儿园,儿童保育员和教师应接受和欣赏儿童的个体差异,肯定他们的能力,形成良好的关爱氛围。

二、师资队伍

师资力量与学校的课程教学、幼儿的学习效果息息相关。特殊儿童学前教育对教师的专业要求和素质要求都非常高,不但要求老师掌握学前教育领域的基本内容,还需要掌握特殊教育领域的基本内容。因特殊儿童的特殊性,教师需付出更多的耐心和爱心,花费更多精力去照顾特殊儿童,引导其学习。当前,特殊儿童学前教育机构较少,公办幼儿园虽提倡融合教育,但真正开办并接收特殊儿童的幼儿园有限。民办教育机构虽在一定程度上进行了资源补充,但在准入、制度、教育质量及安全层面尚且不够标准,农村等欠发达地区则更为不足。就特殊儿童学前融合教育师资建设来说,现有的教师队伍结构不合理,专业化水平有待提升,教师的专业背景单一。学前融合教育具有多学科交叉的特点,既需要教师掌握幼儿教育的基本知识技能,又需要教师拥有特殊教育相关的知识储备,而由于师范教育所开设的课程内容有限,未能包含学前融合教育实践过程中所需要的全面的内容,导致教师相关知识掌握不全面,在教育观念、知识储备、教育能力等方面尚未做好接纳特殊幼儿的准备,不能及时地适应岗位。在职后培训过程中,存在缺乏相关培训资源、培训形式单一、教师学习意识差等问题,职后教育与现实教育状况不符(魏勇刚 等,2022),无法真正实现教师理论知识和实践水平的提升,最终导致了现有师资专业理论知识严重不足、教学实践能力欠缺的现状,极大地影响了教育质量,对特殊儿童的发展康复未能起到良好的促进作用。特殊幼儿的发展,不仅需要关注资金与设备等硬资源,也需要关注师资力量与同伴合作等软资源,因此培养可以开展融合教育的师资力量仍是特殊儿童早期教育发展的基石。培养融合教育师资,首先,应该强调幼儿教师的职前和在职培训,以确保教师在入职前便已经熟练掌握融合教育的相关理论知识及实践技能;其次,应严格学前融合教师资格的准入标准,定期进行考核摸底,并注重教育机构之间的合作,对人员标准和资格证的认定标准进行磋商;最后,可以通过普通幼儿园与特殊教育学校的学前部进行协作与交流,打破两者之间的壁垒与界限,建立特殊教育学前合作群,加强教学改革,共同为特殊幼儿制定相关的个别化教学任务及家庭作业,形成家校间的多方合力。此外,在学前幼儿发展过程中,虽然学前融合教师的知识与技能很重要,但其对特殊幼儿的精神照顾与心理接受更为关键,应注重让每一个特殊幼儿都可以真切感知到教师的感情。因此,教师应该培养对特殊幼儿的倾听能力,做到从心底接纳孩子,要明确倾听的目的,同时在聆听幼儿讲话时,应保证与幼儿的眼神互动,注意幼儿的表达意图与谈话需求,学会换位思考,了解幼儿的观点与感受,真正体察幼儿的情绪与情感,尽可能地做到同理感知并对所倾听的信息做一个正向积极的反馈。

三、课程教学

就学前融合教育课程建设来说,当前对于学前融合教育的课程研究还处于空白状态,课程教学资源建设严重不足,缺乏相关指导性政策。与传统教学相比,融合教育教学更具复杂性,需要教师更科学的教学决策与更机智的教学智慧,要兼顾普通学生与特殊学生的需求,同时促进二者而不是一方的发展。然而,在教学过程中如何权衡两个不同群体的课程需求,什么样的学前融合教育课程才是科学的好的课程,这些关键问题未能有参考答案,仍是一个未知的状态,导致一线教师在探索学前融合教育课程过程中会出现诸多问题,而这些问题会直接影响到特殊儿童的后续发展。目前特殊儿童学前教育正在由以缺陷补偿、生活自理为目标的救助性教育模式向关注学生发展主体、提升幼儿社会化水平的发展性教育模式进行转变。此理念的转变不仅影响着幼儿园内的课程设置及教学任务安排,还影响着课程教学整体目标及社会化发展的实现。救助性教学模式重保障轻发展,重初级教化轻再社会化,这显然并不符合社会发展中对于幼儿及个体的社会化需求,而未来潜能的激发、系统化干预及指导则对幼儿发展的影响更为深远。首先,在进行特殊幼儿课程设置安排时,应明确其不仅具有幼儿的学前教育性质,还具有特殊教育和融合教育的性质。这方面可借鉴美国州政府、社区及地方项目的实施计划,州政府制定早期学习标准,进行政府统筹,逐步推进融合教育课程实施;社区将关注点聚焦于课程开发;地方项目则根据社区建议对课程进行进一步的细化与说明,使早期教育和环境指标更加具体,包括如何根据儿童自身情况选择课程主题、使用课程材料、检测和反馈课程质量等。其次,在进行特殊幼儿教学过程中,应尽可能基于特殊幼儿的身心发展特点、不足之处、潜能所在进行个别化教学,可以采用蒙台梭利教育教学法、奥尔夫音乐教育、感觉统合训练模式、沙盘游戏模式、游戏教学等方法。例如,依据蒙台梭利教育教学法让特殊儿童在有准备的环境中专心工作,以帮助他们成长并通过感觉统合训练实现个体多种感觉器官、运动器官的参与,促进失调感觉器官的逐渐恢复。此外,还应关注特殊幼儿的社会情感学习,通过对相关信息的收集和记录进行数据汇总与分析,为特殊儿童提供个别化支持。再次,可以视学生情况实施弹性教学模式。当前教学模式研究主要为以下三种:第一,家庭教育模式研究。家长在特殊儿童发展过程中起着关键作用,家长的干预与教育逐步引起全社会与教育界的关注。目前家庭教育模式研究主要集中在理论层面,包含各类特殊儿童家庭教育的意义、原则、方法和存在问题,而关于如何具体实施教育仍有待研究。与家庭教育相关因素的研究包括亲子关系、教养方式、家庭环境、家长参与等方面。第二,学校教育模式研究。此研究领域主要体现在个别化教育计划的制订、结构性教学游戏的设计及教师对儿童的情感教育等方面。第三,社会教育模式研究。此研究领域主要包括社区对各类特殊儿童的教育干预及医学康复、社会支持系统的建立等。最后,还应加强本土化学前融合教育的质量评估,实现以评促教。我国学前教育质量评估检测体系的建设起步相对较晚,系统建构、数据收集、系统检测均不够成熟,因此,需要建立健全智能化的学前融合教育质量数据采集和分析系统,促进学前融合教育高质量发展。

四、社会支持

社会支持是融合教育的重要组成部分,是融合教育成功与否的关键要素。构建社会支持,首先是政府的政策规划。政府的政策规划对教育供给的影响重大,如果政府认识到发展特殊儿童学前教育的重要性,则会增加教育供给,如果政府认识不到发展特殊儿童学前教育的重要性,甚至会减少教育供给。近年来,我国颁布了一系列政策法规以促进特殊儿童学前教育的发展。2001年颁布《中国残疾人事业"十五"计划纲要》,特殊儿童学前教育正式被纳入特殊教育体系中。2010年,国务院颁布《国家中长期教育改革和发展规划纲要(2010—2020年)》,提出要因地制宜发展特殊儿童学前教育。2016年颁布实施的《幼儿园工作规程》规定,幼儿园应当为在园特殊儿童提供更多的帮助和指导。2020年,教育部印发了《关于加强残疾儿童少年义务教育阶段随班就读工作的指导意见》(教基〔2020〕4号),对加强义务教育阶段随班就读特殊儿童科学评估认定、就近就便安置、专业支持体系等方面进行了系统部署,并明确提出包括幼儿园在内的非义务教育阶段普通学校可参照执行。由此可见,我国对发展学前融合教育有着深刻的认识与迫切的需求,但国家目前关于学前融合的政策更多的是宣传推广、鼓励性支持性政策,而不是具体实施、强制性规定性的政策,这也导致了我国学前融合教育发展的进度缓慢。其次是政府的经济支持。经济发展水平决定了一个国家对学前特殊儿童融合教育资源投入的绝对数量和可接受学前融合教育的特殊儿童的数量,影响着学前特殊儿童融合教育的教育质量。自改革开放以来,我国在党的领导下,经济发展处于良好态势,这样的宏观经济条件奠定了学前融合教育的发展基础。近年来,国家加大对学前融合教育的财政投入,全面加强学前融合教育的保障条件。"十三五"期间,我国提高各级各类特殊教育学校经费补助标准,增加针对各级各类特殊儿童的生活补助,减免学杂费用,对特殊儿童康复的手术费用和器材费用也给予补贴,某些省份甚至免费为特殊儿童实施人工耳蜗手术,有效地保障了特殊儿童入学与康复。

同时,国家也投入了大量的财政资金改善学校建设和办学条件,实施融合幼儿园标准化工程,为学前融合教育发展夯实了物质基础。除此之外,家庭和社区也对学前融合教育的成功至关重要。社区可以为特殊儿童和青少年提供基础设施完善的无障碍社区环境,配备必要的康复机构和器材,并在家庭的配合下为他们提供社区康复和就业机会,还可以为特殊儿童提供主观心理上的支持,从内心理解、尊重、接纳他们。社区积极为特殊儿童提供教育服务和职业培训,特殊儿童未来就有更多机会与社区中其他居民接触,既能减轻特殊儿童家庭困难,提高他们的生活质量,也能使更多居民理解、关心特殊儿童的成长。所以,社区和家庭可以从以下几个方面入手,更好地促进特殊儿童社会融合:第一,引导家长面对现实,主动参与。特殊儿童需要家庭付出更多的精力和金钱,不可避免会加重家长的心理负担,甚至导致其焦虑抑郁。通过鼓励家长积极面对现实,合理期望,帮助家长正确认识自己的社会角色,引导其主动、有意识地带着特殊儿童参与社会活动,建立友谊,而不是闭门不出。总之,要尽量减轻家长的心理负担。第二,社区应充分发挥职能,利用各种资源,如社区卫生服务中心、学校和幼儿园、社会福利机构等,依托这些机构的场所和专业人员,为社区内的特殊儿童及其家庭提供家庭康复训练指导。

第四节　学前特殊儿童融合教育的意义

学前融合教育对特殊儿童和健全儿童均有效(杨希洁,2005),它不仅有利于特殊儿童的智力发展、行为矫正、缺陷补偿、健康人格的形成,而且有益于健全儿童的自我意识、理解他人的能力及亲社会行为的发展,是对特殊儿童和健全儿童自身、家庭以及社会都具有巨大收益的教育安置形式(高宏 等,2020)。

一、学前特殊儿童融合教育对特殊儿童的意义

学前特殊儿童融合教育有助于保障特殊儿童的成长发展。学前期是个体社会行为、情感态度、语言、性格和认知等发展的关键时期,个体在这一时期如能得到科学、适宜的教育指导和支持,将会对其一生的可持续发展起到极其重要的奠基作用。从发展关键期的角度来看,越早对学前阶段的特殊儿童进行教育,就能够越早地降低障碍带来的负面影响,促进其潜能发挥(王雁,2000)。相关研究表明,学前融合教育对特殊儿童认知、社会性、情感、行为技能等方面的发展均有帮助(Bronson et al.,1997),特殊儿童可以在融合教育中通过模仿健全儿童而学会某项技能,促进特殊儿童社会适应能力的发展,为适应学校生活、适应社会打下良好的基础(陆勤 等,2016)。

二、学前特殊儿童融合教育对健全儿童的意义

学前特殊儿童融合教育有利于健全儿童的成长发展。健全儿童是学前融合教育的环境因素和参与群体,更是其中不容忽视的教育受众(魏寿洪,2015)。已有研究表明,学前融合教育经历不仅对健全儿童的自尊感、自我效能感、认知等均有积极影响,还会增加其亲社会行为,发

展其亲社会人格(王薇 等,2019)。健全儿童了解和帮助有特殊需要的儿童能够使自身获得外界的肯定,而这些积极的评价是促进马斯洛所提出的稳定且健康的自尊形成的重要来源。同时,健全儿童在与特殊儿童相互作用过程中会意识到自己能做得更好,成功体验的获得对其自我效能感的发展产生了极大的促进作用。此外,通过学前融合教育,健全儿童对特殊儿童能够形成更高的社会接受度并表现出更积极的态度。

三、学前特殊儿童融合教育对社会的意义

学前特殊儿童融合教育有助于推动社会融合,促进社会公平。社会融合这一概念最早由法国社会学家涂尔干在《自杀论:社会学研究》中提出,用以解释自杀现象的社会原因(DURKHEIM,1951),后逐渐延伸至流动人口、移民、婚姻家庭等相关的研究之中。随着应用范围的扩大,有学者开始关注特殊人群这一弱势群体的社会融合并展开了相关的研究。对于特殊人群来说,融合的过程是排除歧视与偏见,提升特殊人群社会参与程度的过程。社会融合与人类身心健康和社会良性发展有着莫大的联系,社会融合度越高,人民幸福感越强,社会发展水平越高(悦中山 等,2009)。特殊儿童是社会弱势群体,极易面临生活风险和经济缺乏保障的情况,如果任由其长期发展,这些状况将成为影响社会稳定和社会发展的潜在巨大隐患。开展学前特殊儿童融合教育,可以使特殊儿童从中获取救助和教育服务,帮助其发挥个体主观能动性,让特殊儿童等弱势群体可以在自己的生活中获得最大的独立性和自我控制,减轻特殊儿童遭遇的社会排斥,帮助他们逐渐融入主流社会,改变其所处的社会不利地位。

第五节 学前特殊儿童融合教育面临的困难与未来展望

与学前融合教育在理念层面无懈可击、备受追捧形成鲜明对比的是其在实践层面的举步维艰甚至停滞不前。国内学前融合教育仍处于探索阶段,在学前融合教育的实施过程中,特殊儿童在普通托幼机构中的发展现状不容乐观。根据教育部《第二期特殊教育提升计划(2017—2020 年)》实施情况报告,我国 3~6 岁特殊儿童总数为 13.5907 万,其中,在园特殊儿童数量为 5.86 万,入园率为 43.12%,入园率远远不够。此外,我国学前融合教育发展现状不容乐观,存在着融合理念认识与实践程度不足、保教人员专业化程度不够、特殊教育相关服务水平偏低、设备和环境适用性水平不高、特殊儿童的师生互动与同伴互动质量有待进一步提升等问题(庾晓萌 等,2022)。我们应认识到,学前特殊儿童融合教育的现状与建设优质的学前特殊儿童融合教育体系的目标之间还存在较大差距。

一、学前特殊儿童融合教育面临的困难

(一)政府支持力度不足且立法缺失

早期我国学前教育及特殊教育立法一直处于空白状态,直到 2022 年才开始进行学前教育立法的草案制定。目前我国关于特殊教育、学前教育等的核心法律缺失,首先,特殊教育法律

法规笼统空洞,操作性较低,特殊教育制度不够健全,缺少核心立法特有的原则与制度要求(陈久奎 等,2006)。其次,立法级别不高,权威性不足,相关条款过于分散。最后,缺乏明确的问责机制,存有明显的程序瑕疵(汪海萍,2007)。我国关于学前融合教育的研究多关注实施学前融合教育的必要性、存在的问题及困境、融合教育的安置模式、教学策略及国外学前融合教育模式,多从经验及理论层面开展研究,真正涉及幼儿园接收幼儿的个案研究、量化实证研究较少(刘敏,2012)。研究多从宏观层面围绕政府职能展开,对行之有效的操作层面研究较少。例如,第一期特殊教育提升计划指出,普通幼儿园、特殊教育学校、有条件的特殊幼儿机构均应该承担对特殊幼儿教育的主体责任,但尚未明确我国学前特殊儿童教育经费承担的比重应该如何分配,权责如何划分,生均经费为多少,关于具体可操作性的文件没有。

(二)融合教育理念未深入人心

融合教育作为一个新兴的理念传入我国不过几十年的时间,文化差异性与目前国内关于融合教育理论建构的空白模糊状态,导致学者和政府官员积极推行融合教育思想,而处于一线教育战线的基层幼儿园和教师却并不接纳,不认同融合教育。与此同时,学前特殊儿童融合教育的发展还存在地区差异,除去少数发达地区,大多数地区幼儿园教师学历的构成主体为大专,幼儿园教育发展理念落后,这些条件限制在一定程度上阻碍了幼儿园一线工作者的认知。例如,没有听说过学前融合教育,不理解什么是学前融合教育,认为特殊儿童就应该根据残障类型分门别类地安置到特殊机构中去,觉得特殊儿童进入班级会影响班级秩序、影响教学效果,让特殊儿童进入普通班级是不现实的,等等。在这样的理念下,教师对特殊儿童的排斥是必然的,也就可以理解为什么有的园所会拒绝接受特殊儿童,即便不情不愿接收了特殊儿童,也不可能给予其适宜的帮助与关怀。没有一线工作者以及社会公众对融合教育理念的深入认识,学前融合教育就只是镜花水月,永远不可能在实践中落地生根,开花结果。

(三)融合幼儿园支持体系不够完善

学前融合教育倡导为特殊儿童创设接纳的、无障碍的环境,融合幼儿园需提供专门的场地、适配的辅具,构建资源教室,配置专业的指导人员等。然而,目前融合幼儿园中的辅具多是购买的现成大型设备,结合当地特色自主研发制作的小型便携式设备较少,且辅器不便携带,大量闲置,造成了资源浪费。除此之外,资源教室的现实运行情况也并不理想,幼儿园资源教室更多止步于硬件建设,而资源教室更重要的作用是提供特殊课程教学、障碍儿童心理咨询与简单康复训练等教育服务。专业教师缺乏和资源教室作用发挥不足,致使资源教室对特殊儿童随班就读的专业支撑作用有限,影响了融合质量。

(四)学前融合教育教师专业能力弱

加快学前融合教育师资队伍建设无疑是提升学前融合教育质量的重要举措。学前特殊儿童融合教育对教师的专业要求和素质要求都非常高,不但要求老师掌握学前教育领域的基本内容,还需要掌握特殊教育领域的基本内容,且因特殊儿童的特殊性,教师需付出更多的耐心、爱心,花费更多精力去照顾特殊儿童,引导其学习。然而,由于教师教育培养体系与培养内容的单一,"复合型"的学前融合教育人才缺口大,融合幼儿园的师资结构单一,教师多为学前教育背景,特殊教育、心理学、医学和其他专业背景的教师占比较少,资源教师、特殊教育教师与康复人员严重缺乏。为缓解紧张的特殊教育师资问题,许多机构通过合同聘任特教或康复人员,或者通过轮流换班、结对替补制度来补充教师队伍,这样的形式往往导致学前融合教育难以形成稳定、独立的师资团队,更遑论师资队伍专业化建设,教师的专业水平难以保证,教育质量自然不高。

(五)特殊儿童的鉴别评估机制有待健全

我国关于特殊儿童的早期干预工作起步较晚,工作的基础也比较薄弱,目前仍缺乏对适龄特殊儿童"接受普通教育的能力"进行评价、鉴定的标准以及工作机制。再加上特殊人群教育专家委员会的职能发挥不到位,在开展融合教育过程中缺乏专业人员和专业技术的支撑,直接影响了特殊儿童教育与康复的科学性,导致许多特殊儿童进入普通园所后难以适应,被迫回流到特殊机构中。

二、促进学前特殊儿童融合教育高质量发展的未来展望

(一)政府要健全相关法律法规,提供社会保障

政府对学前特殊儿童融合教育的支持主要通过立法和提供社会保障的途径来实现。政府在学前特殊儿童融合教育中的作用主要是指关于特殊儿童的社会保障、立法是否完善以及政策执行是否到位。目前我国特殊儿童社会保障主要存在法制建设滞后与实施机制不健全两个方面的问题(赵康 等,2008)。法律法规是特殊儿童平等参与社会生活的根本保障,包括特殊儿童应当享有的社会保障,社区的基础设施,接受康复和上学的权利等。目前我国有关特殊儿童的法律法规存在诸多不完善的地方,缺乏对特殊儿童特别是农村地区家庭特殊儿童扶助、照顾、救济等的可操作性规定,使得政策实施效果不佳。因此,政府部门当务之急是出台完善的法律法规,以保证特殊儿童在接受学前融合教育时有法可依,有章可循,积极维护特殊儿童群体正当合法的权益。

(二)建构学前融合教育的学术体系,进一步普及学前融合教育理念

首先,学前融合教育领域的专家学者要努力探索,积极建构学前融合教育的学术体系,明确学前融合教育的可行性与必要性,形成实践凝结成理论,理论指导新的实践这样一个循环往复螺旋式上升的局面,从而使得学前融合教育有章可循,有理可依,有当地特色,能够适应当地学前融合教育发展,更容易被一线学前教育工作者理解与接受。其次,通过各种手段和方法,如专家讲座、研讨会、志愿活动等形式加强宣传,在全社会营造一个良好的发展融合教育的氛围,使广大教师、学生家长知晓融合教育的相关理念,关注融合教育的发展,积极参与到融合教育当中,从而逐步提高对"容融共荣"的认识。

(三)指导教辅具研发,重视资源教室的建设与运作

在教辅具方面,要注重根据儿童学习特点与当地特色自主研发制作小型便携式教辅具,为

学前特殊儿童提供学习和生活支持。同时,还要对资源器材适时地调整、更新,提高器材的有效性、安全性和使用率。考虑到随班就读特殊儿童流动性大、不稳定的特点,选配的设备数量要适度,便携可拆可带,从而减少设备闲置造成的浪费。在资源教室方面,利用资源教室进行教师特殊教育素养培训,提高教师的融合教育胜任力;利用资源教室开展融合教育宣导活动,成立特殊儿童家长互助会等。总之,要让资源教室从一个物化的教室转化为一个通道,一个平台,一个载体,一种机制,充分发挥资源教室的辐射作用。这样,不仅使特殊儿童从中可以获益,健全儿童、教师、家长也会由此开始重新审视融合教育的功能及价值所在,更利于融合教育氛围的营造。

(四)设置准入门槛,通过标准引领提升师资水平

要使特殊儿童回归主流幼儿园,首先,需要所有幼儿园教师的配合,全体幼儿园教师的态度是影响幼儿园融合环境和质量的关键因素。其次,有适当专业知识和教学经验的教师,以及受过培训的专业员工,是成功开展融合教育的重要支撑。最后,应积极创造条件对融合幼儿园教师进行特殊教育专业培训,定期召开资源教师教学研讨活动,促进资源教师在实践中成长,实现专业化发展。此外,还可通过建立学前融合教师准入制度,依托有特殊教育专业的高等院校对幼儿园教师进行特殊教育知识技能的培训,之后通过互联网学习平台进行继续教育,在达到一定的学时与分数后,进行资格认定,颁发证书,从而实现幼儿园教师职后融合教育素养的提升,提高在职教师融合教育的知识与技能。

(五)搭建医教一体化信息平台,完善特殊儿童评估体系

探索搭建医教一体化信息平台,从而实现医院、康复机构、教育部门之间的信息资源共享。积极组建由教育行政、教科研、特殊教育、普通教育、医学、康复、心理、社区工作等方面专家组成的特殊教育专家委员会,制定科学统一的评估标准,完善特殊儿童评估体系,对特殊儿童的障碍类别和程度进行科学诊断与评估,并为他们提供康复和教育的清单式服务建议,提高特殊儿童评估鉴定、入学安置、教育教学、康复训练的有效性、精准性、科学性。

课后练习

1.你如何看待学前特殊儿童融合教育?

2.学前特殊儿童融合教育的发展脉络是什么?

3.学前特殊儿童融合教育有哪些内容?

4.走访周边幼儿园,对就读的学前特殊儿童展开调查,并针对其中一名儿童建立电子档案,制订个性化的教育计划。

5.简述学前特殊儿童融合教育的未来走向。

第二章
学前融合教育的产生与发展

学习目标

1. 了解学前融合教育产生的背景和原因。
2. 熟悉国内外学前融合教育发展现状。
3. 掌握未来我国学前融合教育的发展路径。

知识导图

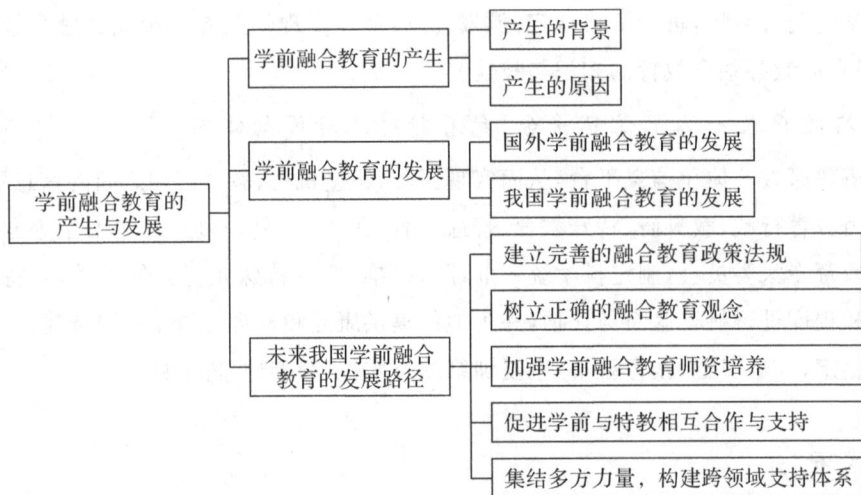

导读

　　学前融合教育作为一种新兴的教育模式,旨在为有特殊需求的幼儿提供与同龄健全幼儿相同的教育机会,以实现教育公平。在我国,学前融合教育的发展尚处于起步阶段,但其重要性已逐渐被社会所认识。本章将对学前融合教育的产生与发展进行探讨,以期为我国学前融合教育的发展提供借鉴。随着全球范围内特殊教育的发展,融合教育逐渐成为一种主流教育观念。联合国《残疾人权利公约》等国际法规明确规定,所有残疾人享有平等接受教育的权利。

我国政府高度重视特殊教育工作,陆续出台了一系列政策措施,推动特殊教育的发展。随着人民生活水平的提高,家长对幼儿教育的关注度逐渐提高,特殊幼儿的家庭对融合教育的需求也日益增长。学前融合教育有助于特殊幼儿融入同龄群体,促进其全面发展。随着我国学前融合教育的不断发展,更多特殊幼儿将受益,进而实现教育公平。

思考

1. 学前融合教育是如何产生的?
2. 未来我国学前融合教育会如何发展?

学前融合教育是为有特殊需要的学前年龄段儿童提供的教育。其具体包含两方面内容:一是教育的对象具有特殊的教育需要,属于特殊教育范畴;二是教育对象的年龄为 0～6 岁。本章将从学前融合教育的产生与发展两方面进行阐述,重点探讨国内外学前融合教育的发展概况以及国外学前融合教育的发展对我国的启示。

第一节　学前融合教育的产生

作为教育体系的一个分支,学前融合教育不是历来就存在的,而是随着社会物质文化的发展和人类文明的进步逐渐产生的。其产生的过程不是一蹴而就的,而是具有相应的社会背景和条件支持。

一、产生的背景

特殊教育是相对于普通教育而言的,特殊教育和普通教育都是教育的组成部分。相对于普通教育而言,特殊教育产生时间较晚,始于 18 世纪末西方国家的宗教团体为盲聋儿童开办的教育机构,20 世纪中期获得快速发展。

20 世纪中后期,世界各国经济获得较大发展,以美国为首的西方国家逐渐认识到青少年阶段已经错过了最佳矫正与治疗的生理时机,应该尽早发现特殊儿童的特殊表现,并及时给予预防、教育、治疗和康复训练,争取时间帮助特殊儿童克服或减轻残障所带来的不良后果,促使其中一部分特殊儿童能进入普通小学就读,尽可能促进特殊儿童向正常健康的方向发展。因此,他们提倡对特殊儿童进行必要的早期教育和训练,尝试在特殊学校开设学前班,在普通幼儿园增设特殊班或创设融合班,将特殊教育对象的学段向上拓展至高等教育,向下延伸至学前教育。由此,学前融合教育应运而生并获得飞跃发展。

与此同时,普通学前教育自 20 世纪 60 年代开始便得到大力发展,托儿所教育显著改进,家庭辅导广泛开展,早期测验、诊断及早期干预普遍展开(黄人颂,1997)。这为一些普通幼儿园开设特殊班接收特殊幼儿,或是在普通班中容纳特殊幼儿以随园就读的形式实施学前特殊教育打下了较好的基础。这些办园方式和教学组织形式的尝试与探索进一步使学前融合教育的需要得到满足。

二、产生的原因

学前融合教育的产生主要源于学前特殊儿童的教育需求、教育科学研究的快速发展以及经济社会和文化的发展等,具体概述如下。

(一)学前特殊儿童的成长需要是学前融合教育产生的本质原因

如果将所有儿童身心发展的平均水平视为正常水平(通俗地讲,即大众化水平),并以此为参照标准,则围绕着这个正常标准存在不同水平的儿童。一般而言,高于正常标准的称为超常儿童,低于正常标准的则视为低常儿童。总的来说,所有不同于正常水平的儿童,都称为特殊儿童。

根据天赋人权的思想,作为自然人的学前特殊儿童天生就应具有生存的权利,任何人都不能因其身有残疾或障碍而剥夺其生存的权利;而在人人平等的现代社会中,学前特殊儿童理应享有与健全儿童同等的发展权利,即应该享有受教育的权利。因此,学前特殊儿童的自然成长及社会成长的需要,以及社会发现并积极满足这种需要,是学前特殊教育产生的本质原因。

(二)教育科学研究快速发展为学前融合教育产生提供了理论支撑

儿童的发展主要包含身体发育和心理成熟两个方面。学前教育学、学前儿童心理学、生理解剖学、社会学等学科研究表明,学前期是儿童一生中身体发育和心理发展最迅速的一个时期。

脑科学的研究表明,3岁以前大脑发育最快。婴儿在出生时脑重量为370克,6个月时约为成人脑重量的50%,第一年年末接近成人脑重量的60%,第二年年末约为出生时脑重量的3倍,约为成人脑重量75%,3岁时已接近成人脑重量范围(左志宏,2020)。0~6岁是婴幼儿生长发育的关键期,对这些关键期的把握可以事半功倍地促进婴幼儿的自然成长。例如,0~3岁是语音发展的关键期,4~5岁是阅读能力发展的关键期,在关键期内儿童能较快地学习各种语言,并能快速培养起阅读能力,一旦错过这个关键期,再想获得同样的发展,可能就需要付出较大的努力。"狼孩"回归人类社会后的语言能力很难获得较大发展,除去社会环境的外因外,就在于错过了语言发育的关键时期。学前特殊儿童的身心发展也有关键期,只是其发展的速度和程度有所差异。如果能尽早对学前特殊儿童进行适当的教育和帮助,就可以减少其残障的症状,减轻其残障的程度,促使其更趋向正常水平发展。

(三)经济社会与文化发展是学前融合教育产生与发展的动力和保证

教育作为上层建筑,其发展必然由经济基础决定。经济社会与文化的发展促进了学前融合教育的产生,同时也为学前特殊儿童的父母提供了更多的工作机会,并有效提高了家庭在承担特殊儿童受教育和治疗方面的支付能力。18世纪以来,全球经济处于上升趋势中,尤其是20世纪以后,科学技术日新月异,经济也是飞速发展,社会主体人群的生存状态已经由满足生存的基本需要逐步提高至更高层次的精神需求,人们逐渐追求更高的文明程度,全社会呈现出一种积极追求发展和进步的精神面貌,这在教育领域中表现得尤为明显。因此,对学前融合教育的需求也随之日益突出,并急需得到解决。

学前融合教育的需求与供应之间的矛盾成为学前融合教育发展的动力,并随着经济社会的发展而逐步得到解决。一些社会团体和慈善机构在满足自身运营的情况下拿出一部分钱来回报和帮助社会;教育主管部门在满足了普通教育发展需求的情况下,拿出部分财力投入特殊教育事业中,并成立专门的特殊教育研究机构,设置并开发特殊教育课程教材,促使特殊教育系统性地发展起来,进而带动了学前融合教育的发展。

第二节　学前融合教育的发展

学前融合教育虽最早萌芽于西方国家,并获得了快速发展,但近些年来,随着我国政治、经济和社会文化的发展进步,我国的学前融合教育也逐渐受到重视并发展起来。国外学前融合教育典型以英国、德国、美国、日本、瑞典等国家为代表。各国学前融合教育的发展都经历了不同的历史过程,具有不同的侧重点。

一、国外学前融合教育的发展

国外学前融合教育起步较早,发展较为成熟,各国皆有不同的特色。其中,英国、德国、美国、日本、瑞典等国家的学前融合教育发展相对突出。

(一)英国学前融合教育的发展

20世纪70年代,英国政府提出要重视学前儿童的早期健康和发展,开始推行融合教育,将融合教育纳入英国特殊教育的核心政策中,在法律上不断保障融合教育的贯彻和实施,积极探索学前融合教育的模式。20世纪90年代,英国政府在新的教育立法中提出"部门间合作模式",该模式指出,教育、卫生、社会服务和志愿者支持四个部门的专业人员负责特殊儿童的教育、鉴定、评估及干预等工作。英国非常重视特殊儿童的评估和鉴定工作,强调家长参与教学,做好不同教育阶段之间的转衔服务[①]。2001年,英国《特殊教育实施章程》提出,要在学前教育环境中对学前特殊儿童进行诊断、评估,为其提供有针对性的服务,满足特殊儿童的教育需求。

此外,英国也非常重视教师素养。英国虽没有专门的师范院校,但非常重视教师教育,对参与学前融合教育教师的任职资格有明确的要求,如除了获得普通专业学士学位后的教师资格证书之外,还必须修习特殊教育课程。

英国从整合教育到融合教育,从融合教育理念的发展和确立、政策的颁布与落实、师资队伍的建设与培训三方面引导"公平与卓越"教育的飞速发展,促进了融合教育的发展。英国与我国教育的发展进程相似,英国融合教育的发展进程为我国学前融合教育的发展指明了方向。

---

① 赖德胜.教育均衡发展是社会和谐的基石[N].科技日报,2008-06-03.

(二)德国学前融合教育的发展

不来梅州是德国最早创办和发展学前融合教育的州之一,学前融合教育在不来梅州拥有重要的法律支撑。

《联邦社会救助法》和《儿童与青年救助法》为学前融合教育的发展提供了法律依据。《联邦社会救助法》提出,对处于身体、智力或精神障碍的个体应给予"适应性帮助"。"适应性帮助"的目标包括:预防进一步障碍的出现,减轻或排除现有的障碍,帮助障碍个体适应社会。"适应性帮助"的方式是社会救助的承担者承担所有费用,父母为此只需要支付幼儿相应的餐费。"适应性帮助"的内容有:社会救助机构承担与特殊需要幼儿相关的专业化的教育、课程和照管相应的费用。对于智力落后的幼儿以及处于"危险"状态的儿童,《儿童与青年救助法》规定:每个学前特殊儿童都有权利选择进入一个实施融合教育的机构,儿童和青年救助机构应为其提供经费支持。

此外,德国学前融合教育实施巡回服务模式。巡回师资队伍由特殊教师和专业工作人员组成,他们通常往返于各个幼儿园之间,服务对象包括特殊儿童和健全儿童。德国的"适应性帮助"和巡回服务模式对我国学前融合教育的发展具有借鉴意义。

(三)美国学前融合教育的发展

1965 年,美国通过了《经济机会法》中规定的"开端计划",保证了学前融合教育的有效开展。"开端计划"是美国联邦政府迄今为止规模最大的早期儿童发展项目之一,它强调 3～5 岁有特殊教育需要的儿童可以和健全儿童共同接受教育。

20 世纪 70 年代,美国兴起了一场"回归主流"的教育运动,其实质就是使部分特殊儿童在最小限制环境中接受教育,这开启了国际上最早的学前融合教育探究活动。1970 年,《残疾人教育法》充分保障了残疾儿童及其家长的权益,即零拒绝、无歧视性评估、个别化教育、最少受限制环境、合法的程序与家长参与。1975 年,《全体残障儿童教育法案》(后更名为《有能力缺陷的个体教育法案》)提出"所有 3～21 岁的个体,无论缺陷的类型和程度,都有权接受免费、适当的公立教育",此法案是美国影响最大的融合教育立法,它从经济上为有能力缺陷的儿童及其家庭提供了帮助。20 世纪 80 年代,"一体化"概念的提出进一步推动了特殊教育与普通教育的融合,但仍属于形式上的"安置"服务。20 世纪 90 年代,相关政策、研究与实践活动才开始关注二者深层次、实质性的融合,并真正提出"融合教育"这一概念。融合教育主张特殊儿童和健全儿童在普通班级或普通学校中一同受教,融合教育的重点是放在最少受限制的环境中,根据特殊儿童残疾程度的不同,为每一个体制订个别化的教育计划并选择适当的教育形式,促使特殊儿童更加融洽地参与到普通班级的学习和活动中,并逐步融入集体、班级、学校和社区生活中(张静 等,2015)。

美国学前融合教育开展至今已有三四十年历史,且长期处于世界领先地位,各种类型和程度的特殊儿童都在普通学校普通班级中接受教育服务。美国作为融合教育发展较完善的国家之一,其立法政策、实践机构、教学策略等诸多方面都日趋完善。美国学前融合教育的实践无论在立法上还是在服务机制、融合形式及课程思想和策略层面上,都对我国具有一定的借鉴和指导意义。

(四)日本学前融合教育的发展

日本历来重视特殊教育的发展和残疾人受教育权利的保障。21世纪后,为了更加有效地保障残疾人的受教育权利,日本先后修订了《教育基本法》《残疾人基本法》《学校教育法》,颁布了《发展障碍者支援法》《消除残疾人歧视法》等法律法规,用法律督促各级学校制度化建设,受益人群颇为广泛。2007年,日本签署了联合国《残疾人权利公约》,修订了《学校教育法》,将"特殊教育"更名为"特别支援教育"。

随着特殊教育发展理念的转变,日本致力于构建满足所有学生需要的包容性教育体系,推进融合教育的发展。同时,日本政府合理利用各类教育资源,联合高校教师、幼儿园及康复治疗机构共同推动学前融合教育的发展,构建共生社会。

(五)瑞典学前融合教育的发展

推动全民福祉是瑞典社会的理想,其福利政策涵盖健康、教育、工作等所有领域,并将移民、幼儿、老人和男女平权问题视为重要的社会议题。瑞典政府在提供福利服务支持幼儿和家庭方面更是不遗余力,其儿童福利处于世界领先地位。

瑞典学校教育中,越来越多的学生由于能力问题而在英语、数学、瑞典语等核心科目上表现出学习困难,被迫转入特殊教育机构学习。针对这种情况,瑞典开始用"融合"代替"一体化"的说法,强调教学要面向所有学生,允许所有学生平等参与学校各项活动。这是瑞典融合教育与国际接轨的标志,融合教育开始成为瑞典特殊教育的核心。

瑞典高质量的学前教育服务是对特殊需要儿童的最好支撑,是在正常活动中满足他们的需要,而非给予他们特殊对待。基于这一认识,瑞典政府开始把为"特殊支持需要儿童"提供法律保障视作一项特殊职责,并在这一理念指导下推行了诸多促进学前融合教育发展的举措。

(六)其他国家学前融合教育的发展

1994年,西班牙在《萨拉曼卡宣言》和《特殊需要教育行动纲领》中正式提出"融合教育",其奉行的人权思想、自由精神以及多元理念在众多国家中得到认可和推广。

加拿大地方政府同样也很重视残疾人教育,制定了相关的法律法规,对保障残疾人教育发挥着重要的作用,为学前融合教育的发展奠定了基础。

2011年7月,韩国修订了《障碍人特殊教育法》,将融合教育对象从残疾人扩大到有情绪管理问题和心理疾病的人群。2013年,韩国颁布《消除残疾人歧视法》,2016年开始实施融合教育及残疾人接受高等教育的法律条款。

芬兰作为一个世界教育强国,非常重视教师素养。学前教育教师必须具备硕士以上学历,并且还要比其他普通教师多学习一年特殊教育课程。为了促进特殊儿童的真正融合,并使其获得特殊需要支持,芬兰聘请若干名特殊教育教师参与特殊儿童教育训练和教学指导,传播特殊教育知识,引导普通教师获得特殊教育方面的知识和技能。

二、我国学前融合教育的发展

随着欧美等西方发达国家学前融合教育的产生与发展以及我国经济、政治和社会文化的发展进步,我国学前融合教育应运而生,并越来越受到教育工作者和社会各界的重视。

(一)发展原因

1.经济支持是学前融合教育发展的前提和基础

党的十八大以来,我国学前教育财政投入力度持续加大。2020 年全国财政性学前教育经费比 2011 年增长 5 倍,财政性教育经费占比提高了 3.7%,中央财政支持学前教育发展专项资金累计投入超过 1700 亿元,为学前教育发展提供了有力的经济保障。随着我国社会经济的快速发展,特殊幼儿受教育权益日益提升。学前阶段的融合教育能够促进特殊幼儿的社会互动及归属感的建立,让健全幼儿认识和了解特殊幼儿,促进健全幼儿对人类差异性及多样性的理解与接纳(周念丽,2008)。学前融合教育的发展与社会经济发展相适应。经济越发达,幼儿园越普遍,特殊儿童入园机会越多,学前融合教育质量越高。随着我国学前融合教育发展的进一步深化,新时期融合教育的发展重点已转向质量提升,发展高品质的学前融合教育成为我国教育发展的新任务。

2.国家政策是学前融合教育发展的保证

学前融合教育是一项复杂的教育实践,它的有效实施不仅取决于教育资源的投入、高素质的教师等条件性因素,还受国家政策的影响。2010 年,《国家中长期教育改革和发展规划纲要(2010—2020 年)》规定要因地制宜发展残疾儿童学前教育。2014 年,《特殊教育提升计划(2014—2016 年)》中明确提出:"各地要将残疾儿童学前教育纳入当地学前教育发展规划,列入国家学前教育重大项目。支持普通幼儿园创造条件接收残疾儿童。"2017 年,更是将各相关部门要"支持普通幼儿园创造条件招收残疾幼儿"的规定纳入了新修订的《残疾人教育条例》中。

党的十九大报告提出:"办好学前教育、特殊教育和网络教育,普及高中阶段教育,努力让每个孩子都能享有公平而有质量的教育。"《第二期特殊教育提升计划(2017—2020 年)》继续提出支持普通幼儿园接收残疾儿童,对普通幼儿园接纳特殊儿童有了"鼓励资源整合"、关注"早期康复"等更详细的要求。《"十四五"特殊教育发展提升行动计划》提出,要大力发展非义务教育阶段特殊教育,积极发展学前特殊教育,鼓励普通幼儿园接收具有接受普通教育能力的残疾儿童就近入园随班就读,对鼓励特殊儿童参与学前融合教育做出了明确的规定,更是突出强调了学前融合教育在我国特殊教育发展中的重要地位。

党的二十大报告指出:"坚持以人民为中心发展教育,加快建设高质量教育体系,发展素质教育,促进教育公平。"教育公平是社会公平的基础,在教育领域,公平是对残疾人等弱势群体的最大尊重,保障弱势群体的教育权益,才能实现更加全面的公平教育。

从国家政策上来看,从"未纳入""未涉及"学前融合到"支持"学前融合再到"鼓励"学前融合的态度转变,从用一句话"简单提及"到规定内容"逐渐详尽"的要求转变,学前融合教育的发展迎来了前所未有的大好前景。

3.社会文化是学前融合教育发展的动力

融合教育思想起源于美国的民权运动,更远则可追溯到文艺复兴、启蒙运动时期西方追求平等、自由的一系列社会运动(邓猛 等,2007)。孔子曾提出"有教无类""因材施教"等教育思想,强调尊重个体受教育权利和个体差异。仁爱、正义、人本思想精华和价值观念是有效开展学前融合教育的前提和理念根基,为融合教育的本土化发展奠定了文化基础。

改革开放后,我国民众的观念发生了很大改观。但是,社会民众对待残疾人的思想观念仍比较落后。近年来,随着社会的发展以及融合教育的宣传,越来越多的群众能以包容的视角看待残疾人群体,特殊幼儿在融合幼儿园中学习已成为世界性教育潮流,学前融合教育得到了社会大众的关注。

(二)发展概况

我国融合教育在原生态随班就读和国际融合教育的影响之下,现在正处于发展具有融合教育本质的随班就读模式阶段(彭兴蓬 等,2013)。2021年教育部公布的数据显示,我国2020年各种形式的特殊教育在校生共88.08万人,其中随班就读在校生共43.58万人,占特殊教育在校生的49.48%。从入学率的角度看,我国融合教育工作取得了显著成效。

1.相关政策法规

随着欧美等西方发达国家已基本普及学前融合教育,我国学前融合教育政策法规正在逐步发展。学前融合教育作为学校和社会融合的基础阶段,受到党和政府的重视,相关政策法规不断完善,初步形成了具有中国本土特色的融合教育发展模式与保障机制。

1994年,国家教委颁布的《关于开展残疾儿童少年随班就读工作的试行办法》对托幼机构开展学前特殊教育作了相关规定。2015年,中国残联第六届主席团第三次全体会议宣称,北京市将优先启动学前特殊儿童融合教育试点,这使我国逐步开展学前融合教育迈出了非常重要的一步。2016年,由北京师范大学教育学部融合教育研究中心负责实施的"衣恋集善融合教育"项目选取赤峰、郑州、无锡、厦门、广州五地作为试验点开展融合教育活动,产生了深远的影响①。2017年国务院颁布的《残疾人教育条例》中提出:"各级人民政府应当积极采取措施,逐步提高残疾幼儿接受学前教育的比例。""县级人民政府及其教育行政部门、民政部门等有关部门应当支持普通幼儿园创造条件招收残疾幼儿"。《中华人民共和国学前教育法草案(征求意见稿)》中明确指出,"县级以上地方人民政府应当根据本区域内残疾学前儿童的数量、类型和分布情况,统筹实施多种形式的学前特殊教育,推进融合教育。"

同时,国家、地方相继出台各类政策文件,支持学前融合教育的发展,如国家层面的《特殊教育提升计划(2014—2016年)》《第二期特殊教育提升计划(2017—2020年)》等文件中明确要

① 杜林,颜廷睿.第一届衣恋集善融合教育发展国际研讨会在厦门举行[J].残疾人教育,2017(1):42.

求支持普通幼儿园接收残疾儿童、健全特殊教育教师编制和待遇保障机制等。河南省在《河南省第二期特殊教育提升计划（2017—2020年）》中明确要求设立试点园，并稳步扩大试点园范围。此外，我国多省市初步积累了发展学前融合教育的区域性经验。如江苏省教育厅等四部门在《关于加强普通学校融合教育资源中心建设的指导意见》中提出，2019年各设区市要基本实现所有乡镇（街道）学前和小学融合教育资源中心全覆盖，为区域全面深入推进学前融合教育工作提供了引领和示范。河南省成立学前融合教育发展支持中心并遴选182所幼儿园作为学前融合教育试点单位，大力推进学前融合教育的发展。

虽然我国有一系列的法律法规保障特殊儿童受教育权利，但是还没有一个专门针对学前融合教育实施的法律。目前我国学前融合教育仍处于起步阶段，党和政府从"关注学前融合教育"到"重视学前融合教育"再到"实施学前融合教育"，还需要时间、精力、财力等方面的保障。

2. 师资队伍

目前我国学前融合教育师资欠缺，教师专业知识和技能掌握程度偏低，师生比例不合理。同时，学前教育专业背景的教师没有接受过特殊教育或融合教育的相关培训，缺乏融合教育的经验和资质，在教学目标制定、内容选择、教学实施与教学评估过程中时常感到无所适从，对有特殊需要的儿童束手无策（张丹丹 等，2011）。对成都市学前融合教育教师专业化发展的调查发现，教师学前教育专业背景居多，特殊教育专业只占四分之一，学前融合教师师生比约为1：5.8，远远不能满足融合教育需求。

另外，教师对融合教育的观念、态度及作用认识不足，对幼儿园招收特殊儿童持中立态度，对自己的能力持怀疑态度。调查发现，仅有五分之二的教师认可学前融合教育，不到三分之一的教师认为自己具备融合教育相关专业知识和技能。此外，学前教育专业背景和特殊教育专业背景的教师教学理念差异大，教学合作困难。学前融合教育师资欠缺，缺乏具有特殊教育能力的融合教育教师是我国学前融合教育开展缓慢的关键因素。

3. 家长教育观念与态度

特殊儿童进入普通幼儿园就读面临着多方面的障碍，其中最主要的因素就是健全儿童家长不支持甚至是反对。调查发现，北京市健全幼儿家长对学前融合教育的认识处于消极状态，对于将特殊儿童和健全儿童安排在同一个班级的做法不是特别赞同。

2012年9月，深圳一名孤独症儿童被19名健全儿童家长联名写信要求转学。2016年9月，深圳一家幼儿园因拒收一名脑瘫儿童而与家长发生冲突。这两个典型案例引起了社会的广泛关注，同时也把特殊儿童"入园难"的问题推向了公众的视野。因家长思想排斥而导致的学前融合教育迟滞发展的现象广泛存在于现实当中，健全幼儿家长对其子女所在幼儿园招收特殊儿童开展融合教育的做法普遍持保守态度。

学前融合教育能否顺利推进还受特殊儿童家长自身态度的影响。部分特殊儿童家长由于担心被人耻笑、被排斥，便放弃孩子的学前融合教育机会，认为在特殊班级里孩子更有归属感，更自信，更易合群。甚至有些家长拒绝承认自己的孩子已经明显表现出来的残疾特征，不理性地幻想着孩子长大后会自然地变得正常,从而耽误了对残疾儿童的最佳干预时机。这些都是家长思想观念和态度消极封闭的表现。

第三节　未来我国学前融合教育的发展路径

学前融合教育的开展与整个社会的经济水平和国家政策息息相关,许多发达国家已经摸索出了有特色的学前融合教育实践模式,这些成功的实践经验值得我们学习借鉴,为我国学前融合教育的发展指明了方向。

一、建立完善的融合教育政策法规

立法的制定与完善是学前融合教育开展的有力保证,是学前融合教育有效推进的动力。有效的立法是促进学前融合教育的有力保障。目前我国有相应地保障特殊儿童受教育权利的立法,但缺乏学前融合教育的相应法律。部分发达国家在这方面较为成熟,如美国的"开端计划"、德国不来梅州的《联邦社会救助法》和《儿童与青年救助法》等,为各自国家学前融合教育发展提供了主要的法律依据。我国应吸收、借鉴外国先进经验,健全完善学前融合教育相关的政策法规,为我国实施学前融合教育奠定相应的政策基础。

二、树立正确的融合教育观念

融合教育观念会影响人们对融合教育的态度和行为,特殊儿童家长和健全儿童家长都对学前融合教育的有效性持怀疑态度,从而影响了幼儿教师工作的开展,阻碍了学前融合教育的发展。因此,若要继续推动学前融合教育,就必须树立正确的学前融合教育观念。同时,我们要大力宣传融合教育理念,通过各种方式和途径消除人们对融合教育的误解,树立正确的融合教育理念,从而推动学前融合教育的发展。例如,在当今数字化和信息化社会背景下,可以借助新型数字技术,通过新媒体(如短视频、综艺、动漫)等多种形式,大力宣传和普及学前融合教育知识,加深社会各界对特殊儿童和学前融合教育的理解,在全社会营造积极乐观的包容接纳氛围。

三、加强学前融合教育师资培养

"教育大计,教师为本。"融合教育取得成效的关键因素还在教师。目前,师资是制约我国学前融合教育发展的一个非常重要的因素。因此,加强学前融合教育师资培养是推进学前融合教育发展的一个关键所在。在学前融合教育师资培养中,不仅要加强特殊教育课程在学前教育专业设置中的渗透,同时还要注重过程中质的提高,培养学生具备正确的特殊教育观念,掌握较强的特殊教育教学技能,加强学生各方面素质的培养。另外,还应增加学生实践的机会,让他们能接触到不同类型、不同程度的特殊儿童,并学会如何与特殊儿童进行沟通、如何应对处理特殊儿童的一系列问题行为等。

四、促进学前与特教相互合作与支持

在融合教育的开展过程中,合作与支持是影响其发展的另一重要因素。融合教育的发展除了教师需要具备相应的特殊教育理念和相关专业技能之外,还需要教师能够整合一切可以利用的有效资源,如学前与特教之间的合作与支持。从事幼教工作的教师不具备相应的特殊教育知识与技能,也没有经过相关的培训,导致特教教师与幼儿教师在实践层面上往往难以有效合作,因而无法为特殊儿童提供高效与优质的服务。为此,学前与特教之间的合作势在必行。

五、集结多方力量,构建跨领域支持体系

学前融合教育是一个复杂的系统,它不单单涉及教育领域,也涉及行政、医疗、社会服务等领域。学前融合教育的发展离不开教育、医疗、社会服务等任何一个部门的支持。因此,在学前融合教育的发展过程中,要实行跨学科、跨领域、跨部门的团队合作模式,集结多方力量为特殊儿童提供全方位服务。比如,政府可以发挥自身引领作用,并保障经费投入;教师教育人员可以提供教育指导;医疗卫生和康复中心可以对特殊幼儿进行病情诊断和评估;社会服务部门可以为特殊儿童家庭提供心理疏导和相关资源支持;等等。通过整合各方面力量,构建循环支持体系,从而促进我国学前融合教育又好又快发展。

课后练习

1. 国外学前融合教育有哪些内容可以借鉴?

2. 学前融合教育师资队伍建设可以从哪些方面入手?

3. 目前学前融合教育的合作与支持有哪些?

第三章
我国学前融合教育发展的现状与趋势

学习目标

1.熟悉并掌握我国学前融合教育发展的现状与趋势。

2.了解西安市学前特殊儿童融合教育现状。

知识导图

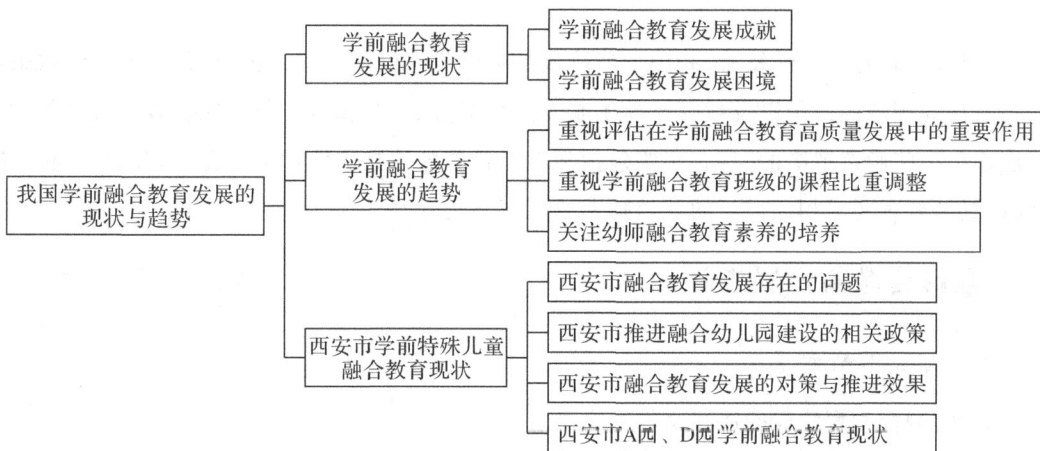

```
                          ┌ 学前融合教育      ┌ 学前融合教育发展成就
                          │ 发展的现状        └ 学前融合教育发展困境
                          │
                          │                   ┌ 重视评估在学前融合教育高质量发展中的重要作用
我国学前融合教育发展的    ┤ 学前融合教育      ├ 重视学前融合教育班级的课程比重调整
现状与趋势                │ 发展的趋势        └ 关注幼师融合教育素养的培养
                          │
                          │                   ┌ 西安市融合教育发展存在的问题
                          │ 西安市学前特殊儿童 ├ 西安市推进融合幼儿园建设的相关政策
                          └ 融合教育现状       ├ 西安市融合教育发展的对策与推进效果
                                              └ 西安市A园、D园学前融合教育现状
```

导读

　　随着融合教育的不断发展,我国学前阶段的融合教育已取得了一些成就。例如,小红是一名天生视力障碍儿童。在学前融合教育的环境中,小红和其他孩子一起学习如何阅读、写字、画画。虽然小红有视力障碍,但她通过触摸、听力和其他感官来感知世界。在老师的引导下,小红学会了使用盲文阅读和写作。她发现,虽然她和其他孩子不同,但她同样可以拥有美好的未来。学前融合教育的开展对特殊儿童融入社会具有重大意义,因此,有必要对当前学前融合教育的现状和趋势进行研究,从而不断推进学前融合教育的发展,促进像小红这样的一些学前儿童更好地融入社会。

思考

1.你怎么看待我国学前融合教育的发展?

2.你认为融合教育对于学前特殊儿童具有什么重要意义?

本章主要从学前融合教育发展的现状、趋势以及西安市学前特殊儿童融合教育的现状展开论述。学前融合教育发展的现状主要由发展成就与发展困境两部分构成。学前融合教育发展的趋势包含三方面内容:重视评估在学前融合教育高质量发展中的重要作用,重视学前融合教育班级的课程比重调整,关注幼师融合教育素养的培养。同时,本章结合西安市的具体情况,重点关注西安市学前特殊儿童融合教育发展中存在的问题、政策帮扶、推进效果以及西安市学前融合幼儿园取得的成绩等内容。

第一节 学前融合教育发展的现状

随着融合教育的不断发展,我国学前阶段的融合教育已取得了一些成就,主要包含政策不断完善、社会环境的改善以及教师培养不断专业化等方面。同时,在学前融合教育发展的过程中,还存在一些亟待解决的问题,主要包括学前融合教育的立法保障不够完善、社会支持缺位、课程设置与教育要求相悖以及幼儿教师专业能力不足等。

一、学前融合教育发展成就

(一)政策不断完善

1.学前融合教育政策的法律文件

我国幼儿公共教育思想最早见于康有为的《大同书》。1903年在湖北武昌创立的湖北省立幼稚园,1904年清政府将其改名为武昌蒙养院,是我国最早的公立幼儿教育机构。新中国成立以来,我国学前教育取得了一定的进展。1990年12月,第七届全国人大常委会通过的《中华人民共和国残疾人保障法》第二十二条规定,普通幼儿教育机构应当接收"能适应其生活"的特殊幼儿。1994年8月23日国务院颁布的《残疾人教育条例》第四十一条规定,通过残疾幼儿教育机构、普通幼儿教育机构、残疾幼儿福利机构、残疾幼儿康复机构、普通小学的学前班、特殊学校的学前班以及家庭等开展学前特殊教育。法律是由国家制定或认可,并以国家强制力保证来实施的。因此,以上法律规定是国家对特殊教育机构提出的义务要求,应保障幼儿的受教育权,具有强有力的法律效力。

2.学前融合教育的指导性纲要文件

2001 年 7 月教育部颁布的《幼儿园教育指导纲要(试行)》中明确指出:"幼儿园的教育是为所有在园幼儿的健康成长服务的,要为每一个儿童,包括有特殊需要的幼儿提供积极的支持和帮助。"普通幼儿园有责任和义务为特殊幼儿提供教育和服务。从文件中我们可以发现,普通幼儿园不仅应当接收能适应幼儿园生活的残疾幼儿,而且应采取相应的融合保教措施(雷江华 等,2015)。

为了深入实施《国家中长期教育改革和发展规划纲要(2010—2020 年)》,加快推进特殊教育的整体发展,教育部于 2014 年和 2017 年分别颁布了《特殊教育提升计划(2014—2016 年)》与《第二期特殊教育提升计划(2017—2020 年)》,将"普通学校随班就读质量整体提高"作为特殊教育发展总目标的重要内容,并从经费、课程与教学、教师队伍、基础设施等多个方面阐述了提高特殊教育质量的具体措施。2017 年修订的《残疾人教育条例》也提出了提高及保障特殊教育质量的目标与举措(谢正立 等,2020)。可以发现,国家政策对非义务教育阶段的特殊教育进行了详细的指导,支持普通幼儿园接收残疾儿童;在特殊教育学校和有条件的儿童福利机构、残疾儿童康复机构普遍增加学前部或附设幼儿园;在有条件的地区设置专门招收残疾孩子的特殊幼儿园;鼓励各地整合资源,为残疾儿童提供半日制、小时制、亲子同训等多种形式的早期康复教育服务;为学前教育机构中符合条件的残疾儿童提供功能评估、训练、康复辅助器具等基本康复服务①。

国家政策在入园、教育服务、康复服务上对学前融合教育进行了大力倡导与推广。学前融合教育的发展离不开特殊教育质量的进一步提升。在质量评价方面,国家政策提出了保障特殊教育质量的明确要求,这进一步推动了学前融合教育的发展。为了贯彻党的二十大精神和全国教育大会精神,推动特殊教育评价改革,促进特殊教育高质量发展,根据中共中央、国务院印发的《深化新时代教育评价改革总体方案》精神,按照国务院办公厅发布的《"十四五"特殊教育发展提升行动计划》要求,教育部印发了《特殊教育办学质量评价指南》。

3.新时代背景下的学前融合教育政策

习近平总书记在党的二十大报告上强调:"深化教育领域综合改革,加强教材建设和管理,完善学校管理和教育评价体系,健全学校家庭社会育人机制。"习近平总书记在全国教育大会上指出,要深化教育体制改革,健全立德树人落实机制,扭转不科学的教育评价导向……从根本上解决教育评价指挥棒问题。中共中央、国务院印发的《深化新时代教育评价改革总体方案》明确要求,完善政府履行教育职责评价,加快完善各级各类学校评价标准。国务院办公厅发布的《"十四五"特殊教育发展提升行动计划》提出,完善特殊教育办学质量评价指标体系,到2025 年,特殊教育质量评价制度基本建立。

学生的身心发展遵循着一些规律,特殊儿童的发展同样遵循学生身心发展的一些共性规律,其成长也具有连续性和阶段性。《特殊教育办学质量评价指南》强调,要处理好与普通教育

---

①　教育部等七部门关于印发《第二期特殊教育提升计划(2017—2020 年)》的通知[EB/OL].(2017 - 07 -
20)[2023 - 01 - 28].http://www.moe.gov.cn/srcsite/A06/s3331/201707/t20170720_309687.html.

不同学段质量评价制度的衔接,要在落实学前教育、义务教育、高中教育阶段质量评价指南等相关文件要求的基础上执行。这必然要求既要把握不同阶段特殊儿童的发展质量,又要将学前教育、义务教育和高中教育阶段的质量评价贯通起来,相互衔接,系统实施。

推进特殊教育适宜融合发展需要《特殊教育办学质量评价指南》的支持。进入新时代,我国特殊教育已经迈入高质量内涵发展的新阶段,迫切需要完善特殊教育保障机制,健全特殊教育评价体系,引导社会树立科学的教育观和人才观,贯彻党的教育方针,落实立德树人根本任务,促进特殊儿童实现最大限度的发展,努力使特殊儿童成长为国家有用之才。

4.学前融合教育政策支持背景下取得的成就

2021年全国教育事业发展统计公报数据显示,学前教育毛入园率为88.1%。招收各种形式(各种形式特殊教育包括特殊教育学校、其他学校附设特教班、普通学校随班就读和送教上门)的特殊教育学生14.91万人,比上年增加16人;在校生91.98万人,比上年增加3.90万人,增长4.42%。其中,在特殊教育学校就读在校生33.04万人,占特殊教育在校生的比例为35.92%[①]。在我国,学前融合教育应该逐渐向更多的特殊需要幼儿开放,而学前教育入园率的提高与特殊教育在校生的增加都促进了学前融合教育更广泛的发展。

(二)社会环境改善

社会环境包括政治环境、经济环境、文化环境和心理环境等范畴。

1.政治环境改善

社会政治环境主要是指在中国共产党的领导下,我国对于学前融合教育发展给予的多项政策性支持与引导。这些政治环境所给予的各项政策不仅要维护特殊幼儿的受教育权、融合教育权,促进整个社会的教育公平发展,也是保障高质量学前融合教育发展的重要支撑。

2.经济环境改善

改革开放40多年来,尽管我国存在着经济发展的不平衡、不均衡等问题,但经济增长速度是世界上最快的。2021年,全国教育经费总投入为57873.67亿元,比上年增长9.13%。2021年,幼儿按在校学生人数平均的一般公共预算教育经费为9505.84元[②]。结合我国国内生产总值与人均可支配收入都在逐年增长,以及我国对教育经费、学前教育经费投入不断增加的基本情况,说明国家非常重视学前教育的发展并给予了高度经济支持。

我国的经济发展在一定程度上缓解了融合教育实施中攻坚的压力,提供了高质量的经济后盾和支撑作用。2022年,国务院办公厅转发教育部等部门《"十四五"特殊教育发展提升行动计划》,部署各地加快推进特殊教育高质量发展。《"十四五"特殊教育发展提升行动计划》要求巩固完善经费投入机制,到2025年将义务教育阶段特殊教育生均公用经费标准提高至每生

---

① 2021年全国教育事业发展统计公报[EB/OL].(2022-09-14)[2023-01-29].http://www.moe.gov.cn/jyb_sjzl/sjzl_fztjgb/202209/t20220914_660850.html.

② 教育部 国家统计局 财政部关于2021年全国教育经费执行情况统计公告[EB/OL].(2022-12-30)[2023-01-29].http://www.moe.gov.cn/srcsite/A05/s3040/202212/t20221230_1037263.html.

每年 7000 元以上[①]。《陕西省"十四五"特殊教育发展提升行动计划实施方案》提出:"有条件的地区可适当提高补助水平。加大残疾人就业保障金用于特殊教育学校发展职业教育的力度,落实学前、高中阶段残疾学生生均公用经费补助政策。"

自一期、二期特殊教育提升计划实施以来,西安市特教专项资金投入逐年提高。一期特殊教育提升计划实施期间,西安市市级财政共投入特教专项经费 2905 万元。二期特殊教育提升计划实施期间,合计投入资金 1.37 亿元。其中,对特殊教育资源中心、资源教室和融合幼儿园等项目的建设投入了 4000 多万元。这都为推进特殊教育内涵发展和质量提升提供了资金保障,努力为特殊儿童、少年创设了一个"进得来、留得住、学得好"的教育环境(杨建科,2022)。

3. 文化环境改善

我国是具有丰厚历史传承和文化根基的大国,传统的文化既有精华也有糟粕,立足于儒家精神,融合教育发展需要发扬其优秀传统因素,摒弃其糟粕传统因素。影响我国国民潜在价值观的儒家文化存在着类似于等级观念的消极影响,但儒家文化有着丰富的内涵和多元性,其蕴涵着仁爱、正义、人本思想以及追求和谐的处世之道。这些儒家精华为融合教育的发展奠定了文化基础。儒家的核心思想是"仁",我国先辈提出了"使老有所终,壮有所用,幼有所长,鳏、寡、孤、独、废、疾者皆有所养",这种大同思想正是学前融合教育环境中所需要的道德修养,是我国全民价值观和修养的一种体现,其所代表的文化自信与我们党提出的到 2035 年建成文化强国的远景目标不谋而合(邓猛,2014)。

发扬儒家传统的仁爱思想可以促进社会对特殊儿童的包容和接纳,减少或消除对特殊儿童的误解与歧视,有利于大范围开展学前融合教育实践工作。儒学的仁爱思想中也包含着正义和人权思想。儒家文化是一种人本主义文化,侧重从人的角度关照人生、社会、自然,重视人的生命意义和价值,宣扬以道德为人生的最高价值。孔子重视人格,认为不论贫富贵贱,人格都是平等的,所谓"三军可夺帅也,匹夫不可夺其志也"。在人的受教育权方面,孔子提出了"有教无类"的思想,即人不分贵贱贫富和种族,人人都可以入学接受教育,还提出了"因材施教"的教育方法,尊重学生的个体差异。可以看出,儒家传统中强调的仁爱、正义和人本思想体现了其圆通性、伦理性、群体性和和谐性等特点。儒家人权思想是一种伦理型人权思想,从道德原则来论述人权问题,并试图依靠道德的力量实现人权。中国儒家文化所蕴含的仁爱、正义和人权等文化思想同样可以成为融合教育在中国发展的社会文化基础,同时,儒家思想具有多元化和复杂性的特点,我们需要摒弃其封建落后的糟粕,大力宣扬儒家思想中的精华部分,创设一个更加仁慈宽容、平等公平、更具接纳性的社会氛围,为学前融合教育发展提供良好的文化环境。

4. 心理环境改善

党的二十大报告提出,要广泛践行社会主义核心价值观。和谐社会是一个民主法治、公平正义、诚信友爱、充满活力、安定有序、人与自然和谐相处的社会。和谐社会的形成,为融合教

[①]　教育部《"十四五"特殊教育发展提升行动计划》启动实施[EB/OL].(2022 - 01 - 25)[2023 - 01 - 29]. http://www.gov.cn/xinwen/2022 - 01/25/content_5670403.html.

育在中国的发展提供了良好的社会基础。公平正义是社会主义和谐社会的核心价值和目标追求，推动学前融合教育发展是实现结果公平正义的有效途径。

教育公平是社会公平的重要内容，也是构建社会主义和谐社会的重要途径。教育公平包含着起点的公平、过程的公平和结果的公平，即人人都有受教育的权利，人人都应该接受合适的教育。近年来，我国已经认识到教育公平是实现社会公平的重要通道，并通过完善教育政策法规体系、政府扶持和调控资源分配等途径保证教育在区域间的平衡，重视弱势群体包括残疾人、农民工子女接受公平的教育。

融合教育的发展需要一个平等、公平的社会基础，需要社会与政府为特殊人群的教育提供足够的支持和服务。融合教育的实质是人人享有平等的受教育权利，人人都有权接受教育，其目的是保证特殊儿童平等地在普通学校接受"免费适当的"教育，这与和谐社会中所追求的教育公平目标一致。总之，通过完善法律制度、经济制度、教育制度、社会保障制度等而形成的民主法治、公平正义的社会主义和谐社会，为融合教育在中国本土的发展提供了所需的社会基础。

（三）教师培养逐渐专业化

1. 法律法规政策对教师培养提出了更高要求

2010 年教育部发布了《义务教育阶段盲校教学与医疗康复仪器设备配备标准》等三个特殊教育行业标准的通知；2012 年，教育部、中央编办、国家发展改革委、财政部、人力资源社会保障部颁发了《关于加强特殊教育教师队伍建设的意见》，提出"到 2015 年，基本形成布局合理、专业水平较高的特殊教育教师培养培训体系，特殊教育教师职业吸引力进一步增强，教师数量基本满足办学需要。到 2020 年，形成一支数量充足、结构合理、素质优良、富有爱心的特殊教育教师队伍"，并就加强特教教师队伍建设规划、条件准入、培养培训、教师管理、落实待遇等方面作出明确规定。2014 年 1 月，国务院办公厅转发教育部等七部门编制的《特殊教育提升计划（2014—2016 年）》，要求进一步提升特殊教育普及水平、经费保障能力和教育教学质量，确定了三年内将三类残疾儿童少年义务教育入学率从 72% 提高到 90% 以上，特教学校预算内生均公用经费从平均 2000 元提高到 6000 元以上的重要目标。2022 年教育部等部门发布的《"十四五"特殊教育发展提升行动计划》指出，要强化特殊教育教师队伍建设，整体提高教师专业素养。

2. 特批融合教育专业，从专精融合教育的职前培养与广泛的在职培训两方面进行实践

教育部于 2020 年将融合教育专业列入《普通高等学校专业目录》，批准华中师范大学新增融合教育本科专业，加大高素质融合教育师资培养力度；推动高校师范教育专业（含学前教育专业）开设特殊教育必修课程，培养师范生融合教育理念和教学能力；完善"国培计划"和地方培训计划结构，加大特殊教育通识培训内容比重，提升普通中小学（幼儿园）教师融合教育专业能力；推动在教师评优评先、职称评审等工作中，对直接承担残疾儿童教育教学工作的普通中小学（幼儿园）教师给予适当倾斜。据统计，截至 2020 年底，我国开办特教专业的院校共有 93 所，特殊教育教师的数量逐年增加，这为教师专业化和融合教育的发展打下了坚实基础（郭志云 等，2021）。

"国培计划"从 2012 年增设特殊教育骨干教师培训项目,已培训特殊教育骨干教师数千名。开办特殊教育师范专业的高校数量明显增加,人才培养规模持续加大。2013 年,教育部批准华东师范大学开办全国第一个"教育康复"专业,推动培养特殊教育相关服务人员;2014年,教育部启动"特殊教育卓越教师培养计划改革项目",确定了华东师范大学等五所高等院校为实验学校;2015 年 6 月,南京特殊师范学院实现专升本;教育部、中国残联从 2010 年起设立了"交通银行特教园丁奖",每年评选 200 名优秀特教教师;"全国教书育人楷模"等各类教师表彰奖励中都有特教教师的身影。

如图 3-1 所示,2009—2014 年全国特殊教育教师参加特殊教育培训人数呈上升趋势,2014 年有 30802 名特殊教育教师参加培训,较 2009 年增加了 10088 人,增幅 48.7％。从参训人数的比例来看,参加特殊教育培训的教师比例由 2009 年的 55％提高到 2014 年的 64％。

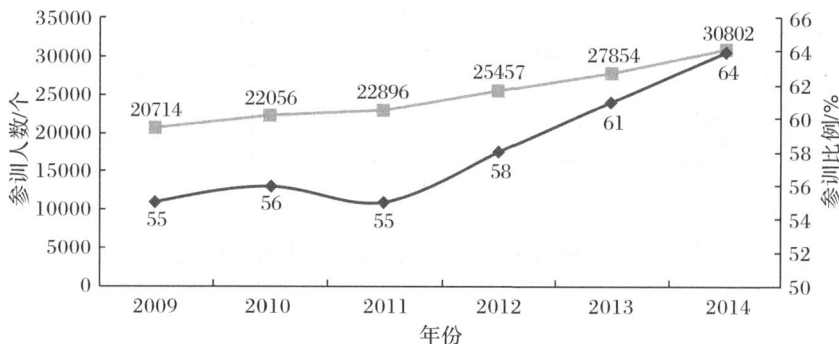

图 3-1　2009—2014 年全国特殊教育教师参加培训人数与比例

3. 逐步完善教师队伍建设,用编制留住教师

国家相关文件指出,应加大特殊教育教师准入力度,推动各省(区、市)制定特殊教育教职工编制标准,依标配足配齐特教教师。推动师范类专业普遍开设特殊教育必修课程,落实教师资格考试中含有特殊教育相关内容的要求。组织开展随班就读普通学校的校长、教师全员培训,将融合教育纳入普通学校教师继续教育必修内容,促进教师专业成长[①]。同时,部分省市在教师资格考试中增加"特殊教育"序列,分年龄段进行报考。

各地以提高特殊岗位津贴的方式把提高特教教师待遇问题落到实处。内蒙古、浙江、湖南、海南、陕西、宁夏等省、自治区提高特教津贴比例,最高达到当地事业单位绩效工资基准线的 30％～50％。黑龙江、贵州规定随班就读教师享受特教津贴。陕西规定省、市、县三级特教专职教研员享受特殊教育岗位津贴。辽宁规定中高职特教学校教师享受特教津贴。浙江、福建、山东、湖北、海南、甘肃将特教教师津贴范围扩大到退休教师。

---

① 关于政协第十三届全国委员会第四次会议第 2681 号(教育类 102 号)提案答复的函.(2022-04-12)[2023-01-29]. http://www.moe.gov.cn/jyb_xxgk/xxgk_jyta/jyta_jijiaosi/202204/t20220412_615763.html.

以西安市为例,西安市雁塔区教育局采取外聘教师的方式为辖区内的两间资源教室配备了资源教师,同时指出,应增加资源教师岗位和配置,如果不能增加教师编制,可以采取外聘教师的方式。

如图 3-2 所示,2009—2014 年全国特殊教育学校专任教师人数呈逐年上升趋势,截至 2014 年底,全国特殊教育学校专任教师 48125 人,比 2009 年增加 10180 人,增幅 26.8%。特殊教育学校师生比从 2009 年 1∶4.19 上升到 2014 年的 1∶3.86。专任教师的增加为融合教育的发展提供了强有力的后盾支撑。

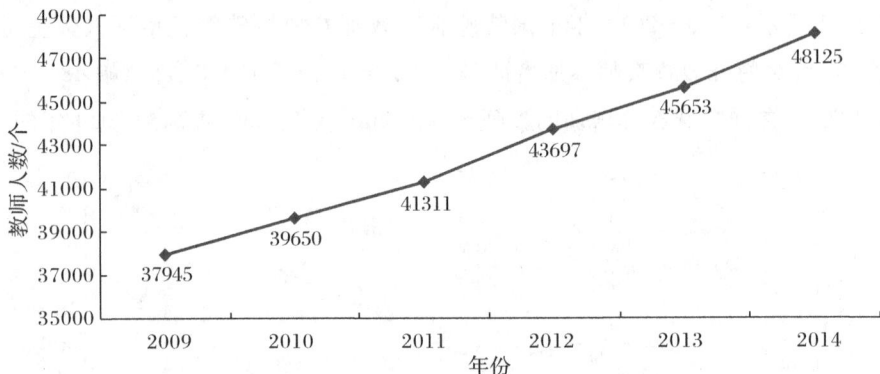

图 3-2　2009—2014 年全国特殊教育学校专任教师数量

二、学前融合教育发展困境

(一)立法保障不完善

我国从探索随班就读发展模式发展到保障特殊幼儿教育平等权,逐渐形成当前全面推进融合教育的发展局面,足以看出国家对发展融合教育的支持与鼓励。但具体到学前融合教育,我国在法律的执行效果上有待提升,学前融合教育的相关法律规定多体现在普通法中,内容规定具有模糊性、笼统性,法律执行效力有限,对推行教育实践和提高教育质量形成了阻碍,且当前未形成完善的法律支持体系。法制是国家各项事业顺利发展的根本保障,而我国学前融合教育实践缺乏制度保障。融合教育在西方国家兴起并大规模推行,得益于各国相对健全的法律体系和深厚的权利文化,法制是保障融合教育顺利推行的利器。当前我国的法律条款本身与社会大众的法制观念,都存在着众多不利于学前融合教育顺利推行的因素。

1.我国学前融合教育法律体系建设不完善

21 世纪初,众多研究者提出我国特殊教育法制建设存在不足,并倡导制定特殊教育法。目前,我国关于特殊教育方面的法律法规只有《残疾人教育条例》《特殊教育学校暂行规程》《特殊教育提升计划(2014—2016 年)》《第二期特殊教育提升计划(2017—2020 年)》等位阶较低的法规和规章,其他有关特殊教育的法律条文散见于宪法、教育法、义务教育法、残疾人保障法、职业教育法等法律文本之中。例如,宪法第四十五条规定:"国家和社会帮助安排盲、聋、哑和其他有残疾的公民的劳动、生活和教育。"义务教育法第十九条规定:"县级以上地方人民政府根据需要设置相应的实施特殊教育的学校(班),对视力残疾、听力语言残疾和智力残疾的适龄儿童、少年实施义务教育。普通学校应当接收具有接受普通教育能力的残疾适龄儿童、少年随班就读,并为其学习、康复提供帮助。"虽然上述法律法规为我国特殊教育事业的发展提供了一定的法律依据,但仍存在不足,难以为学前融合教育提供足够的法律支撑。一方面,立法的层次较低,缺乏权威性。同时,缺少特殊教育专项立法,使其他相关特殊教育立法处于群龙无首的状态,无专项条文的支撑参考容易降低应有的法律效力。另一方面,已有的法律条款用词空泛,原则性表述多,使法律的可操作性大打折扣,弹性法规必然带来实际操作和监督上的困难。

2.民众关于学前融合教育的法制观念、法制文化欠缺

法律的不完善和不健全是表面现象,其背后折射的是民众的融合教育法制观念、法制文化的缺失。我国教育法律的设立时间较西方稍晚,残疾儿童家长及相关人员的维权意识淡薄,很少通过法律诉讼争取本该属于自己的权利。诸如义务教育法和《残疾人教育条例》等相关法律规定了不同主体对残疾儿童受教育权的保护,但缺少关于残疾儿童权利如何实现的制度安排,人们很少将实践维权的表面现象与欠缺法制观念的深层原因进行合并分析(高宏 等,2020)。

(二)社会支持缺位

1.社会支持的概念

社会支持概念的提出始于20世纪70年代的精神病学研究。随后,来自社会学、经济学、管理学、教育学等不同领域的学者对社会支持进行了大量探讨。随着残疾观念从强调个体病理的"缺陷模式"向聚焦残疾儿童支持与资源的"支持模式"转变,社会支持成为融合教育中的重要组成部分,是融合教育成功与否的关键要素(Pavri et al.,2001)。较早将社会支持的概念引入融合教育领域的是美国北卡罗来纳大学法默(Farmer)等人,他们将社会支持界定为社会交换的过程,这一过程对个人行为模式、社会认知和自我价值感都会产生影响(彭兴蓬,2017)。

2.融合教育的社会支持维度

在不同研究范式下,融合教育的社会支持关注的角度也有所不同。

(1)从社会支持的主体来看,主要包括政府、学校、家庭等。

(2)从社会支持的内容来看,主要分为政策支持、物质支持、情感支持、工具支持、信息支持、关怀支持和陪伴支持等(Barrera et al.,1983)。

(3)从社会支持的构成网络来看,是一个不同主体全面参与的开放系统,既包含政策支持、情感支持、信息支持等多个维度,也涵盖家庭、学校、政府等多元主体。总体来看,社会支持没有固定的维度,因研究者视角不同或研究对象群体不同而表现出差异(陈娇 等,2022)。

3.融合教育背景下社会支持系统的主要内容

我国学者邓猛整合已有资料,认为在社会支持系统中,支持的内容有五个,分别是情感支持、信息支持、工具支持、评估支持以及陪伴支持;支持的性质分为接受的与感知的;支持的主体有父母、教师、同伴与社区成员;支持的环境包括了家庭、普通学校和社区。各子关系相互之间均有联系与影响,如图 3-3 所示。

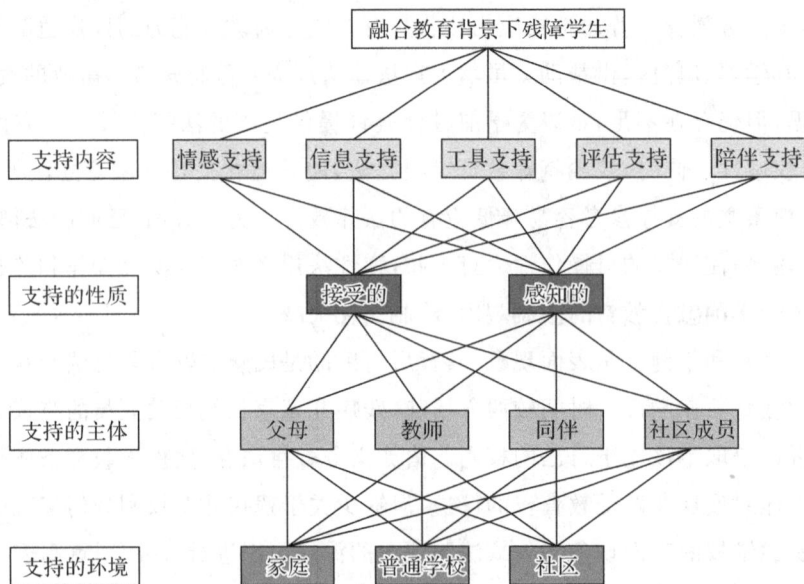

图 3-3　融合教育背景下残障学生的社会支持系统(邓猛,2017)

由图 3-3 可以看出,社会支持是融合教育的重要组成部分,是融合教育成功与否的关键要素。教师是实施融合教育的主体,教师感知到的社会支持在一定程度上反映了融合教育获得的社会支持。陈娇等(2022)对 347 名班上有特殊幼儿的教师进行问卷调查,结果发现教师感知的社会支持总体处于中等偏上水平,各维度得分不均衡,其中行政支持维度得分最高,专业支持维度得分最低。幼儿园类型、融合教育资源配置情况、教龄是影响教师社会支持感知水平的重要因素。民办园、融合教育试点园、配备资源教师和设立资源教室幼儿园的教师感知的社会支持水平在不同维度上显著高。教龄越低,教师感知的社会支持水平越高。

(三)课程设置与教育要求相悖

1.学前融合教育的要求

《国家中长期教育改革和发展规划纲要(2010—2020 年)》提出优先发展、育人为本、改革创新、促进公平、提高质量的工作方针;育人为本即为所有学生提供适合的教育;进行教育体制改革,改革质量评价和考试招生制度,改革教学内容、方法、手段等;促进教育公平,保障公民的受教育的权利,保证公平的受教育机会;把促进人的全面发展、适应社会需要作为衡量教育质量的根本标准等。这些措施为融合教育提供了强有力的政策支持,要求课程面向所有学生并提供适合的课程,且在面对特殊儿童时,课程应保障内容的全面性与发展性。

2.传统课程与新课程改革

新课改与传统教育特有的等级与僵化体制完全不同,承认学生的多元需要是融合教育发展的前提。多元化的课程和评价方式、强调建构和合作的学习方式,为残障儿童重返普通学校提供了更多的空间,只有承认了多元化需要、不过分强调学业竞争,在强调学生多样化发展的新课改精神下,融合才更有可能。

新课程改革提出"为了每一个孩子的发展"的目标,高度关注人的解放主题,解放人的思维、个性和灵魂,要培养德智体全面、和谐、均衡发展的"完整的人"。为达到此目标,课程改革纲要提出了课程、教学、评价等方面的具体改革措施,倡导建构性学习,注重学生的兴趣、参与、探究发现以及合作交流的学习方式,建立评价项目多元、评价方式多样、既关注结果更加重视过程的评价体系,改变课程评价方式过分偏重知识记忆与纸笔考试的现象以及强调评价的选拔与甄别功能的倾向;还提出了改革和完善考试制度的要求,改革高等学校招生考试内容,探索提供多次机会、双向选择、综合评价的考试或选拔方式,旨在改革当前传统课程出现的种种弊端。新课程改革所追求的多元化的课程目标为融合教育在中国开展提供了大的教育背景,这些都促进了融合教育发展(邓猛,2014)。

3.融合教育幼儿园教师需要的课程支持

在认知儿童特点方面,需要各类型特殊需要儿童的身心发展特点及所需特殊教育方面的知识、应对不同障碍类型儿童所需的特定技能等;在评估方面,需要多元教育评估的能力,以消除传统、单一的评价内容和方式的弊端;在教学实施方面,需要制订个别化教育计划、课堂管理与行为管理、差异性教学、多元化教学、协同教学、课程调整、反思性教学等能力,除此之外,特殊需要儿童的社会交往、潜能发展、人格发展等均需融合教师予以掌握(王琳琳,2017)。

(四)幼儿教师专业能力不足

学前融合教育教师的专业素养,是提升学前融合教育质量、推进学前融合教育事业发展的关键要素。学前融合教育教师的专业素养,是幼儿教师在实际融合教育工作中根据各类型学生的学习需要,在不断合作与创新中,日积月累而形成的专业知识、技能、态度、经验等的综合体。特殊教育学校及特殊教育资源中心的专业性支持,可以为融合幼儿园开展融合教育提供专业知识与技能。学前融合教育对师资也有相应的要求,而当前我国学前融合教育师资在数量和质量上都存在不足,严重影响了融合教育的有效开展。

1.《幼儿园教师专业标准》对教师融合教育素养的忽视

《幼儿园教师专业标准》是国家对合格幼儿园教师专业素质的基本要求,是幼儿园教师实施教育教学行为的基本规范,是引领幼儿园教师专业发展的基本准则,也是幼儿园教师培养、准入、培训、考核等工作的重要依据。但标准中对于教师从事融合教育相关表述仅在专业知识维度中提到"了解有特殊需要幼儿的身心发展特点及教育策略与方法"。从要求程度来看,仅是要求幼儿教师"了解"即可;从内容上来看,仅包括"特殊需要幼儿的身心发展特点"与"教育策略与方法"。但学前融合教育要求教师所具备的专业素养远远高于"了解"与"教学策略"层面,需要幼儿教师能够细致深入地观察每个学前儿童,全面深入地了解每个儿童的发展水平,并以此为基础实施教育评估;能够根据儿童的差异性选择适合的教育内容,具备制订个别化教育计划的能力；并能够在实施教育计划后进行反思总结，不断提升自己的教学水平；能根据特殊儿童与普通儿童的身心发展规律实施差异教学，才能够满足所有儿童的需要。但要让现有幼儿园教师掌握这些基本技能，需要为教师提供更多的服务和培训，需要为教师争取更多的学习时间。短期培训无法实现学前融合教育质量提升，即使增加了幼儿教师融合教育知识，实现了知识的"补入"，也难以在短期内高质量地实施教学与课程调整，开展面向多类别教育对象的优质教育活动。

2.学前融合教育教师培养模式中的"各自为政"

目前国内并未形成科学化、系统性的学前融合教育师资培养体系，幼儿园教师与特殊教育教师的职前培养分属于高等师范院校中的学前教育专业和特殊教育专业，两大专业在人才培养目标、课程设置、教学实践等方面独立而行，尚未形成系统的学前融合师资培养体系，这种"各自为政"式的教师教育体制所培养出来的专任教师与融合教育教师仍存在较大差距。虽然可鼓励普通师范院校把特殊教育相关课程纳入学前教育专业学生的培养当中，但需要对此类课程的课程性质、开设方式等进行系统论证，以保持该类课程开设的持续性与有效性。此外，我们需要清晰地认识到，优秀学前融合教育教师需具备在较大差异的普通教育环境中兼顾普通幼儿以及特殊需要幼儿的教育需要的知识和技能，如课程与教学调整、多样化评估、教辅工具开发、教育环境创设等。其核心素养绝非学前教育知识与特殊教育相关知识的补入与拼接。在实践中，未必一定要求幼儿园教师同时具备学前教育和特殊教育的双重技能，因为特殊需要幼儿进入普通幼儿园就读这一现实并非全部是健全幼儿教师群体的责任，其只是融合教育实施中的主要实践者之一，过多地向幼儿教师灌输特殊教育相关的知识可能会给其带来额外的负担和对学前融合工作的误解，也未必能直接、有效地提高学前融合教育教师的教学能力。因此，"各自为政"式的培养模式并非短时间内解决学前融合教育教师问题的有效方法，反而混淆了特殊教育教师与融合教育教师之间的本质差异。因此，急需学前融合教育教师培养模式的创新与开发，以满足社会对学前融合教师的需求。

3.学前教育领域研究者对学前融合教育研究的匮乏

有研究者采用知识图谱对学前教育领域研究的热点问题进行分析，发现现有研究虽然关注到了残疾儿童参与学前教育的公平性问题，但缺乏对特殊儿童参与学前融合教育更为细致的探究。以《学前教育研究》及《幼儿教育》期刊为例，通过搜索"融合教育""全纳教育""残疾儿童""特殊需要儿童"等关键词，发现从2007年至2017年十年来相关文献共35篇。从研究内容来看，主要集中于六大研究主题：一是幼儿园教师以及健全幼儿家长对融合教育的态度研究；二是健全幼儿对孤独症以及听觉障碍儿童的同伴关系研究；三是特殊需要幼儿在园接受融合教育现状研究；四是学前融合教育教师专业化发展现状研究；五是特殊需要幼儿的教育公平问题；六是国外学前融合教育实践的经验介绍。从研究对象来看，主要涉及孤独症儿童、听觉障碍儿童、幼儿园教师、普通幼儿家长。由此可见，学前教育领域内的研究者并未将学前融合教育作为研究重点加以重视，且研究的内容均未触及学前融合教育质量提升的根本，如教学策略、课程与教学调整、个别化教育计划实施、教学资源开发、多元化评价、支持体系构建等问题。同时,对学前融合教育教师专业化发展的研究也仅限于应然状态下的专业素养的理论探讨以及专业发展的个案研究,对于学前融合教育教师的培养模式、课程设置、人才培养定位等现实性问题均未涉及。学前教育领域内学前融合教育相关研究的匮乏,必然与实践中研究者关注重点以及教学实施重点密切相关。由此可见,学前融合教育并未引起学前领域研究者们的重视。而在研究尚未成熟之前,提出"支持普通幼儿园接收残疾儿童",必然导致融合教育实践中的茫然与混乱。此外,从《特殊教育提升计划(2014—2016 年)》到《第二期特殊教育提升计划(2017—2020 年)》中的"创造条件接收"到"接收"的过渡来看,至少在研究中尚未体现"创造条件"的相关做法与研究成果(李媛媛 等,2019)。

4.学前融合教育教师专业化发展的制度保障不健全

我国在融合教育师资培养方面缺乏专门的法律和制度保障。虽然《残疾人教育条例》中指出:"逐步提高残疾幼儿接受学前教育的比例""招收残疾幼儿的学前教育机构应当根据自身条件配备必要的康复设施、设备和专业康复人员",但并没有学前融合教育教师专业化发展的相关表述。此外,我国在普通教师的资格认定中,并未包含特殊教育或融合教育的要求,没有从制度层面保障融合教育教师资格认定问题。在英国,其教育与科学部规定:教师资格证书的获得,需学生进行特殊教育课程的学习,高校教育学院必须有能力为学生提供最基础的特殊教育课程。我国融合教育教师并未设置准入制度,以至于普通师范院校开设特殊教育课程的积极性和主动性不高,使得学前融合教育教师专业化发展的意识不强。因此,各级政府应该积极颁布有关融合教育教师的政策和法规,使社会各方群体充分认识到实施融合教育的意义、任务和具体途径,为学前融合教师的专业化发展提供宏观上的指导和政策上的支持。

5.教育管理部门缺乏对学前融合教育教师专业化发展的规划与管理

目前,各地教育管理部门对融合教育的发展重点仍放在义务教育阶段,疏于对学前融合教育的规范管理。多数融合幼儿园并未根据特殊需要幼儿的身心发展特点制定学前融合教育实施的相关制度,日常保育、教育工作开展仍是遵循普通幼儿园的实施流程,这在很大程度上不利于学前融合教育教师的专业化发展。此外,在一段时期内,人们甚至对幼儿园教育是否属于国民教育体系产生怀疑,否认幼儿园教师的专业性,质疑其具有中小学教师一样的地位。在日常生活中,幼儿园教师的专业形象、专业地位在一定程度上被扭曲,被认为是"幼儿园阿姨""其他教师均可代替的教师""多才多艺的表演者"等。当幼儿园教师被冠以以上头衔时,其专业独立性、自主性、发展性难以体现。普通幼儿教师尚且如此,学前融合教育教师将面临更多的不利处境。因此,管理部门应对全体幼儿园教师有清晰的认知,并对师资队伍进行科学化管理与考核,消除社会大众对幼儿教师专业发展的误解,确保学前融合教师的专业化发展(王琳琳,2017)。

第二节　学前融合教育发展的趋势

从我国学前融合教育发展的现状以及困境出发,在现有基础上进行整理总结,发现学前融合教育发展的趋势可以从三方面展开论述,分别是:重视评估在学前融合教育高质量发展中的重要作用,重视学前融合教育班级的课程比重调整以及关注幼师融合教育素养的培养。

一、重视评估在学前融合教育高质量发展中的重要作用

(一)监控幼儿进步与发展

在融合教育背景下,特殊儿童的评估资料可以很好地对其发展进行监控并留存数据,以期明确幼儿的发展情况。在有目的、有计划的前提下,根据特殊儿童的评估结果,判断并检验当前教育策略的实践应用效果,也为后期的融合支持与策略指导提供了相对应的支撑,且明确幼儿的最近发展区间,可为促进学生全面发展、教学活动的调整提供依据。评估的主要内容是幼儿的学业问题、行为问题和生理问题。教师常常对学生主要学业进行观察,并做出评估。在评估后,教师能够发现幼儿的问题与困难,在进行个别指导前,能较清楚地说明问题的具体内容,帮助评估人员对学生的问题进行辨析,有助于获得准确的评估结果。

(二)多元评估方式相结合

多元评估方式是指运用多种评估工具对学生现阶段能力进行全面、细致、准确的评估,其特点是领域、维度、主体均多元,在不同情境中对学生听觉言语、语言沟通、心智技能和综合运用等能力进行评估。多元评估是融合教育情境中教育评估非常强调的原则,体现在评估的主体、内容以及方法上(马丽 等,2022)。

评估主体是指按照一定标准对教育实践进行价值判断的个人、团体或机构。我国评估主体以研究者为主,缺乏行政力量的支持。这与相关研究尚不成熟以及融合教育的本土实践仍需深化发展有关。除研究者外,一些地区的特殊教育资源中心也承担着对所在地区融合教育实践状况的监测工作,但是由于未形成相应的管理机制,故难以从行政层面直接评估。评估主体除了教师,还应包括家长、幼儿及同伴。评估不应是单向刺激反应,而是理智、情感和行为的统一。只有将所有人的意见、观点加以综合,评估才能真正反映幼儿的发展。

根据评估标准进行划分,教育评估可以分为绝对评估、相对评估和个体内差异评估。其中,绝对评估,又称目标参照评估或者标准参照评估,指以预先设定的、期待的教育目标为评估基准,来衡量评估对象到达完满程度的一种评估。相对评估,又称常模参照标准评估,指在某一个集体中(班级、学校、地区、国家),以这个集体的平均状况为基准,评估每个被评对象在这个集体中所处的相对位置的一种教育评估。个体内差异评估则是对评估对象的各项能力尤其是发展水平的差异进行评估,以确定其优势和弱势。教育评估也可分为量化评估与质性评估。

前者指的是用数据对评估对象的表现或者达到的水平进行评估;后者则是通过收集、分析具体的材料对评估对象的表现或者达到的水平等进行价值判断,而非采用量化数据。

教育评估的方法主要有纸笔测验、表现性评估以及档案袋评估(昝飞,2016)。同时,教育评估要参考测验法、访谈法、工作样本分析法、问卷法以及观察法等方法的结果。问卷法因其量化的特点,易于评估者收集和统计数据,但有时难以获取数据背后的信息。访谈法即评估者与学生、教师、学校领导以及家长等利益相关者进行面对面或电话、线上访谈。这种形式能够反映参与者的真实想法,但对评估者的能力要求较高,并且往往需要较长的收集与处理信息的时间。观察法即评估者进入真实的融合教育情境中,对各项指标进行观察,从而了解融合教育的实践状况。观察法有助于评估者获取真实的信息,但对评估者的能力和时间的要求同样很高。我国已有的融合教育评估相关研究多以量化问卷为工具进行大范围发放,缺乏对于实际教学情境的考察。这种方式在以较快速度获得数据的同时,有可能导致评估结果难以反映融合教育的真实状况。

量化与质性评估方式的结合则能够进一步提高评估结果的科学性与直观性。因此,想要获得客观、全面的评估结果,需要综合使用量化与质性的多种评估方式,将评估与真实的教育情境相结合,与教育系统的运作规律相统一,进而发挥评估的提升作用(陈慧星 等,2021)。

(三)动态评估贯穿始终

动态评估主要是指反映学生学习过程及特点的一种过程导向评估模式。这种评估希望能够扩展传统标准化测验评估的范围,改变测验情景以比较个体内在能力差异,检验学习过程,并寻求足以促进新的信息或认知技能获得的策略。

动态评估有以下几个特点:看重的是幼儿发展的潜能,评估的是幼儿的潜在水平;评估分为三个部分,即前测、教学干预和后测,并且会把前测和后测分数做对比,以得到更真实的评估结果;不存在歧视现象,会考虑到社会文化因素对儿童发展的影响,适用于所有的儿童;在整个评价过程中,施测者会随时介入,对孩子进行指导,以利于孩子学习,教师与儿童之间存在着良好的互动;评估会与教学紧密结合,在教学过程中进行评估,有利于教师或施测者根据评估结果及时调整教学,以达到最好的教学效果;时间上的连续性,即将学习的过去、现在和将来紧密联系在一起;评估与情境密切融合,具有真实情境性,即让孩子实地解决真实性问题,观察其在解决问题过程中的表现(刘晓美 等,2015)。

动态教育评估贯穿幼儿的发展过程,具有独特的教育意义,首先,动态评估可以测量出特殊儿童的学习潜能。其次,为 IEP(个别化教育计划)的制订提供较全面的信息(琚圆圆,2007)。

(四)评估与教育相结合

根据维果茨基的文化-历史理论,教育要走在幼儿发展的前面,评估是对幼儿现有水平的实际反馈。二者是相互影响、相互制约的关系,评估既可以改变教育方案,教育也可以改变评估的结果。将教育与评估相结合是学前融合教育发展的必然趋势,并可在此基础上提高融合教育质量,推动融合教育评估对理论支持与实践指导的双重发展。因此,我们要改变过去融合教育独立或片面强调人权平等的内容主旨,重点转向科学的评估与适当的教育相结合(雷江华,2012)。

二、重视学前融合教育班级的课程比重调整

(一)融合教育课程调整的类型

随着融合教育的发展,人们对融合教育的关注也逐渐从形式走向了高质量内容。特别是随着我国随班就读工作的开展,在越来越多的特殊儿童进入普通学校后,如何实现融合、如何让他们获得有质量的教育已经成为更为突出的问题。不管以何种形式进行融合教育,最终都要回归到课程和教学的问题上来,课程调整是否合理是融合教育成功与否的重要指标之一。普通教育想要实现让所有的儿童都在普通教室里接受高质量的、适合他们独特学习需要的教育目标,就必须重视调整普通教室里的课程形式、内容与实施策略,使有特殊教育需要的学生能和他们的同伴一起充分、平等地参与学校课程活动。

融合教育由于其教育对象的特殊性,其对课程的要求也有别于普通教育或特殊教育课程。融合教育的课程调整正是将普通教育和特殊教育的课程理念相容的过程,是一种既兼顾学生的学业发展,又兼顾其功能发展的弹性处理方式。只有如此,才能满足不同学生的学习需要,体现多样化的教育理念。当前国际上关于融合教育课程调整的观点较多,较为一致的看法是课程调整需要有层次性,调整的程度从少到多,循序渐进。一般而言,融合教育课程调整的类型根据学生的障碍程度和需求不同而不同,障碍程度越严重、特殊教育需求越多的学生在课程调整类型的选择上就越偏离普通教育课程的方向,调整的程度也就越大。现根据课程调整对象的不同,依次介绍以下四种课程调整类型。

1.完全相同的普通教育课程

所有学生学习同样的课程,不对课程做出任何调整,教学目标和要求也相同。这类课程最大的特点就是对原有的课程框架不做出任何改动,如果特殊学生能够适应该课程的话,那么普通课程就将成为该生的课程,如果不能适应的话,则考虑通过调整让部分学生参与普通课程的学习。因此,这类课程只适合于障碍程度非常轻的学生,如肢体残疾、感官障碍、轻度发展性障碍等学生。

2.补充课程

对于一部分特殊学生来说,虽然有能力学习普通教育课程,但由于各种原因无法保证学习的进度和顺畅性。补充课程是以某些方式对普通课程内容进行强化或扩展,它针对的不仅仅是普通课程的内容,同时也包括能够促进学生更好地参与普通课程学习所必需的技能。扩展包含两个方面:一是对学生的优势强项进行拓展,如对于超常学生(或有特殊才能的学生),在学习原有课程的基础上通过调整课程内容的难度、层次、广度等来满足其学习需求。二是对有助于学生更好地学习普通课程的特殊需要进行补充,如针对学习障碍、严重情绪行为障碍学生

所开设的辅导性质的课程。这些学生必须学习一些沟通交往的技能,才能更好地投入普通课程的学习活动。因此,为了保证学生顺利地、有意义地参与学习,最好的方法是教给学生一些行为技巧,教导他们管理、调控自己的行为。教育者需要在原有普通课程的基础上,增设"行为管理"等额外的教学目标,让学生能更好地参与普通课程学习。要注意的是,一些重度或多重障碍的学生可能有其他特殊的教育需要必须优先解决,诸如生活自理、社会交往、职业技能等。

3. 层次性课程

分层是融合教育所要求的课程与教学变革中最为重要的组成部分,它根据学生能力与需要的不同确定适当的课程内容与形式、教学策略以及评价方式,为学生提供从完全同样到完全不同的课程选择范围以及弹性化的课堂教学与评价。课程分层,主要是指课程内容的分层。

一是多重课程。所有学生学习的课程内容、目标和主题相同,但是要求掌握的水平不同。教师可以采用不同的教学方法、设计不同的学习作业和评估方式,让学生学习不同层次的内容,并以不同的方式展现学习成果,即主要通过教学的调整以实现课程目标的不同层次。按照布鲁姆的目标分类学,思维可以分为认识、领会、应用、分析、综合和评价六个层次,这可以作为多层次课程设计的理论基础。这要求教师在教学前需要先了解学生的能力,然后才能采用合适的教学方式来呈现教学内容。课程的分层,即对超常学生提供更多更复杂的内容,且经常要求他们单独完成;对于有特殊教育需要的学生则学习较少较简单的内容,且经常在别人的帮助下利用更多的教学辅助工具完成。如果学生具有理解能力,那么教师就可以要求学生理解课文内容。教师可根据布鲁姆对教育目标的分层以及学生认知发展的阶段特点来设计出不同层次的课程。教师可参考普通班级课程的目标找出普通学生应该学习的内容,并以此作为基点来为特殊学生设计课程内容和目标(邓猛,2017)。

教师根据学生的认知发展阶段设计出不同层次的课程目标,充分体现了在课程中融入所有学生教育需求的宗旨。由此可见,多层次课程不但不会影响普通学生学习,反而会让普通学生学得更加扎实,特殊学生也可以获得适合其能力的教学,既符合融合教育因材施教的宗旨,又能减少教学的时间。但需要注意的是,一个班级中人数越多或学生之间的个别差异越大,为学生设定的课程目标就应该越多样化。当然,教师需要的人员及技术支持也越多。

二是重叠课程。课程主题相同,但是课程的目标和内容与其他同学不同。准确地说,该课程是多层次课程的一种变化形式,即当学生在学习某个内容时不适合或者存在困难时,应考虑从这一课程主题中选择一个或多个其他内容供学生学习,在这个过程中同样要注意教学的调整。这种课程适用于个体能力差异较大的学生,可以为他们提供多一些参与普通课程的机会。

4. 替代性课程

替代性课程即由于普通学校的传统课程不能满足某些学生的需要,教师小组需要重新为他们设计单独的课程内容与教学活动。这些课程可以根据需要在普通教室、学校或社区内进行,并吸纳有兴趣的正常同伴一起进行。替代性课程从课程主题到课程目标以及内容,都与普通学校的传统课程完全不同。这种课程主要是针对重度或多重障碍的学生,旨在为他们提供更具功能性和实用性的课程，以符合其需要。从调整的程度来看，替代属于100％的调整，也就是最大限度的调整，选择使用另一种适合学生学习的课程主题、目标和内容，以及调整教学方式。当对课程进行了各种调整后学生仍然无法适应时，必须采用替代性课程，或者说是围绕生活实用技能设定替代性的教育目标和具体教学内容。需要注意的是，虽然替代性课程是对原有课程的最大改变，但仍然要以普通教育课程框架为基础，在此之上来进行改变。替代性课程可能要把一些学科性的课程替换为功能性的课程，以便支持特殊学生有效地参与普通课程的学习活动并获得相应的发展。

根据以上关于融合教育课程调整类型的分析可以发现，事实上，只有极少数学生需要单独设计、完全不同的现代性课程。大多数有特殊教育需要的学生采用经过很小修改的，甚至是完全相同的课程即可满足需要。调整只有在需要时才有意义，过度的调整反而会适得其反。

综上，从调整幅度来看，完全相同的普通教育课程基本不需要做出任何调整，在使用对象上也偏重于认知障碍轻微的学生；其他三种课程或多或少需要做出调整，其中替代性课程的调整幅度最大，在适用对象上偏重于中重度或极重度的特殊幼儿。

（二）融合教育课程调整的原则

1.选择符合学生需求的调整策略

只有能够满足不同学生学习需求的课程才是真正的融合教育课程，这样的课程调整才有意义。正如世界上没有两片完全相同的树叶一样，世界上也没有两个需求完全相同的人。每个学生无论有无身心障碍或学习困难，在不同时期和不同的情境中，都会产生不同的教育需求。就如比尔纳斯（Byrnes）所言：不是所有身心障碍的学生都需要调整，也不是一直都需要调整或是在所有的课程中都需要相同的调整。所以，对于每个学生来说，都需要接受有意义且能发挥其优势和专长的课程，这也是融合教育的目的所在。因此，在调整策略时，一定要做到从学生实际出发，并注意在不同的情境中关注个体的需求变化并做出相应的调整。

（1）与学生的年龄相符合。大多数教师在做课程调整的时候，都会更多地考虑学生心理年龄的发展程度尤其是智力水平，而忽略学生生理年龄的特点。与学生的年龄相符合，有两层含义：第一，课程调整与学生的年龄表现相符合。在超常学生和障碍类学生的教育中都出现了与年龄表现不相符合的问题，课程的调整仅注意深度的扩展，一味追求知识的难度，而忽略了针对由于生理年龄而产生的心理特点进行课程的补充，这是不可取的。再如，对于认知程度较低的智障学生来说，教师往往会选择与其智力年龄相符合的课程。作为教师，在选择课程内容的时候，一定要兼顾学生心理年龄和生理年龄的特点，可考虑适当降低难度与改变教学的呈现方式，将课程内容改编成适合学生生活状态及身心发展水平的主题内容。第二，课程调整与学生的年龄需求相符合。不同年龄段的学生有不同的需求，如学前教育阶段需要学习的是生活自理技能，基础教育阶段需要学习的是社交技能和知识，中等教育阶段和大学阶段则需要学习职业技能等。因此，在课程调整时，需要考虑每个年龄段的学生应该具备的基本技能。特别是对于发展迟缓的学生来说，学习与其日常生活密切相关的技能是非常必要的。

（2）与学生的能力相符合。课程的调整首先要对学生的能力进行评估，通过评估了解学生的教育需求，从而制定课程和服务内容。但是，在现实生活中，教师常常容易出现两种问题：第一种问题是过于依赖评估结果，而导致对学生的能力认识不足甚至错误。由于评估时间的有限和工具的特殊性，有时评估的结果与学生的真实情况差距较大。罗丝（Ross）和柯纳斯（Cress）发现：对于重度障碍学生的表达性需求，接受性沟通量表的效果胜于标准化测验的结果。对评估的过分依赖会导致教师无法真正了解学生失败的原因，到底是学生本身能力有限不能达到要求，还是缺乏动机，或是其他原因所致。教师的工作不仅仅是教会学生不懂的问题，还需要了解学生不懂的原因，并以此作为课程调整的依据。第二种问题是教师在评估时常常容易聚焦于学生的缺陷和弱势，尤其当这个学生是重度且多重障碍时。所以，教师看到的是学生不能做什么，而不是能做什么。这使得教师对学生的期望不高，在进行课程调整时常常将内容调整得过于简单，使学生缺乏进一步的学习。所以，只有了解了学生的能力，教师才能选择合适的课程内容、教学顺序，以及教学方法等。

因此，课程调整要与学生的能力相符合，需要做到以下几点：

第一，全面、动态地了解学生的能力。不仅仅依赖于评估表，还需要从其家庭中收集信息。因为家庭是信息的最主要来源，是评估是否有意义的关键所在。此外，一个人的能力是不断变化的，这与其所处的环境以及前期的教学效果有着密切的关系。

第二，为学生设计最近发展区内的课程目标和内容。维果茨基认为学生有两种能力水平，一种是现有水平，一种是可能的发展水平，也就是潜能。教学应着眼于学生的最近发展区，为学生提供带有难度的内容，调动学生的积极性，并提供支持，使其能够发挥潜能，进而向下一阶段发展。

（3）与学生的兴趣相符合。学习必须激发学生的学习动机，才能有效。这就对课程的内容提出了要求，只有符合学生兴趣的课程才能调动他们学习的积极性，使其主动学习。教师要通过评估、搜集资料等途径了解学生喜欢做什么，喜欢以何种形式来完成学习任务等，这些是提高课程调整效率的必备条件。此外，教师还要注意多使用活动性教学，用游戏、讲故事等形式来创设教学情境，调动学生学习的兴趣。例如，在语文教学中让学生通过角色扮演来体会课文的内容，既有利于学生的参与，又有利于学生之间的互动。

（4）与学生的生活环境相符合。生活环境包括家庭环境、校园环境和社会环境，它会直接影响学生的学习需求、个性特点、兴趣等。与生活环境相符合，意味着课程调整能够得到家长的支持，能够锻炼学生发展所需的生活技能。只有课程调整与学生的生活环境相符合，才能最大限度地促进学生的发展，也才能真正做到从学生出发。因为处于不同生活环境的学生，对课程的需求可能是不同的。例如，课程内容的选择需要考虑到不同地区的经济、文化差异，让课程充分体现出功能性和实用性。再如，对于一个每天都需要乘公交车上下学的学生来说，教会他如何乘车是首要的事情。

2.最少干预和最大融合

珍妮(Janney)和斯耐尔(Snell)认为在进行融合教育课程调整时,应按照从少到多的顺序调整,先调整教学,再调整课程,如果课程调整以后仍无法满足学生的需求,则考虑使用替代性活动。课程调整的目的是要促进特殊学生融入普通班级,而不是让他们被隔离或被特殊化。所以,采取的调整策略应该是不易被察觉的,同时又是最大融合的。课程调整的幅度越小,意味着学生与现行课程的匹配度越高,也就意味着学生参与到普通教育中的程度越高;相反,课程调整的幅度越大,说明学生与现行课程的匹配度越低,个体与普通学生的差异就越大,学生参与到普通教育中的程度就越低。要让学生能够最大限度地融入普通班级,就要尽量选择最少干预的调整策略。例如,在普通教育课堂中,如果教师将特殊学生抽离出来放在教室后面进行与主题相关但不相同的活动,实际上是将特殊学生和班级同学隔离开来,这是一种干预较多的调整策略;而如果让特殊学生坐在班级中读简化的教材,则是一种干预较少的调整策略。再如,做操时,如果教师让肢体障碍的学生坐在教室中做其他的事情而不参与班级活动,这是一种最少融合的干预策略。其实,教师可以让该生到操场上帮忙喊口令,这样使其可以最大限度地参与到班级活动中去。

(三)学前融合教育课程调整的趋势

融合教育课程的发展历程实质上是特殊教育和普通教育相互博弈的过程,是一个从合到分,再从分到合的演变过程。在这个过程中,学生的主体地位日益凸显,因此面向所有学生的教育既是当前融合教育的宗旨所在,也是个体权利的体现。融合教育课程是在普通教育课程的基础上形成的,所以其与普通教育有很多共同之处。但随着教育对象的多元化和复杂化,融合教育课程已经不能只是简单地复制普通教育或特殊教育课程,或是将二者凑成"拼盘",而是需要形成自己的特点。

1.从分化课程走向统合课程

分化课程指的是课程内容"在形式上主要表现为以学科知识传授为主的分科课程",这体现了发展性的课程取向。课程的统合性指的是课程内容"在形式上主要表现为以经验活动为主的综合课程"或功能性学科内容"体现了功能性的要求"。功能性课程更多地表现为把各种知识、技能及适应性的行为训练整合在一起,置于某个主题的教学中。融合教育自20世纪60年代登上历史舞台至今,已经对人们固有的特殊教育观念产生了强烈的冲击,也对整个教育界带来了巨大的变革。其中之一就是对传统课程模式提出了挑战,要求对普通教育的分科课程进行统整,以主题形式来统合知识。

之所以出现这种趋势,原因有二:首先,分化课程已经不能满足教育对象的教育需求。众所周知,普通教育分科课程是以学科知识的传授为主要目标,以普通学生为教育对象的。但是这已经不能满足特殊学生的教育需要,在强调素质教育的今天,也不能完全满足普通学生的教育需要了。从分化课程走向统合课程,是当今教育发展的必然趋势。当然,这对教师提出了更高的要求。教师不仅需要具有一定的学科背景,更需要具有处理好学科分科与统合之间关系的能力,以及将课程进行适度分化、有效统合,以课程标准为基础充分利用课程资源实现教育目标的能力。

其次,统合课程能够更好地调动学生学习的积极性。长久以来,人们对于教育都有这样的疑惑:学不能致用,学习与实际生活相脱节。之所以如此,是因为我们日常生活中的事物不可能像学校学习的科目那样单一地出现,而常常需要学生采用系统的知识来解决问题。如一个关于春节的主题,可能就会涉及历史、语文、数学、地理等科目的内容。同时这一主题又和学生的生活非常接近,既解决了单一科目学习的枯燥,又同时将各种科目的知识糅合在一起,通过一种学生能够接受、有条理的形式呈现。由此可见,从分化课程走向统合课程,是提高融合教育效率的途径之一。

2. 从同质课程走向异质课程

所谓同质,即完全相同没有差异,在课程上是指从教材、教法到教学内容、教学评价完全相同的课程;而异质则是与同质相对应的一个概念,着重于差异性,在课程上具体是指根据学生的差异采取不同的课程。在传统的教育观念中,人们更多关注的是学生之间的共性,而忽略他们的差异性。这种观念不仅仅是对特殊学生的忽略,对普通学生中的个体差异性也是一种忽视。一直以来,普通教育课程正是这样一种同质课程,即一种课程适用于所有的学生(one size for all)。在这种同中无异的课程中,个体个性化的教育需求是无法得到满足的。对于那些有特殊教育需求的学生来说,他们很难参与到传统的普通教育之中,更无法从中获得成功。随着世界范围内对融合教育的推进以及国际社会对人权的倡导,人们开始意识到那些和普通学生有明显差异的特殊学生属于普通班级的一分子,不应该受到隔离和排斥。作为教育者,应该尊重个体差异性的存在,并为之做出相应的调整。

对于那些回到普通班级中的特殊学生而言,异质课程的存在有如下两个重要的意义:第一,个体差异性得到尊重。异质课程的出现,首先是对人们观念的一种更新。异质课程对同质课程的挑战,不仅仅是对课程本身的挑战,更是对人们教育观的一种挑战。即每个人都是不同的,不管在外貌、行为、特质、思考上,还是在学习和反应方式上。所以异质课程的存在,是对个体多样性的认可,是对人的本质的进一步认识。第二,学生参与度提高。异质课程为特殊学生进入普通班级提供了机会和可能性,使他们能够和同伴一起参与很多活动。通过这些活动可以增强特殊学生和普通学生之间互动的能力,进而提高其社会交往能力、运动能力和沟通的技巧。例如,在学习"认识水果"的主题时,特殊学生虽然可能并不理解"水果"这个抽象概念,但是他们可以通过帮忙展示具体的水果、贴图片等形式逐步形成"水果"的概念。这种和他人合作或协助他人的技能,正是在团体活动中学习和获得的。

3. 从标准课程走向弹性课程

所谓的标准,是衡量事物的准则,是可供同类事物进行比较核对的规则。普通教育的同质化理念直接导致了标准课程的出现,标准课程是一种面向大众的确保大多数学生甚至所有学生都能接受的、强调普适性的课程。这种课程很难满足全国不同地区、不同学校、不同学生的需要,也很难适应不同地区的实际,带有很强的统一性和强制性。它只是便于领导者的管理和考核,可以在一定程度上减少教师的工作量。但是,统一化的标准也极大地剥夺了每个学生获得成功的机会。对于那些无法达到标准的特殊学生来说,他们大多是普通班级中的失败者。"弹性"一词则是指事物的伸缩性和变化性,是与标准相对的一个概念。用在课程上,弹性课程就是对标准课程的调整以弥补标准课程的不足。通过弹性课程使每一个学生都可能获得适合自己的教育内容,并且能够从中体验到成功,这对于他们今后健全人格的发展有着极大的促进作用。同时,弹性课程也给予了教师更多的课程选择权利,对于调动他们的积极性和主动性也是很有帮助的(邓猛,2017)。

(四)学前融合教育课程调整的方法

如上所述,融合课程既是面向所有学生的共同课程,又是适应学生个别差异的具有弹性的课程。因此,对融合课程的调整有两点最为重要。第一点是课程的准入,即学校确保每个学生都能全面、平等地参与学校课堂内外的各种教学与活动,不能因为学生具有残疾或相关服务的需求而将他们拒绝于某项教学活动之外。相反,学校应该提供各种资源、设备与服务,改进教学策略,使融合课程真正成为所有学生都能够学习的、高质量的课程。因此,融合课程调整的第二点即是提供相关资源与服务。

通过对已有融合课程调整的分析,以下三点是需要注意的。

第一,融合课程是面向所有学生的共同课程,它反对传统的牺牲大多数能力一般或较差学生的发展需求、只注重极少数优秀学生发展的精英主义教育模式。融合课程与近现代以来西方追求教育的大众化价值取向保持一致,它以儿童一般身心发展规律为基础,不仅注重儿童学业领域的发展,还强调儿童人格、社会交往、情感等多方面的发展要求,以追求教育公平、实现社会公正为终极目标。因此,融合课程的目的是发展学生各项潜能,鼓励学生之间的合作学习,反对以学业成绩作为评价学生的唯一手段。就我国目前随班就读学校的课程设置与实施情况来看,还是以传统的面向升学考试的"拨尖""培优"为目的,离融合课程的目标还很远。尽管近年来我国反对片面追求升学率、提倡素质教育的呼声与力度都比较高,但我国现行的教育体制受传统文化中的精英教育模式影响比较大,仍然过分强调竞争、考试、升学率。在这种情况下,只有很小一部分的优秀学生能够得到较好的发展,多数学生(不要说特殊教育需要儿童,就是成绩较差的正常儿童)的发展要求很容易遭到忽视。这种以考试与升学率为中心的教育体制是与融合课程的目标相违背的,学生的独特需要不可能在这种体制下得到满足。这也是我国随班就读常常流于形式的根本原因之一。因此,随班就读课程的改革与发展不仅仅涉及特殊教育领域,它与整个国家的教育体制改革紧密相关,也与文化传统的变革、社会大众教育观念的改造有密切联系。

第二,融合课程是面向所有学生的共同课程,但并非"一刀切"的课程。相反,它是以满足不同学习能力与需要为目的的具有弹性的课程。因此,需要对融合课程根据"最小分层"的原则进行调整与分层,以适应课堂内多样化的特点与需要。多年来,我国随班就读一直在探索根据学生特点进行个别化的教学,并根据学生特点调整课程的内容与水平,可以说是在探索分层的形式与方法。但是,这种探索还需要进一步系统化。西方融合课程中提倡的"最小分层"的原则、根据学生需要为他们提供从完全同样到完全不同的课程分层与选择的范围的做法,对我国随班就读今后的课程改革具有借鉴意义。要强调的是,课程的分层并非意味着一定要提供完全不同的课程。根据以上融合课程分层的原则与形式,可以发现,事实上只有极少数学生需要单独设计的、完全不同的替代性课程。大多数有特殊教育需要的学生可以采用经过很小修改的,甚至是相同的课程即可满足需要。分层只有在需要时才有意义,过度的分层与调整会适得其反。因此,部分教育管理部门、普通学校或教师借口没有条件为特殊儿童提供适当课程与教学因而消极对待随班就读的做法是站不住脚的。

第三,融合课程需要多种资源、辅助设备、改编的教学材料、人员(包括合作教师与其他专业服务人员)的投入。在这一点上,考虑到我国经济相对落后、教育投入较少、城乡差别较大的现实,在可以预见的将来还很难有较大的改变,但是,这并不意味着随班就读学校与教师在这方面什么都不需要做了。恰恰相反,随班就读学校与教师须知融合本身就是一个逐步实现的过程,应该根据当地实际的经济、文化、教育特点开发具有本土化特点的教材、材料、教具等资源,为随班就读课程发展与教学服务。据笔者所知,已经有一些地区在这方面做出了探索,并积累了一些成功的经验(邓猛,2014)。

(五)个别化教育计划

个别化教育计划(individualized education progmm,IEP)是由地方教育部门的代表、学校教师、心理学工作者、医生等以及家长或监护人组成的小组,为特殊儿童制订的一份满足其个别化的学习需要的特殊教育及服务书面计划,包括现有教育表现水平描述、应达到的长短期目标、应提供的特殊教育服务和设施等,是幼儿个别需求及其所能获得的个性化服务的集中体现。韩文娟等(2019)认为,具体到课程,法律要求 IEP 帮助特殊儿童解决参与普通课程的相关问题,包括参与对其具有挑战性的普通课程、得到高期望、不被排除在评估问责机制外,这就意味着特殊儿童需要特别设计的、个性化的课程和教学。同时,课程调整是课程本身的变化,它使课程个性化,促使幼儿的参与和使其有效融入课堂。

首先,对幼儿现有能力的评估是制订 IEP 的基础,同样也是课程调整的基础。通过 IEP 团队的评估,可以获得幼儿与课程相关的生理、心理、行为等基础能力的现状,如幼儿的感知能力、言语语言能力、粗大动作和精细动作能力、注意力、记忆力等,便于明确优势和劣势,制订个别化的课程。其次,幼儿参与普通课程的能力是制订课程调整计划的基础。如幼儿的阅读能力、想象能力的具体发展水平,可以使融合教育教师更加明确幼儿可以在多大程度上参与普通教育课程,IEP 团队据此再对照普通课程目标确定幼儿的发展目标以及需要在部分课程与内容上进行的课程要素的调整。最后,课程调整的最终实施还是需要借助课堂和教学才能实现。虽然 IEP 中的评估结果和发展目标值得借鉴,但教师仍需要不断收集学生的信息,尤其是在课堂教学中能够集中反映幼儿能力和发展需求的环境。如教师可采用以课程为基础的评估,通过直接观察并记录学生在某课程上的行为表现,收集信息,从而做出教学决策。实践证明,

IEP在实施中应该不断修订,以反映幼儿不断改变的需要。同理,课程调整也应不断修订,这是一个动态的、循环的过程(韩文娟 等,2019)。

三、关注幼师融合教育素养的培养

学前融合教育教师角色具有复合性,其专业知识、能力及素养具有独特性。目前我国学前融合教育师资培养还处于探索期,教师培养体系缺少统一的标准,人才培养课程体系尚不完备。同时,学前融合教育教师职前培养欠缺,职后培训需求大,而现有的职后培训模式单一,无法满足学前融合教育教师职后发展需求。为此,需要研制学前融合教育教师专业标准,建设学前融合教育教师培训体系,整合学前融合教育人才培养课程,完善学前融合教育人才培训体系(李媛媛 等,2019)。

(一)幼师师资队伍建设

1.加强学前融合教育师资队伍建设,优化融合教育实施环境

教师是实施融合教育的关键,政府和培养院校既要加大学前融合教育师资的培养数量,又要提升融合教育师资的培养质量。与此同时,要加强对学前融合教育在职教师的培训力度,通过系统性和有针对性的培训来提升教师在融合教育方面的素质和能力。幼儿园也要通过建立相应的激励机制来调动教师发展专业能力的积极性和主动性,进而为学前融合教育的实施奠定良好的师资基础(王琳琳,2017)。

2.加强学前融合教育教师职前培养,提高教师职前融合教育胜任力

从职前培养阶段来看,普通教育教师为特殊需要儿童提供融合教育,其相关能力的培养必须始于职前阶段。各师范院校可改革现有师范生培养方案,创新融合教师培养模式,将特殊教育等相关知识纳入所有师范生培养的必修或选修课程中,帮助师范生了解各类特殊教育需要儿童的身心特征、安置形式特点、教学理念、教学策略、评估方法等,注重理论知识与实践知识结合的实效性问题,为日后开展融合教育工作奠定基础(崔志月,2016)。

融合教育教师资格认定制度在国外很多国家发展得已经非常成熟,主要存在两种模式,一种是双证式,即教师需要同时持有普通教育教师资格证和特殊教育教师资格证;另一种是单证式,即在普通教育教师资格认定过程中,教师需要接受普通教育和特殊教育双重培训,特殊教育的相关培训是强制性的。单证式是对普通教育教师资格证书制度的一种合理延伸,也是对教师进行特殊教育培训的一种制度承认和保障。我国在《特殊教育提升计划(2014—2016年)》中已明确提出"将特殊教育相关内容纳入教师资格考试",因此,使教师资格证书制度向综合化、弹性化方向发展,不仅有利于幼儿教师的专业发展,而且可以促进普通教育与特殊教育的二元结构向融合教育体制过渡。

教师融合教育能力是影响融合教育效果的关键因素。融合教育能力的养成既需要职前培养的合理安排与练习,也需要职后的不断培训与提升。教师们认为学校学习的理论知识在一定程度上不能满足他们在实践中的需求,这提示我们要关注教师职前培养模式的有效变革,提

升学生在校学习期间理论知识与实践经验的有机整合,增加学生特殊教育经验。首先,学校要合理规划学前融合教育专业人才培养方案,确定博雅知识与专业知识的配置与开设时间;其次,学校要有足够数量的合格学前融合教育基地,可以接纳并指导学前融合教育专业的学生在一线学校开展学习,积累实践性知识;最后,指导教师要有丰富的特殊教育或融合教育专业知识,能够和教学一线回来的学生进行对话并给予指导。

另外,还要整合学前融合教育人才培养课程。目前我国学前融合教育培养课程是在学前教育课程体系中增设特殊教育课程和融合教育课程,但是由于学分比例过少、课程性质多为选修,导致这种主修学前教育课程辅修特殊教育课程的课程模式效果不佳。我国师范专业的融合教育课程应当以提升职前教师的随班就读实践能力为目标,充分依据现阶段我国不同地区随班就读对教师素质提出的特定需求来制订课程方案,同时增加诸如“融合教育中的多元评估”“融合教育环境创设”“差异教学的设计与实施”“融合教育中的共享与合作”等技能性、操作性较强的内容。

3.重视学前融合教育教师职后培训,多途径完善融合教育支持体系

从职后培养阶段来看,“经验＋培训＋反思”的职后培训模式是促进融合教育教师专业化发展的有效途径。由于目前从事融合教育的教师缺乏职前融合教育知识与技能的培养,故在现有知识储备、工作经验与教育实际中探索高效的职后培训模式尤为重要,即将教师的现有工作经验与融合教育培训相结合,注重教师培训后的反思,鼓励教师在反思中实践、验证,得到有效的教学实践结果。总之,职后培训不是目的,培训后教师的反思与实践验证才是提升融合教育质量的重要方面,应成为未来职后培训组织者重视的重要方面。

同时,完善学前融合教育人才培训体系。学前融合教育教师在就职之后会在工作中发现新的知识及能力需求,在实践中发现的问题也成为教师求知的重要动力,职后的学前融合教育培训对提升学前融合教师的能力有重要的作用和意义。因此,学前融合教育人才培养应当聚焦实践中教师的问题及需求,创新组织职后培训课程体系和课程内容,提高学前融合教育教师的能力(李媛媛 等,2019)。

首先,针对实践需要组织连续性、递进式、闭环式的融合教育培训。要固定融合教育培训组织方,在调查研究实践基地教师的真实需求后制订周密的学前融合教育培训计划,培训过程中注重收集问题,培训结束后定期了解教师在实践中的疑问并给予支持,接着修改并完善下一次培训方案。培训前有调查,培训中有互动,培训后有跟进,再培训有依据,从而保证融合教育培训的有效性。其次,打磨优秀的融合教学观摩课程,为教师提供高质量的学习资源。可以在学前融合教育示范基地中组织教师打磨一批优秀融合教育课程,定期组织融合教育观摩课堂,以提升教师的融合教育知识技能素养。再次,组建融合教育教学团队,除带班教师外,特教专家、康复专家、医生、幼儿园管理者等皆可为团队成员。在团队合作的过程中,教师能够得到各方力量的支持,也能够学习到有效知识。最后,建立学前融合教育资源智库,为教师自学提供资源和路径。应将各领域中关于学前融合教育的研究内容进行整理归纳,尽可能地为学前融合教育工作者提供优化资源,提高幼儿园教师融合教育专业素养。

(二)教师融合素养培养的社会责任

1.加大学前融合教育宣传力度,进一步普及学前融合教育理念

由于学前融合教育正确的价值观尚未在教师、家长、儿童等群体中完全建立,因此,融合教育教师面临普通儿童家长不支持、幼儿园同事不支持、上层领导不重视等困难,他们希望能够加大融合教育观念的普及,从而使得园长、教师、家长都能成为融合教育的助力方。所以,加大学前融合教育宣传力度,普及融合教育理念是当务之急,要引导人们意识到,各种类型的特殊儿童在融合教育的环境中都能得到良好的发展。对于健全儿童,在融合教育环境中,他们的认知、情感、社会性等发展并不会受到特殊需要儿童的影响,相反,在帮助、支持特殊需要儿童的过程中还会获得更好的发展。总之,要通过宣传,结合实证,引导各方力量认可学前融合教育的理念和作用,为学前融合教育的开展奠定良好的思想基础。

2.研制学前融合教育教师专业标准

随着融合教育理念的影响进一步广泛深入,融合教育已经成为我国特殊教育的发展趋势。一些高校先行探索,以期能够打破普特教师教育职前培养体系各自独立的状况,培养融合教育教师或具有融合教育素质的教师,以适应多样化的教育对象。如重庆师范大学 2014 年开设特殊教育专业(融合教育方向),在培养目标、课程体系构建、培养机制等方面的探索取得了较好效果;南京特殊教育师范学院学前教育专业在学前融合教育教师职前培养方面也进行了有益的探索(张丽莉 等,2022)。另外,还有其他一些学院也在进行融合教育教师培养的实践与探索。因此,培养合格的幼儿园融合教育教师是未来普通高等师范学校学前教育专业的培养目标。同时,实践行业也在融合教育教师培训方面进行了积极探索。2018 年 12 月由北京市海淀区现代艺术幼儿园牵头起草的《学前融合教育教师能力培训指南》在中国成人教育协会标准化工作委员会立项。从整体上看,无论是相关院校职前融合教育教师的培养,还是行业职后师资培养,都在各自进行探索。而目前我国融合教育教师专业标准的缺失,融合教育教师专业素质要求的尚未明确,都会影响到融合教育教师质量,进而影响到融合教育教师向融合教育幼儿园的持续输入及专业发展。因此,研制学前融合教育教师专业标准已成为今后教育领域的一项重要工作。

第三节　西安市学前特殊儿童融合教育现状

一、西安市融合教育发展存在的问题

(一)对融合教育的认识不足

随着《特殊教育提升计划(2014—2016 年)》《第二期特殊教育提升计划(2017—2020 年)》《残疾人教育条例》和《关于加强残疾儿童少年义务教育阶段随班就读工作的指导意见》的颁布与实施,社会上对于"全纳""融合"的理念都有了初步的认识和了解,并逐步依法推进融合教育工作,但还是没有真正从思想上彻底认识和接纳特殊儿童,对特殊儿童缺乏具有针对性的关

照,且很多学校建设的随班就读资源教室成了摆设,没有发挥其应有的作用。这导致随班就读的质量不容乐观,随班就座、随班就混、随班混读的现象大量存在,从而使特殊儿童的综合发展受到限制,没有实现"真"融合。

(二)融合教育合作体制不完善

西安市的融合教育工作缺乏统筹规划,缺少有效的监督、强大的推动力、多元主体的融合教育推行委员会,导致教育管理、民政、残联和财政等有关部门之间协同不畅,相互合作的阻力较大,无法从资金投入、学校布局、师资配备、设施装备分配等方面实现统筹兼顾。总之,西安市的融合教育保障体系不健全,部分工作推进较为缓慢。

(三)融合教育专业师资力量不足

融合教育师资队伍建设是目前西安市融合教育发展中的薄弱环节,具有复合型专业素质的教师数量缺口大,难以满足实际的需求。假如按照每个资源中心配备 3 名专业巡回指导教师计算,全市 20 个各级资源中心总共需要 60 名专任教师;假如按照每个资源教室配备 1 名专职教师计算,普通学校的 160 间资源教室至少需要 160 名专任教师。实际上,具有融合教育相关理念、知识和技能,能为特殊需要儿童提供针对性的教学与指导的专任教师缺口数量是没有办法用统一的标准去衡量计算的。

在师资培养方面,全市目前只有陕西师范大学和西安体育学院两所高等院校开设了特殊教育专业,并且针对融合教育开展了相关的专业课程,以期培养具有相关理念、知识与技能的专业师资。但是,这仍然远远满足不了当前学前融合教育发展的需求。因此,在师资培养方面,西安市不仅需要保障专职教师的数量,更需要高质量的学前融合教师队伍。

(四)特殊儿童发现、评估、诊断和干预的机制有待健全

与沿海发达地区相比,西安市关于特殊儿童早期的干预工作起步较晚,工作的基础也比较薄弱,特殊儿童发现、评估、诊断、干预的机制没有充分建立,再加上残疾人教育专家委员会的功能和职能发挥不到位,在开展融合教育过程中缺乏专业人员和专业技术的支撑,直接影响了需要接受特殊关照儿童的教育与康复的科学性。针对这部分工作,西安市还需要更加扎实、持续地推进。

二、西安市推进融合幼儿园建设的相关政策

根据《西安市基础教育提升三年行动计划(2019—2021 年)》的要求,加快发展特殊教育。优化特殊教育学校布局,每个区县建立 2～3 所融合幼儿园,每个开发区原则上建立 1～3 所融合幼儿园;雁塔区、灞桥区、未央区、高新区、西咸新区各建 1 所特殊教育学校。大幅度提高特殊教育生均公用经费。完善送教上门保障机制,按照城六区每生每次 200 元,其他区县每生每次 260 元补助标准,落实送教上门教师工作补贴、交通补贴[①]。

---

① 《西安市基础教育提升三年行动计划(2019—2021 年)》[EB/OL]. (2019 - 10 - 11)[2023 - 02 - 25]. http://edu. xa. gov. cn/xxgk/ghjh/zcqfzgh/5d9feefbf99d650522ba7310. html.

西安市"十四五"教育事业发展规划提出,持续优化特殊教育学校布局、夯实区县(开发区)义务教育主体责任、补齐特殊教育学校短板。支持区县、开发区建设融合幼儿园、资源教室、特殊教育学校。加强无障碍设施建设,全面改善特殊教育办学条件。加强随班就读支持保障体系建设,规范送教上门工作机制。以普通学校随班就读为主体、特殊教育学校为骨干、送教上门和远程教育为补充,确保特殊人群受教育权利。积极推进现有特殊教育学校向学前拓展,向职业教育延伸,全面提高特殊教育普及水平。到2025年,新城区、碑林区、莲湖区、曲江新区各建设一所特殊教育学校,纳入全市新建改建学校任务统筹推进。

同时,西安市多所三甲医院发布通知,西安市0～16岁残疾少年儿童康复救助项目已开始办理。凡被诊断为孤独症谱系障碍、智力障碍(精神发育迟滞)的0～16岁儿童,同时具有西安市户籍或持西安市居住证,经市级定点评估机构确诊并有康复潜力,生命体征平稳且有康复需求相关儿童均可申请补助。具体补助标准为每日训练时长不少于90分钟,每月不少于20天(特殊法定节假日按照规定为15天),每年最多享受10个月。补助构成为训练费2800元加送训费300元,每月共计3100元。

三、西安市融合教育发展的对策与推进效果

(一)西安市融合教育发展的对策

1.注重理念先行,厘清各自权责范围,营造支持特殊教育的社会氛围

首先,通过各种手段和方法,加强宣传,在全社会营造一个良好的发展融合教育的氛围,使广大教师、学生家长知晓融合教育的相关理念,关注融合教育的发展,从而逐步提高对"容融共荣"的认识。其次,明确特殊教育学校、随班就读学校、学前教育机构、医疗机构、社区、家庭等社会组织的权利与义务,厘清各自权责范围,有序合作开展资源教室建设、送教上门、医康教结合等工作。总而言之,要积极吸纳多元力量为融合教育提供资金、场地、社情舆论、医疗资源和康复知识的支持,对特殊儿童的康复融合给予最大力度的保障,使特殊儿童想学好、能学好、学得好。

2.完善顶层设计,建构融合教育合作体制

政府部门在政策立法、行政管理、财政投入、社会福利等方面就融合教育达成一致,及时出台具有针对性的特殊教育政策文件,建立起一系列的融合教育管理制度,构建起完整的特殊教育保障体系,以提高融合教育保障水平,形成融合教育的新生态,逐步实现真正的融合教育。在顶层设计上,将融合教育与普通教育进行一体化建构。

3.加强融合教育师资建设,充实融合教育力量

首先,重点建设好五支队伍,即行政管理团队、融合教育教科研团队、巡回指导教师团队、专家指导团队和特殊教育教师团队,便于进行一体化运作与实施。其次,分梯度开展继续教育培训与师资培养,积极鼓励普通学校的教师参加特殊教育的相关培训,获取特殊教育岗位证

书,壮大和充实融合教育过程中所需的特殊教育教师队伍。同时,各高等院校加大特殊教育专业学生的培养力度,构建本科、硕士乃至博士培养的完整体系。根据《教育部教师工作司关于中小学教师资格考试增加"心理健康教育"等学科的通知》(教师司函〔2017〕41 号)和《教育部教师工作司关于中小学教师资格考试增加"特殊教育"等学科的通知》(教师司函〔2019〕51号),中小学教师资格考试初中、高中、中职文化课类别面试增设"心理健康教育""日语""俄语""特殊教育"等学科,新增学科的笔试科目三"学科知识与教学能力"结合面试一并考核,在教师资格考试的年龄段中,应在幼儿教师面试或笔试中加入可选择的"特殊教育"学科①。最后,加强特殊教育教师、普通教师之间的互通联系,通过对国内、国外特殊教育先进教学理念和方法的交流与学习,使教师了解和把握先进的融合教育教学理念,快速提高教育水平,并能在教育教学实践中应用。

4.完善考评机制,打造融合教育优质样板

想让融合教育更好地发展,必须重新建构合理的考评体系,强化过程性质量监测,强调考核评价的指导性功能。笔者认为,可将融合教育纳入师资评聘、地方残疾人教育事业发展水平、学校办学水平的考核体系中,不断优化融合教育工作激励机制,对工作成效明显、群众满意度高的单位和个人给予表彰奖励,并以此进行典型引领,打造融合教育优质样板。这样更有利于激发学校、教师关注和重视融合教育的积极性,也更有利于特殊儿童的发展。

5.实施网格化管理,完善特殊儿童评估体系

发挥数字特教的优势,建立起特殊儿童立体网格化管理体系,完善并落实数据上报工作制和信息共享制等,并结合西安市特殊儿童的实际情况,组建由教育行政、教科研、特殊教育、普通教育、医学、康复、心理、社区工作等方面专家组成的特殊教育专家委员会,对特殊儿童的障碍类别和程度进行科学诊断和评估,并为他们提供康复与教育的清单式服务建议,实现对特殊儿童的早发现、早上报、早干预、早治疗、早融合,促进特殊儿童的教育接近或回归普通教育主流,实现健康高质量生活的目标(杨建科,2022)。

(二)西安市融合教育发展的推进效果

1.西安市融合幼儿园数量逐年增长

2020 年,全市建设完成了 35 所融合幼儿园,为辖区内 3~6 岁的特殊儿童学前教育随班就读提供了有力保障。在全国范围内,西安率先建立残疾儿童入学情况数据库。同时,建立1 个市级特殊教育指导中心和 3 个分中心,组建 14 个区县特殊教育资源中心,建设融合幼儿园、资源教室、特殊教育学校 190 个。西安按照县域独立设校标准,在高陵区、蓝田县独立设置公办特殊教育学校。另外,西安市构建义务教育阶段残障学生"随班就读、特教学校就读、送教上门"三重保障体系,建立"一生一案、精准施教"工作机制。以 2018 年为基线年,西安市教育

---

① 西安市教育局.西安市 2023 年上半年中小学教师资格考试笔试公告.(2023 - 01 - 11)[2023 - 03 - 14].http://www.xa.gov.cn/xw/zwzx/bmdt/63be2528f8fd1c4c2136a6d9.html.

局希望在 2025 年之前,建立 60 所融合幼儿园,特指建立资源教室并接纳特殊儿童随班就读的幼儿园数量①。如表 3-1 所示,2020 年西安市特殊教育学校共 11 所②。

表 3-1　2020 年西安市特殊教育学校一览表

学校名称	学校地址
西安市第二聋哑学校	西安市新城区韩森寨街道 咸宁社区居委会
西安市鄠邑区特殊教育学校	西安市鄠邑区甘亭街道 人民路社区居委会
西安市临潼区特殊教育学校	西安市临潼区骊山街道 北关社区居委会
西安市启智学校	西安市碑林区张家村街道 边家村社区居民委员会
西安市长安区特殊教育学校	西安市长安区韦曲街道 青年街居委会
周至县楼观台聋哑学校	西安市周至县楼观镇 塔峪村委会
西安市盲哑学校	西安市莲湖区北关街道 北稍门西社区居委会
周至县特殊教育学校	西安市周至县楼观镇 延生观村委会
蓝田县特殊教育学校	西安市蓝田县三里镇 五里头村委会
西安市高陵区特殊教育学校	西安市高陵区张卜街道 杏王村委会
西安市未央区特殊教育学校	西安市未央区六村堡街道 感业寺村委会

2.西安市幼儿教师融合教育观念与态度

本书以郑美妮自编的《幼儿园教师学前融合教育观念与态度的调查问卷》为研究工具,对陕西省 5 所普通幼儿园的 334 名幼儿教师进行调查,使用自编访谈提纲对 4 名幼儿教师进行了访谈。研究发现,普通幼儿教师对融合教育缺乏了解;普通幼儿教师因学历、职务、教龄和所带班级因素的影响,对各类特殊需要儿童了解较少且接纳态度不积极;普通幼儿教师缺乏融合教育的相关培训,且自学特殊教育知识的现状不乐观;在实施学前融合教育中,亟待解决的问题依次是师资缺乏、相应的政策法规缺乏、普通幼儿教师观念和家长观念需要转变。针对以上现状,笔者提出以下建议:首先,加大对融合教育的宣传力度,提高社会认可度,从情感上建立普通幼儿教师融合教育的信心;其次,加强学前融合教育师资的培养,包括学前教育师范生的职前培养和在职幼儿教师的职后培训;最后,从政府、社区、幼儿园和家庭四方面着手,共建学前融合教育的支持体系,保障普通幼儿教师融合教育的权益,推进学前融合教育工作的有效开展(郑美妮,2019)。

---

① 西安市人民政府办公厅关于印发学前教育发展规划(2019—2025 年)的通知[EB/OL].(2020-08-20)[2023-03-14].http://www.xa.gov.cn/ztzl/ztzl/lwlbzt/zcwj/5f44bf08f99d650300091c47.html.

② 2020 年西安市特教学校一览表[EB/OL].(2021-04-21)[2023-03-14].http://www.xa.gov.cn/gk/jyly/xxml/607fe948f8fd12c2073099668.html.

四、西安市 A 园、D 园学前融合教育现状

当前西安建立融合幼儿园的验收标准,从物质环境角度考虑,主要围绕建设资源教室展开。专家对幼儿园教师的专项培训主要包含建设资源教室、学习《融合幼儿园资源教室建议指导》、渗透融合教育特征及策略等。

西安市 A 园将特殊资源教室按照功能划分为运动发展区、图书区、益智教学区、科学认知与精细动作发展区、日常生活区。运动发展区内,跳绳、球类、平衡台、滑板车、摇摆跷跷板、阳光隧道、袋鼠跳布袋、脚步器、弹簧蹦床、滑梯、独脚椅等设施配备齐全,用于强化特殊幼儿前庭刺激,加强其平衡能力以及发展其大运动技能。在益智教学区,投放了各类触觉、嗅觉、视觉、听觉、言语沟通等感知训练玩教具,如彩色串珠、嗅觉瓶、味觉瓶、音桶、触摸板、重量盒、带插座圆柱体、棕色梯、粉红塔、色板、数棒、红棒、活动时钟、几何拼盘、各类拼版、配对玩具等,培养幼儿敏锐的感官,进而培养其观察、比较、判断的习惯与能力。日常生活区投放了仿真可切的蔬菜水果、衣饰框等,还投放了训练精细动作和手眼协调的玩教具,培养幼儿手腕、手指的运动,包括捏、抓、穿、倒、舀、夹、拧等。

D 园根据《西安市基础教育提升三年行动计划(2019—2021 年)》关于建设融合幼儿园的具体要求,设立了碑林区首个资源教室,为园内有特殊教育需求的学龄前儿童提供特殊教育服务。从资源教室的环境创设、资源配置,到融合教育的制度建设,再到融合模式的初步探索,目前 D 园已经形成了普特幼儿融合的氛围,教师也在已有的保育和教育中逐渐渗透融合理念,并在实践工作中给予特殊儿童更多的关注。

综上所述,西安市幼儿园学前融合教育在飞速发展的同时,也需要得到更广泛的关注与扶持,从而让每一位特殊幼儿都能够按照一人一案制定 IEP,落实个性化课程,促进特殊幼儿全面健康发展与成长。

课后练习

1. 我国学前融合教育的发展有什么困境?
2. 如何促进我国学前融合教育的发展?

第四章
学前特殊儿童的评估

学习目标

1.掌握学前特殊儿童评估的含义、内容、方法和过程。

2.了解与掌握学前特殊儿童评估的基本工具。

知识导图

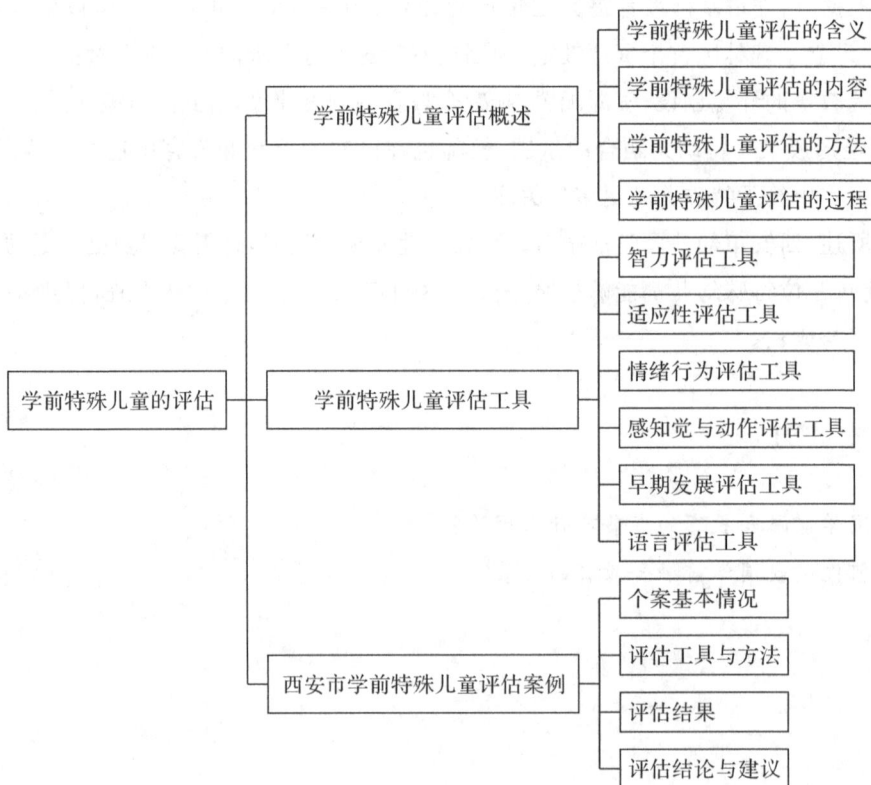

导读

　　小明是一个四岁的男孩,他天生对声音特别敏感,有时会对普通的声音产生过激的反应。初来乍到,小明显得有些不合群,总是戴着耳机,避免与外界过多接触。他的父母非常担忧,希望幼儿园能够提供适当的帮助。幼儿园的老师们非常专业且富有爱心。他们首先对小明进行了全面的学前特殊儿童评估。评估过程中,老师们运用了观察、互动和测试等多种方法。他们发现小明虽然对声音敏感,但在视觉和触觉方面却表现出色。他还特别喜欢画画和搭积木。基于评估结果,老师们为小明制订了一份个性化的教育计划。他们利用小明的视觉和触觉优势,鼓励他多参与绘画和手工活动。同时,他们还请来了专业的听觉训练师,帮助小明逐渐适应和过滤掉不必要的声音刺激。在实施教育计划的过程中,老师们始终与小明保持亲密的互动,并定期对他的进步进行评估。他们发现小明的情绪逐渐稳定下来,他开始愿意摘下耳机与同伴们交流。他的画作也越来越出色,甚至在一次幼儿园的画展中获得了奖项。可见,学前特殊儿童评估是学前融合教育中的重要一环,它不仅能帮助教育工作者了解特殊儿童的发展状况,为制订个性化的教育计划提供依据,还能帮助家长了解孩子的情况,促进家园合作和学生的进一步发展。

思考

　　1.你认为评估对于学前特殊儿童具有什么意义?
　　2.常见的学前特殊儿童智力评估的工具有哪些?

　　本章主要围绕学前特殊儿童评估概述、学前特殊儿童评估工具、西安市学前特殊儿童评估案例三个方面展开。学前特殊儿童评估概述包括其含义、内容、方法和过程;学前特殊儿童评估工具由智力评估工具、适应性评估工具、情绪行为评估工具、感知觉与动作评估工具、早期发展评估工具和语言评估工具六个部分组成;西安市学前特殊儿童评估案例从个案基本情况、评估工具与方法、评估结果、评估结论与建议四个方面展开。

第一节　学前特殊儿童评估概述

一、学前特殊儿童评估的含义

(一)学前特殊儿童评估的定义

　　学前特殊儿童评估是早期发现、早期干预的前提,对于提高特殊教育教学科学性、针对性,制订个别化教育计划,促进学前儿童能力发展具有重要意义。学前特殊儿童评估从广义上来说,包含教育、医疗、就业、社会保障需要等方面的评估,以确定其需求并提供相应的服务。从狭义上来说,学前特殊儿童评估指的是学前特殊儿童的教育评估,是采用各种测验和其他测量手段来搜集与特殊儿童教育有关的信息、资料,并通过对这些信息与资料的分析、解释和判断,推断出特殊儿童能力与成就的现状、优劣势、最近发展区、存在问题及特殊需求,从而做出教育性决定的过程(王辉,2018)。学前特殊儿童评估不仅是特殊幼儿入园前必须进行的,还是在整个教育过程中持续、动态进行的。

(二)学前特殊儿童评估的内涵

学前特殊教育教师在学前特殊儿童评估中担任重要角色,需要避免关于学前特殊儿童评估的几个认知误区,明晰学前特殊儿童评估的内涵。

(1)评估不同于诊断,医学诊断是特殊儿童评估的一个环节,以判断障碍类型和障碍程度等;评估存在于特殊儿童教育康复全过程,目的在于发现特殊儿童发展的现状、优势,推断最近发展区、现存问题和特殊教育需求,从而做出教育性决定,具有持续性。

(2)评估工作具有专业性,但是对学前特殊儿童的评估不能过分依赖医学诊断,后续教育评估和教育建议还要考虑诸多因素,且特殊教育教师和学校心理人员的参与也十分重要。此外,一些非标准化的评估方法,如观察法、访谈法、教师自编测验等,也是常用的评估方法,需要熟悉特殊儿童的教师进行资料收集。

(3)评估工作应由学校或当地特殊教育资源中心组建团队,由评估团队各司其职,相互合作,增加评估专业性和准确度,减轻教师压力。

(4)评估活动应与课程教育相结合。学前特殊儿童评估的内容不仅包括生理、心理方面,还包括生活自理能力、适应行为、学业成就等,这与日常教学密切相关。

二、学前特殊儿童评估的内容

学前特殊儿童的评估是一种多领域的综合性评估,涉及学前特殊儿童生理、心理、教育、适应行为方面各领域的发展情况,具体评估内容需要依据学前特殊儿童的特征进行选择。

(一)生理方面

生理状态方面的评估通常由学前特殊儿童的家长和医生提供相应的评估资料,收集有关儿童生长发育等方面的信息,以鉴别和筛查特殊儿童。生理检查包括一般性健康检查、史料搜集、针对性的特殊检查(王辉,2018)。

1.一般性健康检查

一般性健康检查包括身高、体重、呼吸和脉搏、血压、感觉(视觉、听觉)、神经系统(一般视诊、头颅检查、颅神经检查、反射检查)等检查。

2.史料搜集

史料搜集包括儿童母亲妊娠史、儿童出生史、儿童父母亲缘关系及家族史、儿童生长发育史、儿童病史。

3. 针对性的特殊检查

针对性的特殊检查包括血液检查、尿样检查、脑脊液检查、染色体检查、X 线检查、CT 检查等。

(二)心理方面

心理表现是学前特殊儿童的重要评估内容,其类别丰富。在评估学前特殊儿童时,心理方面评估的具体项目会因个体差异而有所不同,但各类特殊儿童在进行评估时都需了解其智力、言语与语言、感知觉-动作、情绪行为方面的能力和发展情况。

1. 智力评估

智力评估是学前特殊儿童评估应用最为广泛的评估内容。自 1905 年比内和西蒙编制比内测验以来,智力评估基本上采用测验法。

(1)文字智力测验和非文字智力测验。按照智力测验题目的呈现形式来分类,智力测验可分为文字智力测验和非文字智力测验。文字智力测验的题目由文字构成,通常为词汇解释、言语理解、类比推理等,可以测量个体的言语智力。其容易编制,实施过程简单易行,但容易受到个体文化背景和教育程度的影响。非文字智力测验的题目以图片、积木、拼图等形式呈现,可以测量个体的非言语智力,受个体文化背景和教育程度的影响较小。

(2)个别智力测验和团体智力测验。按照智力测验受测者数量来分类,智力测验可分为个别智力测验和团体智力测验。个别智力测验一次由一个主试对一个受测者进行智力测量,适用于年龄较小的受测者和特殊儿童,实施过程专业化程度较高,较费时费力。团体智力测验一次由主试对多个受测者同时进行智力测量,适用于具有完成测验所需的理解能力、自控能力和注意力的儿童,对评估人员专业化要求较低,较省时省力,但评估结果不够精确。因此,学前特殊儿童智力测验一般采用个别智力测验,如韦氏幼儿智力量表、斯坦福-比奈智力量表、考夫曼儿童成套评估测验、希-内学习能力测验(评估听觉障碍儿童的智力)等均可对学前特殊儿童的智力进行测量。关于测验工具的具体内容详见第四章第二节。

2. 言语与语言评估

智力障碍、孤独症、听觉障碍、唇腭裂等学前儿童存在不同程度的言语与语言异常及障碍。

(1)语言。语言是由语音、词汇和语法构成的符号系统,是人们用来进行思想交流的工具。它属于人类所特有的心理社会现象。语言能力是在运用的过程中发展起来的。

①语言的分类。根据外在表现形式划分,语言可分为口头语言和书面语言;根据输入/输出分类,语言可分为接受性语言和表达性语言;根据结构划分,语言可分为语音、语形、语法、语义、语用五个组成部分。

②语言障碍。语言障碍是指对口语、书面语或其他符号系统的理解或使用存在障碍。这种障碍可能包含语言形式、语言内容和语言功能三种中的一种或任何几种。详细内容如表 4-1 所示。

表 4－1　语言障碍的分类

项目	分类	内容
语言形式	语音障碍	在发音时遗漏或歪曲某些音素,造成了儿童阅读发展的问题,特别是在学习字母和声音之间的关系方面
	词态和句法障碍	词态和句法的问题倾向于同时发生
语言内容	语义障碍	无法理解语义,主要体现在新单词的学习时期
语言功能	语用障碍	学龄儿童或者老人可能不能理解如何在社会情境下使用语言

　　表 4－1 中,语言形式方面包括语音障碍以及词态和句法障碍两种,儿童分别在发音以及词态和句法上存在问题;语言内容方面为语义障碍,主要表现为无法理解语言的含义;语言功能方面为语用障碍,主要表现为在一定社会情境下使用语言存在困难。

　　此外,从语言学和神经生理来分类,语言障碍包含:言语听觉失认症(词盲);言语运用障碍(构音障碍、失语症);语音加工缺陷综合征(语音障碍);语音-句法缺陷综合征(严重语音＋语法问题);词汇-句法缺陷综合征(找词困难、说话晚);语义-语用缺陷综合征(语言内容和使用上困难多)。

　　(2)言语。言语是人们运用语言进行交际或思考的过程,也就是个体发出的声音。这些声音经过不同顺序的组合就产生了口头语言。言语是指人们对语言的运用,个体通过言语传递信息。

　　①言语的分类。言语可分为外部言语和内部言语。外部言语即说话,包括口头言语(听、说)和书面语言(读、写),是个体间进行社交的工具;内部言语不发声,是个体进行思维的工具。

　　②言语障碍。在言语与语言病理学领域,言语障碍通常指口语的障碍,包括在产生语言、发声和发音时存在的障碍,即构音障碍、嗓音障碍和语言流畅性障碍。详见表 4－2。

表 4－2　言语障碍的分类

分类	内容
构音障碍	构音器官在构音的过程中,构音部位发生错误或者呼出的气流方向、压力或速度不准确,甚至整个构音动作不协调,以致语音发生错误的现象
嗓音障碍	表现为说话时的音调、音量、音变等方面的过多偏离,主要是声带运动异常、音质差等
语言流畅性障碍	说话人因无意识的音节重复、拖长或停顿而不能及时表达清楚他所想表达的内容,说话时急促不清,俗称"口吃"或"结巴"

　　表 4－2 分别解释了构音障碍、嗓音障碍和语言流畅性障碍产生的原因和障碍表现。构音障碍强调呼吸、共鸣、发音和韵律方面的变化,与言语有关的肌肉麻痹、收缩力减弱或运动不协调导致构音异常,包括构音器官形态异常的器质性构音障碍和构音器官无形态异常、找不到病因的功能性构音障碍。嗓音障碍又称为发声障碍,主要是发声器官功能不协调或声带病变所致。语言流畅性障碍是指在说话时出现持续、频繁的语言节奏异常,包括言语中断,词或音节

重复、拖拉延长等。

（3）言语和语言发展的基本条件。构音器官和听觉器官功能正常、控制语言活动的大脑皮层功能完善、良好的语言发展环境，任一条件的缺失都会造成儿童在言语和语言上的发展异常或障碍。

（4）沟通。

①言语沟通和非言语沟通。沟通是信息共享的过程，是利用各种手段、工具，包括语音、文字、体态、表情、音乐、绘画、声音等符号进行的个体之间的信息交换，因此沟通并非只能通过言语形式才能进行，还能通过非言语形式进行信息传递。

②沟通障碍。当由于言语障碍、语言障碍或两种障碍共同造成个体传递和接收信息的能力受损时，就会严重影响学前儿童沟通交流能力的顺利发展，造成沟通障碍。沟通障碍可能是发展性的，也可能是获得性的。个体可能存在一种或任何复合形式的沟通障碍。

3.感知觉-动作评估

（1）感知觉评估。感觉是个体对刺激的察觉，没有感觉就没有个体对世界的认识。知觉是对感觉信息组成的有意义的对象的加工。学前特殊儿童感知觉评估主要包括视觉、听觉、触觉、本体觉、前庭觉、味觉、嗅觉、空间知觉、时间知觉等。

（2）动作评估。动作评估主要包括粗大动作和精细动作评估两部分。动作技能的评估离不开儿童感知觉的支持。例如，想要通过言语指示儿童完成某项动作，则要求儿童对听觉信息进行加工。

感知觉-动作评估内容丰富，具体见表4-3。

表4-3 感知觉-动作评估的内容

评估领域	评估项目	评估内容
感觉	视觉	视觉接收、视觉注视、视觉追视、视觉辨认、视觉记忆、视觉偏好等
	听觉	听觉反应、听觉注意、听觉定位、听觉辨别、听觉记忆、听觉理解等
	触觉	触觉反应、触觉辨别、触觉记忆等
	味觉	味觉反应、味觉辨别、味觉记忆等
	嗅觉	嗅觉反应、嗅觉辨别、嗅觉记忆等
	本体觉	关节运动觉、位置觉、身体平衡性和协调性等
	前庭觉	前庭觉-视觉协调、前庭觉-本体觉协调
知觉	空间知觉	形状知觉、深度知觉、方位知觉、大小知觉
	时间知觉	—
动作	粗大动作	姿势（坐姿、站姿、单脚站、脚尖站）、移动（爬行、坐、站立、行走、跳跃、跑）、操间活动（推、端、抛、踢、接、拍）
	精细动作	摆弄物品、基本操作能力、双手配合、手眼协调、握笔写画、工具使用
知觉-动作统合		视知觉-动作、听知觉-动作、触知觉-动作、运动知觉-动作

注意,表4-3中感觉、知觉、动作以及知觉-动作统合的评估项目和内容主要来源于孤独症儿童发展评估量表。在感觉方面,该量表从基础的器官功能、辨别、记忆等能力对个体不同的感觉进行评估;在知觉方面,主要涉及空间知觉和时间知觉两个项目;在动作方面,分别从姿势、移动、操间活动等方面评估粗大动作,并主要通过手部操作评估精细动作;知觉-动作统合评估涉及视觉、听觉、触觉以及运动知觉与动作的统合能力。

4.情绪行为评估

儿童的情绪与行为问题通常受到儿童自身生理、心理及外界社会环境的影响,每个人都可能产生负面情绪和消极行为。为判断某个儿童是否为情绪与行为障碍儿童,必须进行情绪行为评估。

(1)情绪行为障碍分类。情绪和行为种类繁多,在特殊教育领域更关注的是持续性的负面情绪和问题行为,医学上把情绪或行为障碍分为焦虑症、抑郁症、多动症等。

(2)情绪行为评估方法。评估学前特殊儿童的情绪行为问题可以使用检核表和评定量表,例如康纳斯行为评定量表可用于筛选、评估儿童的品行问题、学习问题,特别是多动症儿童。

(3)情绪行为评估内容。不同评估工具对情绪行为障碍的评估内容有所差异,以孤独症儿童发展评估表为例,情绪行为评估的内容包括依附情绪行为(如回应行为反应)、情绪理解能力(如识别他人情绪)、情绪表达与调节能力、关系与情感(如接纳亲近、引发社交沟通)、对物品的兴趣、感觉偏好、特殊行为(如特殊反应、特殊习惯)。

(三)教育方面

1.教育成就评估的内涵

教育方面的评估即教育成就评估,评估学前特殊儿童各方面的表现,主要包括儿童的感知觉动作发展、语言表达能力、学习兴趣与习惯、学习行为、早期阅读技能、数学能力、与同学交往的情况等。这些内容通常借助熟悉儿童的教师提供的资料进行评估。

2.教育成就评估的方法

教育成就评估一般采用成就测验、教师问卷或访谈调查、行为观察的方法进行。

(1)成就测验。适用于学前特殊儿童的成就测验有皮博迪个人成就测验、维克斯勒个人成就测验、斯坦福成就测验、考夫曼教育成就测验等。这些测验涉及学前特殊儿童的一般知识(如有关科学、美术和体育方面的问题)、阅读、拼写、数学、理解、表达等方面。

(2)教师问卷或访谈调查。教师问卷或访谈调查即设计问卷对教师进行问卷调查或者访谈教师,一方面,可以了解儿童在幼儿园内各方面的行为表现,如常规学习执行情况、与老师同学日常相处情况、日常情绪与行为以及学习能力、兴趣和态度等;另一方面,可获得儿童过去和现在的表现差异。

(3)行为观察。行为观察是指相关人员对儿童在幼儿园的行为进行有目的的观察,并记录其行为表现,从而获得有关儿童行为表现的事实材料。

(四)适应行为方面

1.适应行为的定义

适应行为是指个人保持生活独立并承担一定的社会责任的行为,具有年龄特征,并且依据生活条件和文化背景的不同而有不同的社会要求。

2.适应行为的主要内容

2022年,美国智力落后学会(AAMR)提出适应行为应包含以下三方面的技能。

(1)概念性技能,包括语言的理解和表达、金钱概念、自我定向等。

(2)社会性技能,包括处理人际关系、责任心、自尊、遵守规则、服从法律、自我保护等。

(3)实践性技能,包括个体日常生活技能,如大小便、吃饭、穿衣、做家务、使用交通工具和职业技能等。

综上,适应行为评估是学前特殊儿童评估的重要项目,内容较为复杂,不仅包括儿童在各发展领域的表现,还包括交往能力、社会化、职业能力和环境因素中的角色和表现。

3.适应行为评估的注意事项

适应行为评估一般使用量表,进行结构性访谈。目前使用较多、影响力较大的适应行为量表有 AAMR 适应行为量表、文兰适应行为量表、生活适应能力检核手册、婴儿-初中生社会生活能力量表等。在使用量表时,评估人员将题目逐条念给熟悉受测者的家长或教师等相关人员听,适当交谈并记录相关情况。

三、学前特殊儿童评估的方法

学前特殊儿童评估是一个全面收集资料的过程,要收集有关儿童的全面信息,就需要较为多样和全面的评估方式。学前特殊儿童评估的方法可以分为两大类,即标准化评估方法和非标准化评估方法。标准化评估通常指代标准化测验,即使用经过编制、具有一定信效度的测验工具进行评估。目前,学者在学前特殊儿童各领域基本已编制出相应的测验工具,能基本满足评估对多元化工具的需求。近年来,学者对以标准化测验为代表的标准化评估提出了批评,认为这种方法注重结果导向而非过程导向,仅根据测验结果提供的量化数据很难全面地评估儿童的潜能,并且容易引发标签效应,不利于特殊儿童的成长发展。非标准化评估作为学前特殊儿童评估方法的一大类型,也是对标准化评估方法的补充,其形式丰富,包括生态评估、动态评估、实作评估等。下面简要说明观察法、访谈法、量表评定法、游戏评估、动态评估以及课程本位评估。

(一)观察法

观察法是观察者运用自己的感觉器官或借助一定的科学仪器,有计划、有目的地对特殊儿童的心理特征或行为表现进行感知和描述,从而获得有关事实材料的方法。观察法是全面收集学前特殊儿童相关资料的最基本、最重要的方法,家长、教师、评估专家均可使用观察法对学前特殊儿童相关行为表现进行有目的的观察。观察法可以弥补其他方法的不足,检验其他方法评估的准确性,但是与其他方法相比,观察法较为费时费力,观察对象的真实行为容易受到观察者主观感受的影响。观察法一般可以分为非系统观察和系统观察两大类。

1.非系统观察

非系统观察关注的是观察对象在自然情景中的表现,记录与观察对象有关的重要行为、特征及背景。这种观察法并非按照一定的规则进行观察。

2.系统观察

系统观察是观察者有目的、有计划地观察和记录观察对象在自然情境中的一个或多个行为或障碍。系统观察的目标行为必须是已经被准确定义了的,观察者在进入观察情境前,需明确并准确定义目标行为、选择观察的情境、设计观察时间表以确定观察日程、设计观察记录表、选择观察工具;进入情境实施观察时,需要按照计划逐步实施;最后根据观察记录探究目标行为背后潜藏的生理、心理等方面的问题。

(二)访谈法

访谈法是通过有目的的交谈来收集有关学前特殊儿童心理特征和行为表现资料的一种方法。访谈人员需具备良好的个人素质,经过培训后方可实施访谈。访谈前需明确对象和内容,建议一次访谈围绕一个主题。访谈实施过程中,要和访谈对象建立融洽的关系,使其愿意接受访谈并愿意提供相关信息。提问一般按照简单问题—复杂问题—敏感问题的顺序逐步进行。根据提问、回答是否有预设的结构,访谈法可以分为结构化访谈、半结构化访谈和非结构化访谈三类。

1.结构化访谈

结构化访谈也称标准化访谈,访谈者按照预先设计的问题逐一提问进行访谈,鉴于统一的提问方式,受访者的回答通常也有一定的形式。结构化访谈在实施时程序统一、规范,访谈结果也便于进行统计分析,且受访者对同一问题有不同的回答则易于对比分析。但是,结构化访谈因为无法变更问题、提问方式和程序,因此不能根据访谈时的具体情况进行灵活调整,不利于获得预设的问题之外的其他信息,限制了更多有效信息的收集。

2.半结构化访谈

半结构化访谈理论上可以分为两类,一类是提问有结构、回答无结构,一类是提问无结构、回答有结构。半结构化访谈通常指的是前者,即访谈者事前计划要访谈的内容,预先拟定一份访谈提纲,以提纲为主题进行访谈。与结构化访谈相比,半结构化访谈较为灵活,可以在主题之下根据访谈时的具体情况进行调整或追加问题,可以获得更多信息。

3.非结构化访谈

非结构化访谈指访谈之前没有计划访谈主题,在实施上灵活、机动,有利于拓展访谈计划之外的新内容。也正因如此,非结构化访谈对访谈者提出了更高的要求,否则无法获得预期的访谈效果,也难以准确把握访谈时间。

(三)量表评定法

量表评定法是通过自编或他人编制的评定量表来收集有关学前特殊儿童相关心理、行为表现的一种重要方法,广泛应用于特殊教育学校。

1.评定量表的类别

教师自编评定量表的内容是教师根据需要自行设计的,通常在编制过程中没有经过标准化,因此常常无信度、效度和常模。教师也可使用别人已经编制好的、经过大量实践的评定量表。量表评定法的优势在于记录方便,对指导编写个别教育计划具有重要参考价值。

2.评定量表的形式

评定量表的形式有多种,用来表示不同的行为特征等级,包括数字等级评定量表、图式等级评定量表、图式描述评定量表、检选式评定量表和脸谱图形评定量表等。

(四)游戏评估

1.游戏评估的内涵

不同年龄阶段、不同障碍类型和程度的儿童在游戏中展现出的行为表现有所不同。游戏评估一般以儿童在游戏中使用物体的方式评估认知发展,以儿童在游戏中与同伴交往的情况评估社会性发展,尤其适用于没有言语或多重障碍的儿童。

2.游戏评估中的游戏

游戏评估中的游戏既可以是儿童的非结构化的自由游戏,也可以是经过设计的半结构化游戏。

3.游戏评估方法

(1)观察法。游戏评估过程可以是评估者通过观察学前特殊儿童的游戏行为、同伴互动等,评估儿童的认知、社交、运动、情绪等领域的发展情况。

(2)借用评估工具。游戏评估也可以使用正式的评估工具,如游戏评估量表、基于游戏的跨学科评估工具、发展型游戏评估工具等对儿童相关技能进行正式评估(雷江华,2008)。

(五)动态评估

1.动态评估的内涵

动态评估不仅评估儿童表现,还分析引起表现异常的原因,并进行教学补救,以期改变认知,发掘儿童的最大潜能。因此,动态评估者应思路清晰,善于分析、引导儿童,针对错误反应做出适当解释并探寻原因。鉴于传统的静态评估方式重结果导向轻过程导向,低估了儿童发展潜能并且容易引发标签效应,关注认知改变的动态评估受到特殊教育界的日益关注。

2.动态评估的基本范式

动态评估的最基本范式为"评估—介入—再评估"。教师在教学前、教学中、教学后都将根据持续性的评估结果及时调整训练方法或提示类型、提示数量等，引导儿童表现出最大发展潜能，并将儿童个人在不同时间内的表现进行比较，通过自我参照了解儿童的进步情况。

3.渐进提示评估模式

动态评估类型较多，以渐进提示评估模式的应用较为普遍。该模式以维果茨基的最近发展区概念为理论依据，强调儿童的现有能力水平和在教师支持下所能达到的最高水平。儿童在教学阶段和迁移阶段所需的教学提示量是该模式评估儿童能力的主要指标，所需提示量越少，代表儿童能力越高。渐进提示评估模式总体上能较为精确地评估儿童的迁移能力，也较容易实施推广，但是这一模式主要针对复杂度较高的学科，不容易建立提示系统。

综上所述，学前特殊儿童评估是收集资料的过程，每一种评估方法都有其适用性和局限性，为了使收集的资料更加全面和多样，应该结合使用多种评估方法，如入园前访谈、量表评估、入园后观察、动态评估等，以获得较准确的评估结果。

(六)课程本位评估

1.课程本位评估的定义

课程本位评估是以课程内容为依据，直接观察和记录儿童在课程中的表现，并以课程目标为教学评估标准，以此衡量儿童能力水平和进步情况，进一步制定教育决策。简而言之，课程本位评估是整合课程、教学和测验的一种评估技术。

2.课程本位评估的模式

根据评估项目和解释方式，课程本位评估可以分为两大类：特定次级技能掌握评估模式和一般成就评估模式。

(1)特定次级技能掌握评估模式。特定次级技能掌握评估模式关注儿童在课程学习中某一方面的技能是否达到了短期教学目标。

(2)一般成就评估模式。一般成就评估模式注重的是儿童课程学习的整体表现，如儿童在拼写、阅读、书写、数学计算等技能领域的表现。如果评估数学计算领域，教师可能会选择儿童一学年所学的内容作为评估项目。因为课程本位评估的内容来自学习内容，所以其评估结果能为教师的教学提供实质性的信息和帮助。在学前融合教育的课堂教学中，应该注重课程本位评估。

四、学前特殊儿童评估的过程

综合已有研究，学前特殊儿童评估过程大体上可以分为四个阶段：明确评估目的和了解评估对象；设计评估方案；实施评估；评估结果应用。学前特殊儿童评估流程如图4-1所示。

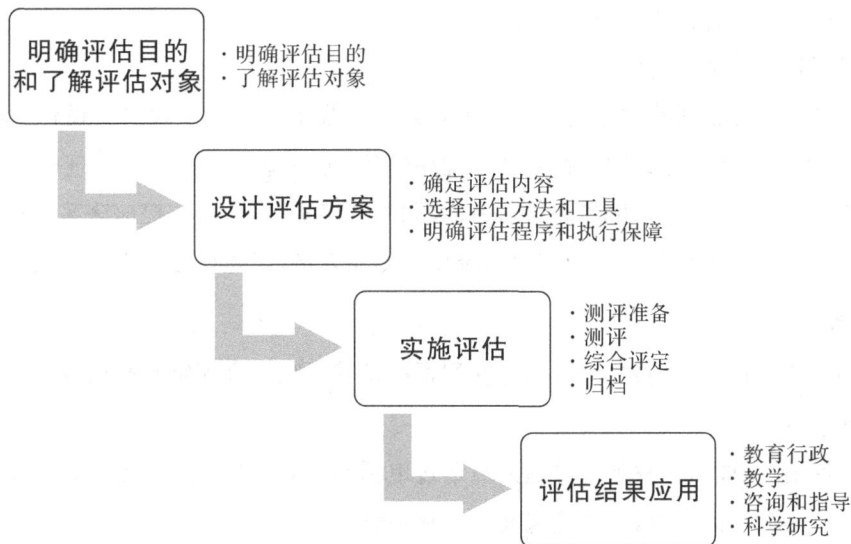

图 4-1 学前特殊儿童评估流程

（一）明确评估目的和了解评估对象

1.明确评估目的

明确评估目的是实施评估的第一步,不同的评估目的下,评估内容、评估方法和评估工具的选择都会有所不同。学前特殊儿童评估的目的通常包含筛查、鉴别、诊断、制订个别化教育计划、制定干预措施、教育评价等。

2.了解评估对象

了解评估对象不光是确认评估谁,更重要的是进一步收集评估对象的其他资料,如基本的人口学资料、障碍类别、某一方面表现出的问题或障碍程度、喜恶等,以便设计更恰当的评估方案,选择更合适的评估方法和评估工具。

（二）设计评估方案

明确评估目的和了解评估对象之后才能更好地设计评估方案。无论是简单还是复杂的评估,都应提前拟定周全的评估方案,包括确定评估内容、选择评估方法和工具、明确评估程序和执行保障。

1.确定评估内容

学前特殊儿童评估主要包括生理、心理、教育成就和社会适应四大领域,每一领域包含的内容丰富。对某一学前儿童进行评估不是对四大领域内的所有内容进行评估,而是根据儿童障碍类别、心理表现或行为问题等,有选择性地确定评估的具体内容。

2.选择评估方法和工具

学前特殊儿童评估实际上是一个收集资料的过程,评估的内容即所要收集的资料决定应采用何种评估方法和工具。例如,儿童的出生史、生长发育史、疾病诊疗史适合使用访谈法,儿童智力水平的评估适合使用智力测验等。

3.明确评估程序和执行保障

学前特殊儿童评估需要收集的资料多种多样。对收集资料的过程进行设计,这就是评估程序,也即评估时间表。评估过程按照评估程序进行,可避免评估过程中出现时间冲突、重复收集、资料不全等情况。为了保障评估程序的顺利、有序执行,还需要提前联系儿童家长、任课老师、学校校长、医生等相关人员和有评估资质的专业人员,组建评估小组,商讨合作方案。

(三)实施评估

评估的实施是计划的落地,大体上包含测评准备、测评、综合评定和归档四个步骤。

1.测评准备

评估开始前,一般需要教师和管理人员通过电话约访,与儿童和儿童的家长进行接触,获得有关儿童身心发展的资料,共同确定儿童的评估目标。

2.测评

评估实施过程中,评估小组成员应分工明确、各司其职、通力合作,做好材料的登记工作,辅助家长配合做好相关测评工作,评估小组按照评估程序对儿童进行相应的测评。

3.综合评定

测评结束后,评估小组对结果进行综合评定,通过收集、汇总儿童不同领域的测评结果,对儿童的障碍类别、障碍程度、障碍的成因和影响,优势能力和劣势能力,以及未来发展潜能等做出综合分析,并根据儿童的身心发展水平和教育需要提出针对性的建议对策。同时,按照措施和教育重点,填写评估报告书,并依据评估结果为儿童制订个别化教育计划。

4.归档

收集整理有关资料,一人一档,做好归档工作。

(四)评估结果应用

学前特殊儿童综合评定后的结果一般应用于教育行政、教学、咨询和指导以及科学研究四方面。

1.教育行政

学前特殊儿童的评估结果在教育行政方面主要应用于招生、教育安置、教师聘用与培训等。

2.教学

学前特殊儿童的评估结果在教学方面主要应用于心理和行为问题的鉴别诊断、个别化教育计划的制订、训练方法的选择、教学效果的评价等。

3.咨询和指导

学前特殊儿童的评估结果在咨询和指导方面主要应用于为家长提供咨询服务,为教师教育教学和康复训练提供指导等。

4.科学研究

学前特殊儿童的评估结果在科学研究方面主要通过前后两次评估结果的差异,检验某种干预措施或训练方法的有效性,验证某种理论的科学性或提出新的理论等。

第二节 学前特殊儿童评估工具

一、智力评估工具

(一)韦氏幼儿智力量表第四版(WPPSI-Ⅳ)

(1)测验目的:测量幼儿的智力。

(2)修订时间:美国发表于2012年10月;WPPSI-Ⅳ中文版由北京师范大学珠海分校李毓秋教授主持修订,发表于2014年8月。

(3)适用对象:2岁6个月至6岁11个月儿童。

(4)施测形式:个别施测的标准化智力测验。

(5)施测器材。WPPSI-Ⅳ中文版的施测器材包括:指导手册,记分册(年龄2岁6个月~3岁11个月),记分册(年龄4岁0个月~7岁3个月),测试题本1~3,答题册1~3,找虫记分键,划消记分键,动物家园记分键,积木(一盒,14个),动物家园布局图(3张,双面,44×28厘米),动物家园用动物卡片(3套),拼图(12套),涂鸦笔,秒表。有的图片由熟悉儿童阅读特点的画家所绘,因此非常受儿童喜爱。全部施测材料对幼儿均是安全的。

(6)评估领域。2岁6个月至3岁11个月:言语理解、视觉空间认知、工作记忆;4岁0个月至6岁11个月:言语理解、视觉空间认知、流体推理、工作记忆、加工速度。详细内容见表4-4。

表4-4 韦氏幼儿智力量表第四版的结构

测验	主要指数	分测验	辅助指数
测验A(2岁6个月至3岁11个月)	言语理解	指认图片,常识,图片命名	语言接收能力、非语言能力、一般能力
	视觉空间认知	积木,拼图	
	工作记忆	图片记忆,动物家园	
测验B(4岁0个月至6岁11个月)	言语理解	常识,类同	言语获得能力、非言语能力、一般能力、认知效率
	视觉空间认知	积木,拼图	
	流体推理	矩阵推理,图画概念	
	工作记忆	图片记忆,动物家园	
	加工速度	找虫,划消,动物译码	

(二)斯坦福-比奈智力量表第五版(SB-5)

(1)测验目的:测量儿童、成人的智力。

(2)修订时间:2003年。

(3)适用对象:2岁幼儿至成人。

(4)评估领域。言语领域:言语流体推理、言语知识、言语数量推理、言语视觉-空间信息加工、言语工作记忆;非言语领域:非言语流体推理、非言语知识、非言语数量推理、非言语视觉-空间信息加工、非言语工作记忆。

(5)施测形式:个别施测的标准化智力测验。

(三)考夫曼儿童成套评价测验量表第二版标准更新版(KABC-Ⅱ NU)

(1)测验目的:测量儿童的智力。

(2)编制者:美国心理学家考夫曼夫妇(Alan Kaufman,Nadeen Kaufman)于2018年发布。

(3)适用对象:3~18岁儿童、青少年。

(4)评估能力。同时性加工:三角形、面孔识别、模式推理(5岁和6岁)、数积木块、故事完形(5岁和6岁)、概念性思维、临时目标、格式塔图形闭合;继时性加工:语序、数字回忆、手部运动;计划:模式推理(7~18岁)、故事完形(7~18岁);学习:亚特兰蒂斯、亚特兰蒂斯延迟、雷布斯、雷布斯延迟;知识:字谜、表达性词汇、动词性知识。

(5)施测形式:个别施测的标准化智力测验。

(四)希-内学习能力测验

1.希-内学习能力倾向测验(H-NTLA)

(1)测验目的:评估听觉障碍儿童的智力。

(2)编制者:美国内布拉斯加州立大学的希斯基教授。

(3)适用对象:3~17岁儿童。

(4)施测形式:个别施测的标准化智力测验。

2.希-内学习能力倾向测验中国修订本(H-NTLA-CR)

(1)测验目的:评估听觉障碍儿童的智力。

(2)编制者:山西医学院和中国聋儿康复中心组织全国协作组抽样,1997年发表希-内学习能力倾向测验中国修订本。

(3)适用对象:3~17岁儿童。

(4)施测形式:个别施测的标准化智力测验。

(5)施测方法:使用两套指导语,手势语用于聋童,口语用于听力正常儿童。

(6)评估内容。12个分测验:穿珠(3~9岁)、记颜色(3~9岁)、辨认图画(3~9岁)、看图联想(3~9岁)、折纸(3~9岁)、短期视觉记忆(所有年龄)、摆方木(所有年龄)、完成图画(所有年龄)、记数字(10岁以上)、迷方(10岁及以上)、图画类同(10岁及以上)、空间推理(10岁及以上),见表4-5。

表4-5 希-内学习能力倾向测验中国修订本测试结果记录表

项目	原始分	量表分	项目	原始分	量表分
1.穿珠			7.摆方木		
2.记颜色			8.完成图画		
3.辨认图画			9.记数字		
4.看图联想			10.迷方		
5.折纸			11.图画类同		
6.短期视觉记忆			12.空间推理		

（五）绘人智能测验（DAM）

（1）测验目的：评估儿童的智能。

（2）编制者：1926年美国明尼苏达大学的古迪纳夫发表古迪纳夫-哈里斯绘人测验。1985年我国首都儿科研究所发表北京地区的修订本，命名为绘人智能测验。

（3）适用对象：4～12岁儿童。

（4）评估领域：儿童的矛盾、冲突、焦虑、冲动、愤怒、胆怯等个人特质。

（5）施测形式：个别施测或团体施测。实测结束后，主试按照评分标准（见表4-6）和样例进行评分。

表4-6 绘人智能测验评分标准（张家健 等,1989）

项目	评分标准
1.头	轮廓清楚,什么形状都可得分。无轮廓者不给分
2.眼	有眼即可。点、圈、线均可算。只画一个眼给半分
3.下肢	只要能画出下肢,形状不论。线状亦行。不过一定要有两条腿,如并拢在一起,也必须能看出是两条腿。若画穿长裙的女孩,只要腰与足之间有相当距离能代表下肢部位,也可记下肢1分
4.口	只要能画出口来即可,形状无关,部位不正无关,但不能在脸的上半部
5.躯干	有躯干即可,形状不论,卧位亦可
6.上肢	形状不限,只要能表示是胳膊就行,没有手指亦可
7.头发 A	不限发丝形状,只要有就行,一根即可
8.鼻	有鼻即可,形状不限
9.眉毛或睫毛	眉毛或睫毛有一种即可
10.上、下肢的连接 A	上、下肢的连接大致正确。从躯干出来,即给分
11.耳	须有双耳,形状不论,但不能与上肢混同。侧面者画一个即可,正位只画一耳算半分
12.衣着,1件	有衣、裤、帽子之一即可,表明有衣着。仅仅画纽扣、衣兜、皮带等亦可以
13.躯干长度	躯干的长度要大于宽度。长宽相等都不给分。要有轮廓。在纵、横的最长部位比较
14 颈	有颈部,形状不限,能将头与躯干分开即可
15.手指	有手指,能与臂或手区别即可。数量及形状无关

项目	评分标准
16.上下肢连接方法正确B	上肢都从肩处或在相当于肩处连接,下肢由躯干下边出来
17.头发B	在头的轮廓上画有头发,完全涂抹也可
18.颈的轮廓	清楚地画出将头与躯干连接起来的颈的轮廓。只画一根线的不算
19.眼的形状	眼的长度大于眼裂之开阔度,双眼一致
20.下肢比例	下肢长于躯干,但不到躯干的2倍。下肢的宽度应小于长度
21.衣着,2件以上	衣着有2件以上。例如有帽子及皮带,或上衣和鞋等,是不透明的。能将身体遮盖起来,分不清是身体还是衣服的不能给分。裤、裙、衬衫、上衣、帽、腰带、领带、发辫上的束带、项链、表、指环、镯子、烟斗、香烟、伞、手杖、鞋、袜、手套、笔记本、手提箱、书包等都可算
22.全部衣服不透明	齐全地画出衣裤,不透明
23.双瞳孔	双眼均画有瞳孔,眼轮廓内有明显的点或小圆圈
24.耳的位置和比例	耳的长度大于宽,侧位时有耳孔。耳的大小适当,要小于头横径的1/2
25.肩	画出肩的轮廓,角、弧形均可
26.眼的方向	瞳孔的位置应两眼一致
27.上肢比例	上肢要长于躯干,但垂直时手不能超过膝部。上肢长大于宽。如膝盖位置不清楚时,以腿的中点算,上肢左右长度不同时,以长的一侧计
28.手掌	画有手掌,能将手指及胳膊区别开
29.指数	两手必须各有5指,形状无关
30.头的轮廓	画有正确的头形,有轮廓
31.躯干轮廓	正确画出躯干形状,而不是简单的椭圆形或方形或三角形,躯干长度大于宽度,要有双肩,比例基本正确
32.上下肢轮廓	上下肢有轮廓,尤其是与躯干连接处,不变细
33.足跟	有明显足跟的轮廓。画出鞋的后跟也可。正位时,鞋画得正确就可给分
34.衣服4件以上	如帽子、鞋、上衣、裤、领带、皮带、纽扣、袜等,各种形式均可,画有4件以上
35.足的比例	下肢和足都有轮廓,足的长度比厚度大,足的形状不论。足长应是下肢的1/3以下、1/10以上
36.指的细节	全部手指有轮廓,长大于宽,须形状正确,其中如有一个指头不画清轮廓也不给分
37.鼻孔	鼻有鼻孔,如只画鼻孔也可以,侧位有个凹窝即可
38.拇指	拇指与其他指分开,短于他指,位置正确
39.肘关节	必须以某种形式表示出有肘关节,角、弧形均可,画单侧也可
40.下颌及前额	是眉毛以上及鼻以下部位,要各相当于面部的1/3,侧位有轮廓也可
41.下颌	清楚地表示出下颌,侧位时亦要明确。正位时在口以下有明显的下颌部位
42.画线A	线条清楚、干净。应该连接的地方都连接。不画无用的交叉、重复或留有空隙
43.鼻和口的轮廓	鼻和口皆有轮廓,口有上唇及下唇,鼻不可只画直线、圆或方形
44.脸	脸左右对称,眼、耳、口、鼻等均有轮廓且比较协调,若为侧位,头、眼比例要正确
45.头的比例	头长是躯干的1/2以下,身长的1/10以上
46.服装齐全	服装齐全,穿着合理,符合身份

项目	评分标准
47.下肢关节	显示有膝关节,如跑步的姿势等,正位时须表示出膝盖
48.画线 B	如线清楚,美观,有素描的风度,画面整洁可再给 1 分
49.侧位 A	侧位时,头、躯干以及下肢都要是正确侧位
50.侧位 B	比侧位 A 更进一步

表 4-7　绘人智能测验评价标准

智能程度	评价标准
高智能	$130 \leqslant IQ$
中上智能	$115 \leqslant IQ < 130$
中等智能	$85 \leqslant IQ < 115$
中下智能	$70 \leqslant IQ < 85$
低智能	$IQ < 70$

表 4-7 是绘人智能测验评价标准具体数值划分,包括高、中上、中等、中下及低智能,为表 4-6 绘人智能测验评分标准的连续。

绘人智能测验记录表如表 4-8 所示。

表 4-8　绘人智能测验记录表(首都儿科研究所编制)

编号:_____

姓名_____　　　性别____　　　　独生　非独生　　散居　集体

出生史:第__胎　　足月___个月　　　早产　过期产

双胎　　　　　出生体重____克　　　分娩方式:____　　窒息:无　有____分

重要病史:_____

父:姓名_____　　职业_____　　　文化程度_____

母:姓名_____　　职业_____　　　文化程度_____

联系方式_____

就诊原因_____

记事:

测查日期:____年__月__日
出生日期:____年__月__日
年　　龄:____年__月__日
评　　分:
能　　商:
测查者:

（六）学龄前儿童 50 项智能筛查量表

（1）测验目的：综合评估学龄前儿童的能力。

（2）编制者：首都儿科研究所 1986 年发表。

（3）适用对象：4～7 岁儿童。

（4）评估能力：学龄前儿童 50 项智能筛查量表共 50 项，评估儿童的自我认知能力、运动能力、记忆能力、观察能力、思维能力、常识。具体项目内容见表 4-9。

（5）施测方法：主试逐题提问，被试逐题回答问题或按要求操作。

表 4-9　学龄前儿童 50 项智能筛查量表

请小儿回答下列问题并按要求执行	
1.指给我看，你的眼睛在哪儿	26.你知道你自己属什么吗（生肖）
2.指给我看，你的耳朵在哪儿	27.让孩子抓住弹跳到胸前的球（测试者和孩子相距 1 米，示教一次）
3.指给我看，你的颈项在哪儿	28.说出红、黄、蓝、绿四种颜色（图形或实物）
4.告诉我，你叫什么名字	29.你用拼板照样拼椭圆形
5.你的手指在哪	30.看图，说出有什么不对的地方（鸡在水中游）
6.请把衣服上的扣子扣好	31.告诉我你姓什么
7.有一双鞋（鞋尖对着小儿），你穿穿看	32.学我样，脚尖对着足跟倒退走（2 米）（示教）
8.请把裤子重新穿一下	33.请描绘下面图形 l □ ○ /
9.指给我看，你的眉毛在哪儿	34.看图，说出有什么不对的地方（雨下看书）
10.请你学我样，倒退走路（2 米）	35.看牛兔画说三处错误（牛尾、腿、兔耳）
11.你并住双足，往前跳一下（20 厘米左右）	36.你住在哪儿（要有路名、门牌号）
12.你今年几岁（虚岁和实岁都可）	37.请用线绳捆住这双筷子，并打一个活结
13.你自己会穿上衣服吗，穿给我看看	38.用拼板拼圆形、正方形、长方形
14.你知道哪些东西是动物吗，请你说两种	39.指给我看你的膝盖在哪儿
15.指给我看，你的足跟在哪儿	40.你知道吃的蛋是从哪里来的吗，吃的青菜（或白菜）是从哪里来的吗
16.重复说一个数目，如 4213（61976）	41.你知道吃的肉是从哪里来的吗
17.给孩子看一幅未画腿的人物画像。请孩子指出哪些部分未画完，或请他补画上	42.你想一想回答我：鸟、蝴蝶、蜜蜂与苍蝇有什么相同之处
18.指给我看，你的肩在哪儿	43.你想一想回答我：毛线衣、长裤、鞋子有什么共同之处

19. 正确地说出下面的图形 △　○　□	44. 请你用左手摸摸右耳朵，用右手摸左耳朵，用右手摸右腿（三试三对）
20. 从30厘米高处跳下，足尖着地（示教）	45. 今天是星期×（说出星期几），请告诉我后天是星期几，明天呢，昨天呢
21. 请你按我说的顺序做三件事： （1）把门打开； （2）把小椅子搬过来； （3）用抹布擦擦这桌子（连说两遍）	46. 工作人员讲一个短故事给孩子听，听完后要他回答：（1）小兔子借篮子干什么？（2）小鸭子请公鸡干什么？（3）小松鼠请公鸡干什么？（4）公鸡为什么又叫又跳？（5）都有谁帮助公鸡修房子了
22. 你能用筷子夹起这豆子（或花生米）吗，做做看	47. 倒说三位数：如238（倒说832）、619（倒说916）、596（倒说695），要求三试两对，可以换其他数
23. 说五个反义词（用相反事物提问） （1）火是热的——冰是（冷）的； （2）大象鼻子是长的——小白兔尾巴是（短）的； （3）老虎是大的——蚂蚁是（小）的； （4）头发是黑的——牙齿是（白）的； （5）棉花是软的——木头是（硬）的	48. 我说一句话，你仔细听着，并照样说给我听（妈妈叫我一定不要和小朋友打架。连说两遍）
24. 你会单脚站立吗，试试看（10秒）	49. 你想一想然后回答我：口罩、帽子、手套有什么共同之处
25. 足跟对着足尖直线向前走（2米）（示教）	50. 听故事后回答——小公鸡为什么脸红了

表4-9为学龄前儿童50项具体智能筛查量表，包括请小儿回答的问题及按要求执行的动作。

二、适应性评估工具

适应行为评估是学前特殊儿童评估的重要内容。目前我国学者已经修订了一些关于适应行为评估的工具。下面简单介绍几种已经在我国特殊教育评估中得到广泛应用以及经典的评定量表。

（一）文兰适应行为量表（VABS）

（1）测验目的：系统评估儿童和青少年的个体适应性和社会适应性。

（2）编制者：1935年美国文兰训练学校的道尔发表世界上第一个标准化的适应行为量表——文兰社会成熟量表；1984年斯帕罗等人修订文兰社会成熟量表，更名为文兰适应行为量表（VABS）。

(3)适用对象:调查表和扩展表适用于0~18岁孩子,课堂评定表适用于3~12岁孩子。

(4)评估能力:VABS由三套表构成。调查表(297个条目),评估一般适应能力;扩展表(577个条目,其中277个条目与调查表一致),评估更广泛、更具体的适应行为;课堂评定表(244个条目),评估儿童在课堂中的适应行为。每套表评估内容均涉及四个领域:沟通领域、日常生活技能领域、社会化领域和运动技能领域。此外,调查表和扩展表中还包括不良适应行为。

(5)施测方法:半结构化访谈法,访谈对象为受测者的家长、老师或熟悉受测者的其他相关人员。

(6)计分标准:大多数条目按0、1、2记分。完全不具有或几乎不表现出某种能力记0分,偶尔表现或表现出一部分能力记1分,经常表现出某种能力记2分。部分条目按0、2记分,意义与上面相同。

课堂评定表结构、内容和记分方式如表4-10所示。

表4-10 课堂评定表结构、内容和记分方式

领域	内容	示例	记分
沟通领域	理解	明白"不要"的意思(例如,停止某项正在进行的互动或表示知道应该停止某项活动)	2 1 0
	表达	听到大人的声音,几秒钟之内能模仿这些声音(例如,模仿发"卟卟""妈妈""哇哇"等,如果受测者能说出字词来,就记2分)	2 1 0
	书面语言	会背诵字母表中的所有字母(可以按顺序背诵,也可以不按顺序背诵。如果受测者唱《ABC歌》,而不说字母,就记1分)	2 1 0
日常生活技能领域	个人	会咽或嚼饼干(包括烤面包片或全麦饼干等。饼干可以由别人拿着)	2 1 0
	家庭	在要求下能帮着做一些家务活(例如,摆家具)	2 1 0
	社区	明白烫手的东西是危险的	2 1 0
社会化领域	人际关系	表现出有让父母、照料者或其他熟悉的人高兴的欲望(例如,送礼物或帮忙做事等)	2 1 0
	玩耍和闲暇时间	独自或者与别人一起玩玩具或其他东西	2 1 0
	应酬	在想要某种东西时,无须提醒,会说:"请给我……"(如果需要暗示受测者,对他说:"你该说什么?"就记1分;如果直接提醒受测者说"应该说请给我……",就记0分)	2 1 0
运动技能领域	大运动	走路平稳,无须帮助或搀扶,能走到别处去	2 1 0
	精细动作	会拧开和盖上瓶盖,没把瓶子或瓶盖弄掉	2 1 0

(二)婴儿-初中生社会生活能力量表

(1)测验目的:评估儿童和青少年的社会生活能力,适用于智力低下的临床诊断。

(2)编制者:日本心理适应能力研究所等单位引进文兰社会成熟量表,修订后更名为 S-M 社会生活能力检查表;我国北京医科大学左启华教授以 S-M 社会生活能力检查表为蓝本,修订并命名为婴儿-初中生社会生活能力量表。

(3)适用对象:1~14 岁儿童与青少年。

(4)评估能力:评估六个领域,共 132 个项目,包括独立生活能力(SH)、运动能力(L)、作业(O)、交往(C)、参加集体活动(S)、自我管理(SD)。

(5)检查方法:按照相应的年龄段从第一题开始问,如果连续 10 个题都通过,则认为起始题以上的各项均通过。如果连续 10 道题未通过,则认为以下的题均不能通过,检查即可结束。

(6)评价:婴儿-初中生社会生活能力量表是具有较高信度和效度的测量儿童适应行为的量表之一。

(三)AAMR 社会适应行为量表

1. ABS-SE

(1)测验目的:评估儿童和青少年的一般适应能力和不良适应行为。

(2)编制者:1974 年美国智障学会资助尼海拉等人编制适应行为量表;1981 年兰伯特修订初版适应行为量表,命名为 AAMR 社会适应行为量表-学校版(ABS-SE)。

(3)适用对象:3 岁 3 个月至 17 岁 2 个月的儿童和青少年。

(4)评估能力。一般适应能力:独立生活能力、身体发育、经济活动、语言发展、数字和时间、就业前工作表现、自我管理、责任心、社会化;不良适应行为:攻击、反社会与社会行为、对抗、不可信赖、退缩、癖性、不适当的人际交往方式、不良的说话习惯、不良的行为习惯、活动水平、症状性行为、药物服用情况。

(5)施测方法:评估者将题目逐条念给受测者的家长或老师等听,根据他们的回答对受测者的适应行为做出评定。

2. ABS-SE 2

(1)测验目的:评估儿童和青少年的一般适应能力和不良适应行为。

(2)编制者:1993 年兰伯特等人修订 ABS-SE,修订版为 ABS-SE 2。

(3)适用对象:6~21 岁在校学生。

(4)评估能力。一般适应能力包括个人生活自立、社会生活自立以及个人-社会责任心三个因素,具体包括:独立生活能力、身体发育、经济活动、语言发展、数字和时间、职前/职业活动、自我管理、责任心、社会化;不良适应行为包括社会调节和个人调节两个因素,具体包括:反社会、不服从、不可信赖、刻板和多动、自虐、社会约束、不良的人际交往。

(5)施测方法:评估者将题目逐条念给受测者的家长或老师等听,根据他们的回答对受测者的适应行为做出评定。

(四)儿童适应行为量表

(1)测验目的：评估儿童和青少年的一般适应能力和不良适应行为。

(2)编制者：1996年北京师范大学韦小满修订ABS-SE,新量表命名为儿童适应行为量表。

(3)适用对象：3～16岁儿童和青少年。

(4)评估能力。一般适应能力：动作发展、语言发展、生活自理能力、居家与工作能力、自我管理和社会化；不良的适应行为：攻击、反社会、对抗、不可信赖、退缩、刻板与自伤、不适当的人际交往方式、不良的说话习惯、不良的口腔习惯、古怪的行为、多动和情绪不稳定。

(5)施测方法：评估者将题目逐条念给受测者的家长或老师等听,根据他们的回答对受测者的适应行为做出评定。

三、情绪行为评估工具

(一)康纳斯行为评定量表(CRS-R)

(1)测验目的：筛查、评估儿童的品行问题、学习问题,特别是多动症儿童。

(2)编制者：1969年康纳斯最早发表,1997年发表修订本。

(3)适用对象。家长评定量表和教师评定量表：3～17岁儿童和青少年；自我评定量表：12～17岁青少年。

(4)评估能力。由家长评定量表、教师评定量表、自我评定量表构成。家长评定量表：对立、认知问题/注意力不集中、多动、焦虑/胆怯、挑剔、社交问题、身心障碍；教师评定量表：对立、认知问题/注意力不集中、多动、焦虑/胆怯、挑剔、社交问题；自我评定量表：家庭问题、情绪问题、品行问题、认知问题/注意力不集中、脾气控制问题、多动。

(5)计分方法：按0、1、2、3记分。

(二)阿肯巴克儿童行为量表(CBCL)

(1)测验目的：筛查儿童的社交能力和行为问题。

(2)编制者：1970年由阿肯巴克出版,1983、1986、1987、1988年出版使用手册,1991年修订；1980年初我国引进适用于4～16岁的家长用表。

(3)适用对象：4～16岁儿童和青少年。

(4)评估内容。家长用表评估内容分为三部分。一般项目：姓名、性别、年龄、出生日期、种族、填表日期、年级、父亲职业(工种)、母亲职业(工种)、填表人(父、母、其他)；社交能力：参加体育运动情况、课余爱好、参加集体(组织)情况、课余职业或劳动、交友情况、与他人及其他小孩相处情况、在校学习情况；行为问题：包括113条,其中56条包括8小项,填表时按最近半年内的表现记分。

(5)计分方法：第一部分不计分,第二部分按0、1、2、3记分,第三部分按0、1、2记分。

(三)气质和异常行为量表(TABS)

(1)测验目的：婴儿和儿童发育功能障碍行为或行为问题的规范参考评估。

（2）编制者：1999 年由巴格内托、内斯沃斯、塞尔维亚和亨特编制。

（3）适用对象：11～71 个月婴儿和儿童。

（4）评估内容。TABS 筛选工具：简短的 15 个题项，可以在大约 5 分钟内完成，用于确定孩子是否需要对与气质和自我调节相关的发展方面进行更彻底的评估。TABS 评估工具：包含 55 个关于孩子行为的问题，可以在大约 15 分钟内完成。

（5）测验类型：常模参照的筛选评估工具。

四、感知觉与动作评估工具

（一）儿童感觉统合能力评定量表

（1）测验目的：评估儿童的感觉能力。

（2）编制者：艾尔斯（Ayers）于 1975 年发表；1994 年北京大学精神卫生研究所在引进我国台湾儿童感觉统合检核表的基础上进行修订。

（3）适用对象：4～12 岁儿童。

（4）评估能力：前庭失衡、触觉过度防御、本体感失调、学习能力发展不足、大年龄的特殊问题。

（5）测验形式：个别施测。

（二）德甘齐伯克感觉统合测验

（1）测验目的：评估儿童的感觉能力。

（2）适用对象：3～5 岁儿童。

（3）评估能力：总体感觉统合能力、姿势控制及双侧动作协调、反射整合。

（4）测验形式：个别施测。

（5）评估类别：参照性筛查量表。

（三）班达视觉运动完形测验

（1）测验目的：评估儿童视知觉-动作统合能力，鉴别脑损伤儿童。

（2）编制者：1938 年由班达（Bender）编制。

（3）适用对象：5～11 岁儿童。

（4）评估能力：视知觉-动作统合能力。

（5）评价：本测验内容简单、施测方便，但稳定性较低，效度验证缺乏有力证据，且测验的常模已过时。

（四）视知觉发展测验（DTVP-2）

（1）测验目的：诊断儿童视知觉问题；评价干预效果。

（2）编制者：1964 年由弗罗斯蒂等人发表；1993 年米哈尔等人修订，修订本为 DTVP-2。

（3）适用对象：4～10 岁儿童。

（4）评估能力：手眼协调、临摹、空间关系、空间位置、图片-背景、视觉填充、视觉-动作速度、图形恒常性。

(5)测验形式：个别施测。

(五)听觉辨别测验

(1)测验目的：测试儿童区分相似单词的能力，单词间只有 1 个因素差异。

(2)编制者：1975 年由维普曼编制；1987 年雷诺兹进行修订，修订本为 ADT-2。

(3)适用对象：4～8 岁儿童。

(4)评估能力：听觉辨别能力。

(5)评价：测验内容和施测方法简单，但信效度均不理想，且测试材料是英文单词，难以用于我国儿童评估。

(六)戈德曼-弗里斯托-伍德科克成套听觉技能测验

(1)测验目的：评估儿童各种听觉技能。

(2)编制者：1974 年由戈德曼等人编制。

(3)适用对象：3 岁儿童至成人。

(4)评估能力：各种听觉技能，包括听觉选择性注意、听觉辨别、听觉记忆、听觉声音-符号关系。

(5)测验形式：个别施测的常模参照测验。

(七)动作教育程序评量表

(1)测验目的：评估儿童运动技能、身体意识和各种心理技能发展是否与该发展阶段水平相符。

(2)编制者：由日本横滨国立大学小林芳文教授编制。

(3)适用对象：0～72 个月的普通儿童及特殊儿童。

(4)评估能力：0～72 个月儿童运动发展七阶段、三领域。七阶段：原始反射支配阶段、步行前阶段、确立步行阶段、确立粗略运动阶段、调整运动阶段、知觉-动作阶段、复合应用运动阶段。三领域：运动-感觉机能、语言机能、社会性(含情绪)机能。

(5)测验形式：个别施测。

五、早期发展评估工具

(一)丹佛儿童发育筛查量表(DDST)

(1)测验目的：智力筛查。

(2)编制者：1967 年美国丹佛学者弗兰肯伯格与多兹编制而成；1992 年发布修订版。1979—1982 年我国完成 DDST 标准化工作，应用于全国范围。2004 陈佳英提出上海市丹佛儿童发育筛查量表，建立了国内区域性的常模。

(3)适用对象：0～6 岁婴幼儿。

(4)评估能力：由 105 个项目组成，分为四个能区：粗大动作(小儿坐、步行和跳跃的能力)、精细动作(婴幼儿看的能力、用手取物和画图的能力)、语言(婴幼儿听、理解和运用语言的能力)、身边处理及社会适应能力(小儿对周围人们的应答能力和料理自己生活的能力)。

(5)评估类型:筛查性评估。

丹佛儿童发育筛查测验报告单如表4-11所示。

表4-11　丹佛儿童发育筛查测验报告单

基本信息							
姓名			性别			出生日期	
测试信息							
月龄				测评时间			
测评结果							
其他描述							

序号	能区	年龄线左侧项目		切年龄线项目		年龄线右侧项目		不通过项目
		评分	合计数	评分	合计数	评分	合计数	
1	粗大动作							
2	精细动作							
3	语言							
4	身边处理及社会适应能力							

参考结论:

指导建议:

测评者:

(二)0～6岁儿童发展筛检量表

1.0～6岁发育筛查测验

(1)测验目的:筛查发展迟缓儿童。

(2)编制者:上海医科大学儿科医院刘湘云等1992年编制。

(3)适用对象:0～6岁婴幼儿。

(4)评估能力:运动、社会适应及智力。

(5)评估类型:筛查性评估。

2.0～6岁儿童发展筛检量表

(1)测验目的:筛查发展迟缓儿童。

(2)编制者:黄惠玲2000年编制。

(3)适用对象:0～6岁婴幼儿。

(4)评估能力:语言与沟通发展、社会人格发展、动作技能-粗大动作、动作技能-精细动作、知觉与认知发展。

(5)评估类型:筛查性评估。

(三)年龄与发育进程问卷

(1)测验目的:评估婴幼儿发展水平。

(2)编制者:美国俄勒冈大学人类发育中心、早期干预研究所团队研发。上海市儿童医院卞晓燕教授及其团队与研究者合作,2010年发布年龄与发育进程问卷中文版。

(3)适用对象:1～66个月儿童。

(4)评估能力:身体发育、沟通、肢体运动、解决问题、个人和社会交往等能力。

(5)评估类型:筛查性评估。

(四)Peabody运动发育量表(PDMS-2)

(1)测验目的:全面评估婴幼儿运动发育情况。

(2)编制者:福利奥、菲威尔1983年发布初版。1998年发布修订版。2000年发布第二版,即PDMS-2。

(3)适用对象:0～5岁婴幼儿。

(4)评估能力。6个运动分测验:反射、姿势、移动、实物操作、抓握和视觉-运动整合,共249项。测试结果最终以粗大运动商、精细运动商和总运动商来表示。粗大运动测试由4个分测验组成,包括姿势(30项)、移动(89项)、反射(8项)和实物操作(24项),共151项。精细运动测试包括抓握(26项)和视觉-运动整合(72项),共98项。

①反射:测量儿童对环境事件的自动反应能力。

②姿势:测量儿童在重心范围内保持身体控制和保持平衡的能力。

③移动:衡量儿童从一个地方移动到另一个地方的能力,包括爬行、行走、跑步、跳跃和向前跳跃。

④实物操作：测量儿童操纵球的能力，例如接球、投掷和踢腿。

⑤抓握：测量儿童用手的能力。

⑥视觉-运动整合：衡量儿童运用视觉感知技能完成复杂的眼-手协调任务的能力，如伸手抓取物体，搭建积木等。

（5）记分标准：每个项目都用 1、2 或 0 分进行评分。如果被测试儿童能够全部完成特定的动作，得 2 分；如果有明确的意愿去做，但未能完成动作，得 1 分；如果根本没有完成动作的意识，也没有迹象表明这个动作正在发展出来，得 0 分。

（6）评估类型：诊断性评估。

（7）评估时间：整个 PDMS-2 在 40～60 min 内完成，单独的精细或粗大运动分测验需要 20～30 min 完成。

（五）格塞尔婴幼儿发展量表

（1）测验目的：评估婴幼儿发育水平及治疗效果。

（2）编制者：美国耶鲁大学医学院儿童发展诊断儿科医生、心理学家格塞尔等编制。

（3）适用对象：4 周～6 岁幼儿。

（4）评估能力：粗动作能、精动作能、应物能、言语能和应人能。

（5）评估类型：诊断性评估。

（六）贝利婴幼儿发育量表（BSID）

（1）测验目的：全面评估婴幼儿发育水平，诊断婴幼儿是否发育迟缓。

（2）编制者：美国加州伯克利婴幼儿发育研究所儿童心理学家贝利编制。湖南医科大学于 1993 年制定贝利婴幼儿发展量表（中国城市修订版）。

（3）适用对象：2～30 个月幼儿。

（4）评估能力：神经发育、运动发育和婴儿行为。

（5）评估类型：诊断性评估。

（七）中国儿童发展量表（CDCC）

（1）测验目的：综合评估儿童身体和智力发育水平。

（2）编制者：张厚粲教授等 1985 年编制。

（3）适用对象：3～6 岁儿童。

（4）评估类型：诊断性评估。

（5）评估领域：分为智力发展量表和运动发展量表两部分，共由 16 个项目构成。智力发展量表共有 11 项，包括看图命名（10 题）、量词使用（8 题）、看图补缺（10 题）、语言理解（7 题）、按例找图（10 题）、袋中摸物（8 题）、拼摆图形（12 题）、数数算算（16 题）、分析错误（6 题）、社会常识（8 题）、人物关系（11 题）。上述看图命名、量词使用、语言理解 3 项为语言能力测验，包括语言感知与理解、语言表达等多方面的能力测验；看图补缺、按例找图、袋中摸物、拼摆图形、数数算算 5 项是认知能力测验，包括视觉-运动能力、色彩辨别能力、空间知觉能力、观察力、记忆力、想象力、分析概括与类比推理能力,以及数学运算能力等方面的能力测验;分析错误、社会常识、人物关系3项是社会认知能力的测验,包括社会常识、道德判断,以及对人、人际关系等的认知能力测验。运动发展量表共有5项,包括单脚站立、立定跳远、左跳右跳、蹲蹲站站、快捡小豆。以上5项对幼儿身体素质和动作技能发展进行测查,包括对身体的平衡性、动作的灵敏性、爆发力、耐久力以及协调能力的测量。中国儿童发展量表具体见表4-12。

表4-12　中国儿童发展量表构成

量表	分测验	内容
智力发展量表	1.看图命名(10题)	测试者呈现每张图片后,儿童应用恰当的词汇,对图片上的景、物予以命名
	2.量词使用(8题)	测试者呈现每张图片后,儿童应能准确使用量词说明图上所画的东西是多少
	3.看图补缺(10题)	测试者呈现每张图片后,儿童应能认识图画的内容,并指出缺少的部分
	4.语言理解(7题)	测试者呈现每张图片后,向儿童叙说包含特定的空间词汇的句子,让儿童从图片中找出适合该句话意思的图画
	5.按例找图(10题)	测试者呈现例图后,要求儿童先看懂每组图片中两种或几种图形间的关系,再依据这种关系从备选的小图中找出应填在空格中的图形
	6.袋中摸物(8题)	要求儿童从布袋中,一个一个地去除测试者所提出的物品
	7.拼摆图形(12题)	测验分成两个部分。第一部分,要求儿童按图用三角板拼出图形;第二部分要求儿童在看过图形之后,凭借记忆用彩色积木摆出图形
	8.数数算算(16题)	测试儿童数的概念、推理能力与数的计算能力
	9.分析错误(6题)	主试呈现图片后,请儿童指出图上的人做得不对的地方
	10.社会常识(8题)	测试儿童对社会生活以及行为规范的正确认知的能力
	11.人物关系(11题)	测试儿童对人物性别、年龄、职业等特征的认知能力以及对人物关系的判断能力
运动发展量表	12.单脚站立	测量儿童的平衡力
	13.立定跳远	测量儿童的爆发力
	14.左跳右跳	测量儿童动作的灵活性
	15.蹲蹲站站	测量儿童的耐久力
	16.快捡小豆	测量儿童手眼的协调和手部动作的灵敏性

(八)孤独症儿童发展评估表

(1)测验目的:评估孤独症儿童及其他发展性障碍儿童的发展现状及康复需要。

(2)编制者:王辉等人与中国残疾人联合会康复部。

(3)适用对象:心理年龄0~6岁的孤独症儿童及其他发展性障碍儿童。

(4)评估类型:诊断性评估。

(5)评估能力:孤独症儿童发展评估表由8个领域共493个评估项目构成:感知觉(55题)、粗大动作(72题)、精细动作(66题)、语言与沟通(79题)、认知(55题)、社会交往(47题)、生活自理(67题)以及情绪与行为(52题)。各领域可独立进行评估,评估时不受其他评估领域的影响,可以在2周内完成全部评估项目,并得出评估结论。孤独症儿童发展评估表结构和内容如表4-13和表4-14所示。

(6)评分方法:感知觉、粗大动作、精细动作、语言与沟通、认知、社会交往以及生活自理7个领域的评分系统为"通过(P)""中间反应(E)""不通过(F)"3个级别。通过(P),记1分;中间反应(E),不计分;不通过(F),记0分。若某个项目不适合所测试的儿童,标记X,即不计分。情绪与行为领域的评分原则采用临床判断,使用的是"与年龄相适应的""在正常范围内"等相关术语,评分分为没有(A)、轻度(M)、重度(S)3个级别。

表 4-13 孤独症儿童发展评估表结构和内容(部分)

评估领域	评估范围		评估项目(仅举例第1个项目)	评估记录(P、E、F、X)	参考年龄
感知觉(55题)	视觉	视觉注视	注视光线刺激		0~6月
		视觉追视	灵活追视		4~6月
		视觉辨认	辨认熟悉人物的面孔(如爸爸、妈妈)		5~6月
		视觉记忆及重整	指出图形拼块的正确位置		34~39月
		视觉偏好	对图画感兴趣		20~25月
	听觉	听觉反应	母亲叫名有反应		0~6月
		听觉注意	注意声音		0~6月
		听觉辨别	别人叫自己名字时会做出反应,而对其他名字则没有反应		6~12月
	触觉	触觉反应	对东西碰撞身体时,做出适当的反应		3~6月
		触觉辨别	凭触觉配对物品		24~36月
		触觉记忆	触摸物体按大、小排列		60~72月
	味觉	味觉反应	对3种不同味道做出反应		0~12月
		味觉辨别	分辨酸、甜味道		12~24月
		味觉记忆	辨别各种味道的浓和淡(如甜味)		36~48月
	嗅觉	嗅觉反应	对3种不同气味做出反应		0~12月
		嗅觉辨别	分辨香、臭气味		12~24月
		嗅觉记忆	根据气味,指出或说出常见的食物		24~36月

评估领域	评估范围		评估项目(仅举例第1个项目)	评估记录(P、E、F、X)	参考年龄
粗大动作(72题)	姿势	坐姿	坐姿双手离地,转动躯干		7~8月
		站姿	独自站立5秒		12~24月
	移动	爬	灵活爬行		9~10月
		坐	臀部移动		9~10月
		站立	坐姿站起		12~24月
		行走	扶一手走		12~16月
		跳跃	手扶弹跳		10月
	操间活动	跑	5秒内在3米距离内来回跑		48~60月
		推	站立推球至1.5米远处		24~36月
		端	单手端半杯水步行3米		24~36月
		抛	单手—手过肩向前抛球1.2米		36~48月
		击	垂直挥拍击中吊球		36~48月
		踢	向前踢球1米		24~36月
		接	双手接自1.5米远处抛来的球		36~48月
		拍	双手连续向下拍球		60~72月
精细动作(66题)	摆弄物品		用掌心抓握物品		0~6月
	基本操作能力		摇晃玩具		6~12月
	双手配合		用双手把玩物品		4~5月
	手眼协调		叠起2块积木		12~24月
	握笔写画		用掌心握笔		12~24月
	工具使用		用刀切开橡皮泥		24~36月

续表

评估领域	评估范围		评估项目(仅举例第1个项目)	评估记录(P、E、F、X)	参考年龄
语言与沟通(79题)	语言与沟通能力	非语言沟通能力	目光接触		0～6月
		分辨声音	对声音的位置、音量、音调做出反应		0～6月
		口腔器官的运动	双唇的运动		0～6月
	语言模仿	模仿单音	模仿 a、i、u		0～6月
		模仿叠音词	模仿爸爸、妈妈		6～12月
		模仿表示物品的词	模仿"猫""狗""鸭""鹅"的发音		12～18月
		模仿动词	模仿"跑""爬""打"的发音		12～18月
		模仿方位词	模仿"上""下""左""右""里""外"		24～36月
	语言理解	名称指令	对自己名字有反应		0～6月
		指认	指认身体部位		9～12月
		动作指令	理解肯定的动作指令		9～10月
		理解形容词的含义	理解大小		24～36月
		理解事物关系	理解整体与部分的关系		24～36月
	语言表达	表达要求与回答问题	表达照顾者称呼		9～12月
		说短语	表达数量的短语,如两只狗		36～48月
		说句子	表达自己活动的主谓句子,如宝宝睡觉		24～36月
		主动提问	主动表达允许或请求		18～24月
		复述	复述一至两个句子		48～60月
		主动描述	描述正在发生的事情		24～36月
认知(55题)	经验与表征		按照指令交出物件		12～24月
	因果关系	简单推理	知道动作引起的直接后果		7～14月
		分类	物品图片分类(功能分类)		48～60月
		配对	实物配对		18～24月
		排序	指出第一、第二和最后的位置		48～60月
	概念	时间概念	说出一周包含哪些天		60～72月
		空间概念	掀开盖着自己脸的毛巾		6～12月
		颜色概念	配对红、绿颜色(外形相同)		24～36月
		形状概念	配对三种基本形状		24～36月
		数前概念	依要求指出大小		36～48月
		数概念	重复2～3个数字		24～36月

续表

评估领域	评估范围		评估项目(仅举例第1个项目)	评估记录(P、E、F、X)	参考年龄
社会交往 (47题)	社交前 基本能力	社交中非口语能力	目光注视社交对象		0~6月
		认识自己	认识镜子中的自己		6~12月
		评价自己	评价画画(或其他行为)很好		24~36月
		控制自己	儿童执行"不准……"指令		24~36月
	社交技巧	与照顾者的互动	用微笑回应照顾者		0~6月
		与陌生人互动	对陌生环境或对陌生人的反应		24~36月
	社交礼仪	近距离打招呼	对别人的问候(你好)表示惊讶		0~6月
		远距离打招呼	用"叔叔好、阿姨好……"回应,并挥手		36~48月
		自我介绍	被动介绍,用"××"回答别人对自己名字的提问		24~36月
		近距离的告别	妈妈离开时,儿童盯着妈妈并双臂上下摆动		0~6月
		电话告别	用"妈妈,再见"回应妈妈的告别		24~36月
		表示感谢	拿到别人给的东西,双手作揖表示感谢		18~24月
		表示抱歉	弄坏别人的东西,会说"对不起"		36~48月
		表示称赞	当别人做事做得好时,口头称赞别人或通过动作称赞别人		36~48月
生活自理 (67题)	进食	吸吮	吸吮奶瓶内的液体		0~6月
		合唇	吃汤匙里的食物		0~6月
		喝	喝汤匙里的水或饮料		6~12月
		咀嚼	咀嚼软的固体食物		16~21月
		进食方式	用手指把食物放进口中		12~24月
	如厕	表示如厕需要	如厕前以手势、沟通图或声音表示如厕需要		12~24月
		如厕技能	坐便盆如厕		16~18月
	穿衣	脱	将脱到脚掌部的袜子完全脱掉		12~24月
		穿	穿鞋子		36~48月
	梳洗	擦	用毛巾擦嘴		12~24月
		刷	用牙刷粗略地刷牙		24~36月
		洗	用肥皂洗手		36~48月
		梳头发	自己用梳子将头发梳理整齐		60~72月
	其他日常自理能力(家居)	睡眠	睡觉规律		16~18月
		物品归位	将自己的玩具放在固定位置		24~36月
		开关	将门关上		24~36月
		收拾餐具	饭前摆放餐具		48~60月

表 4-14 孤独症儿童发展评估表结构和内容(部分)

领域	评估范围		评估项目	评估记录 (A、M、S 或 X)
情绪与行为 (52 题)	依附情绪行为	回应行为反应	对成人的行为做出反应	
		依恋情绪行为	与照顾者分离时的反应	
	情绪理解	情绪识别	分辨成人的语气	
		回应他人	理解成人的表情	
	情绪表达与调节	表达情绪	安慰和帮助别人	
		调节情绪	调节正面情绪	
	关系与情感	物品运用	对镜中自己影像的反应	
		接纳亲近	对身体接触的反应	
		引发社交沟通	向测试员求助	
		社交反应	对测试员的声音的反应	
		适应转变	对干扰的忍耐力	
	对物品的兴趣	运用物品及身体	对绳子的反应	
	感觉偏好	视觉	视觉兴趣和灵敏度	
		听觉	对哨子声的反应	
		触觉	检查触觉块	
		味觉	对味觉的兴趣	
		嗅觉	对嗅觉的兴趣	
	特殊行为	特殊反应	不会过分活跃或过分安静	
		特殊习惯	没有固执或重复的行为	

(九)0~6 岁儿童神经心理发育检查表

(1)测验目的:评估我国婴儿运动发育水平,早期甄别发育偏离、延迟以及发育不均衡。

(2)编制者:首都儿科研究所与中国科学院心理研究所于 1980 年起合作开发,最新版本为 0~6 岁儿童神经心理发育检查表 2016 版(CNBSR 2016)。

(3)适用对象:0~6 岁婴幼儿。

(4)评估能力:该量表是目前在我国广泛应用的检查方法,共包括五方面功能:大运动、精细动作、适应能力、语言和社交行为。

0~6 岁儿童神经心理发育检查表(部分)如表 4-15 所示。

表4-15 0~6岁儿童神经心理发育检查表(部分)

月龄	大运动		精细动作		适应能力		语言		社交行为	
36	141□ 两脚交替跳		142 □ 折纸边角整齐（长方形）	143 □ 模仿画十字	144 □ 认识两种颜色	145 □ 懂得"2"	146 □ 懂得"冷了、累了、饿了"	147 □ 说出图片14样 (14/18)	148□ 扣扣子	
42	149□ 交替上楼	150 □ 并足从楼梯末级跳下	151□ 模仿画□		152 □ 懂得"5"	153 □ 说出图形（△、○、□）	154□ 会说反义词		155□ 会穿上衣	
48	156□ 独脚站5秒		157□ 画人像3个部位		158□ 拼圆形、正方形	159 □ 图画中缺什么 (2/6)	160 □ 苹果一刀切开有几块?	161 □ 说四个反义词	162□ 吃饭之前为什么要洗手?	
54	163 □ 独脚站10秒钟	164□ 足尖对脚跟向前走2米	165□ 筷子夹花生米		166 □ 照图拼椭圆形	167 □ 图画中缺什么 (3/6)	168 □ 数手指	169 □ 衣服、钟、眼睛 (2/3)	170 □ 认识红、黄、绿、蓝四种颜色	
60	171□ 接球		172□ 画人像7个部位		173 □ 鸡在水中游	174 □ 图画中缺什么 (5/6)	175 □ 会认识数字	176 □ 说出两种圆形的东西	177 □ 桌子、鞋、房子是用什么做的?	
66	178 □ 足尖对足跟向后走2米		179□ 画人像10个部位		180□ 知道左右	181□ 拼长方形	182□ 你姓什么?	183 □ 上班、窗户、苹果、香蕉 (2/3)	184 □ 你家住哪里?	185 □ 2+3=? 5-2=?
72	186□ 拍球2个		187 □ 拼小人	188□ 会写自己的名字	189□ 雨中看书	190 □ 懂得星期几	191 □ 一年有哪四个季节	192□ 什么动物没有脚?	193 □ 你捡到钱包怎么办?	194 □ 为什么要走人行道?
78	195□ 拍球5个		196□ 译码(2分钟25个)		197□ 图形类比	198 □ 牛、兔缺什么	199□ 你吃的肉是从哪里来的?	200□ 面包是什么做的?	201 □ 一元有几角?	202 □ 倒数三位数
84	203□ 拍球10个以上		204 □ 打结(活扣)	205 □ 描画几何图形	206□ 数字类比	207□ 一年有几个月?	208□ 寄信时信封上要贴什么?	209□ 衣裤、鞋有什么共同之处?	210□ 儿童节是哪一天?	211 □ 12+9=? 18-12=?

六、语言评估工具

听觉障碍、智力障碍、孤独症等学前特殊儿童存在不同程度的言语与语言障碍,评估言语与语言障碍的主要方法是测验法。目前国外可用于评估言语与语言障碍的量表众多,既有综合性评估学前特殊儿童语言发展水平的,也有对某一具体障碍进行转型评估的。我国大陆使用较多的大多数是国外较为成熟的工具,下面简单介绍几种使用较多、信效度较好的评估工具。

(一)皮博迪图片词汇测验第五版(PPVT-Ⅴ)

(1)测验目的:测量发声困难的人及聋人的词汇使用能力,可作为衡量智力的一种测试工具。

(2)编制者:美国心理学家邓恩夫妇于1959年出版PPVT,之后在1981年、1997年、2007年、2018年进行了四次修订,分别为PPVT-R、PPVT-Ⅲ、PPVT-Ⅳ、PPVT-Ⅴ。

(3)适用对象:2岁6个月至18岁孩子。

(4)评估能力:词汇理解能力。

(5)评估类型:筛查性评估。

(6)测量形式:参照标准的个别施测。

(二)表达性词汇测验第三版(EVT-Ⅲ)

(1)测验目的:评估儿童及成人的表达性词汇能力。

(2)编制者:由威廉姆斯博士于1997年首次编制,2007年修订为EVT-Ⅱ,2018年12月公开发表表达性词汇测验第三版(EVT-Ⅲ)。

(3)适用对象:2岁6个月至90岁以上的人。

(4)评估能力:表达性词汇能力。

(5)评估类型:筛查性评估。EVT-Ⅲ和PPVT-Ⅴ结合使用,可以比较接受性词汇量和表达性词汇量。

(6)测量形式:参照标准的个别施测。

(三)学前儿童语言发展量表(PLS-Ⅴ)

(1)测验目的:评估儿童语言理解和表达能力。

(2)编制者:齐默尔曼等人于1979年首次发表,后经多次修订。1992年发表的PLS-Ⅲ、2002年发表的PLS-Ⅳ和2011年发表的PLS-Ⅴ较为常用。

(3)适用对象:0~7岁11个月婴幼儿。

(4)评估内容:包括婴幼儿的接受性语言能力和表达性语言能力,具体包括注意、游戏、手势、词汇、语言结构、概念、社会沟通、语言综合技能、语音意识和早期读写能力等方面。

(四)学前儿童语言障碍评估表

(1)测验目的:测量学前儿童的口语理解能力、表达能力以及构音、声音、语言流畅性等情况,可以用来筛选沟通障碍或语言障碍儿童。

（2）编制者：林宝贵、林秀美于 1993 年编制。

（3）适用对象：3 岁～5 岁 11 个月儿童。

（4）评估内容。言语理解测验：言语理解和语法能力；口语表达测验：儿童的声音状况、构音、声调情形、表达能力及语畅和语调是否正常。

（5）评估类型：筛查性评估。

（6）测量形式：个别施测。

（五）儿童语言发展迟缓检查法（S-S 法）

（1）测验目的：评估儿童建立符号与指示内容关系的能力。

（2）编制者：1990 年由中国康复研究中心根据日本语言发育迟缓委员会编制的语言发展迟缓检查法修订而成。

（3）适用对象：由于各种原因而导致语言发育水平处于婴幼儿阶段的儿童。

（4）评估内容：操作性课题检查、符号与指示内容关系检查、基础性过程的检查和日常生活交流态度的检查。

（5）检查形式：个别检查。

第三节　西安市学前特殊儿童评估案例

一、个案基本情况

洋洋，男，5 岁 6 个月，居住在西安，目前就读于西安市某普通幼儿园。幼儿园老师察觉，洋洋在课堂以及其他活动表现上有些异常。通过幼儿园老师进一步的观察发现，洋洋感知觉方面与同龄儿童存在差异；难以遵守课堂纪律，经常独自离开座位，难以集中注意力，容易走神，有时好像听不懂老师的指令或问题，难以配合老师进行活动；在生活自理方面，洋洋需要喂饭，否则会把大量的饭菜洒在桌上和地上；很少和同学交流，说话、发音清晰，多短句和简单句，从来不主动回答老师的问题；粗大动作发展较好，基本上能完成幼儿园的体操活动，精细动作方面，手指较为灵活，能较灵活地使用工具。

二、评估工具与方法

由于洋洋在幼儿园中表现出感知觉异常，规则意识、注意力、言语表达和理解能力、生活自理能力等方面存在落后问题，因此，为了更好地了解洋洋的能力发展水平，为其提供更有针对性的教育，有必要对其进行感知觉评估和智力评估。

工具：使用绘人智能测验对洋洋进行智力筛查；使用儿童感觉统合能力评定量表对洋洋进行感觉统合能力评估。

方法：采用测验和量表，并结合洋洋母亲对洋洋相关情况的评定，对洋洋的智力和感觉统合能力进行评估。

三、评估结果

(一)绘人智能测验结果

评估结果显示,洋洋绘人智能测验得分为 4 分,根据洋洋实足年龄和原始分数查找智商转化表后可知,洋洋智商分数为 72 分。

(二)儿童感觉统合能力评定量表结果

洋洋的感觉统合能力评估结果具体见表 4 - 16。

表 4 - 16　感觉统合能力评估结果

项目	原始分	标准分
前庭失衡	40	26
触觉过分防御	68	32
本体感失调	42	36

由表 4 - 16 可知,洋洋前庭失衡项目上标准分为 26,触觉过分防御项目上标准分为 32 分,本体感失调项目上标准分为 36 分。

四、评估结论与建议

(一)结论

(1)洋洋智商处于中下智能水平。

(2)洋洋的前庭平衡为中度失调,触觉过分防御为轻度失调,本体感为轻度失调。

(二)建议

(1)基于绘人智能测验评估结果,建议洋洋家长进一步带洋洋前往智力门诊或专门机构,让专业人士进行诊断性智力评估。

(2)基于感知觉统合能力评估结果,建议洋洋的幼儿园老师和家长:

①针对其前庭平衡中度失调的情况进行感觉统合训练,在日常学习和生活中为洋洋提供前后、左右、上下、旋转、停止等有规律和无规律的刺激,从摇晃、弹跳、保持平衡等方面进行训练,如荡秋千、俯卧大龙球、躺坐吊床等,玩旋转木马、玩转椅、跳舞、玩滑滑梯等,参与滑板、滑冰、篮球和抛接球运动等。

②针对触觉过分防御轻度失调的情况进行训练,调节触觉敏感度,如用毛巾或软布等擦拭全身,赤脚在草地、沙地上游戏,淋小雨,玩米、豆粒等。

③针对本体感轻度失调的情况进行训练,以改善姿势,提高运动稳定性,如单脚站立,波速球屈髋,走绳梯等,并可在示范动作时运用镜子来演示和监控动作。

课后练习

1.学前特殊儿童评估的基本过程是什么？

2.学前特殊儿童评估的基本内容包含什么？

3.熟悉并能够使用本章中的一个测量工具对学前特殊儿童进行评估，并呈现和解读评估结果。

第五章
学前融合教育课程构建

学习目标

1.了解学前特殊儿童融合教育课程构建的模式、调整、案例等基本内容。

2.熟悉并掌握如何构建各类学前特殊儿童融合教育课程。

知识导图

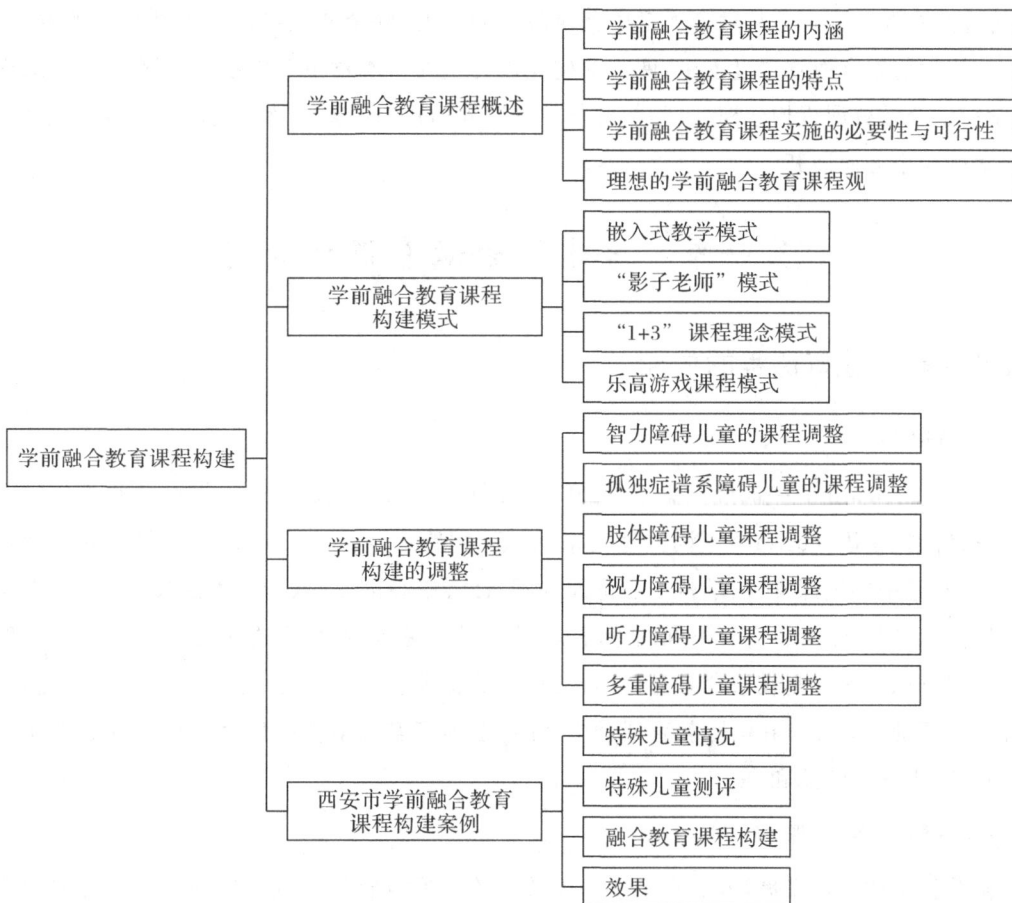

学前融合教育课程构建

- 学前融合教育课程概述
  - 学前融合教育课程的内涵
  - 学前融合教育课程的特点
  - 学前融合教育课程实施的必要性与可行性
  - 理想的学前融合教育课程观
- 学前融合教育课程构建模式
  - 嵌入式教学模式
  - "影子老师"模式
  - "1+3"课程理念模式
  - 乐高游戏课程模式
- 学前融合教育课程构建的调整
  - 智力障碍儿童的课程调整
  - 孤独症谱系障碍儿童的课程调整
  - 肢体障碍儿童课程调整
  - 视力障碍儿童课程调整
  - 听力障碍儿童课程调整
  - 多重障碍儿童课程调整
- 西安市学前融合教育课程构建案例
  - 特殊儿童情况
  - 特殊儿童测评
  - 融合教育课程构建
  - 效果

📲 导读

当健全孩子和特殊孩子一起上课时,教师该如何编写教案、开展教学呢? 在教学中,孩子们又有何种学习目标呢? 这就需要我们探索学前融合教育的课程构建。融合教育课程是开展学前融合教育的载体,也是前提,故本章从融合教育课程的概述出发,介绍课程构建的四种模式以及六类特殊儿童融合课程的调整,最后结合西安市学前融合教育课程构建案例,形象地介绍整个融合教育课程的构建过程,其中还包括一些测评工具的介绍,具有一定的参考性。

🤔 思考

1.制定融合教育课程目标时,特殊儿童和健全儿童有何异同?

2.构建学前儿童融合教育课程时,可参考的政策文件有哪些?

学前融合教育课程是融合教育有效实施的重要保证,只有课程真正地适应每个儿童的需要,特殊儿童才能真正地从融合教育中获得最大的益处,健全儿童也能够得到较好的发展,因此在实施学前融合教育的过程中,课程的构建极为重要。本章主要围绕学前融合教育课程概述、学前融合教育课程构建模式、学前融合教育课程构建的调整以及西安市学前融合教育课程构建案例四个方面展开。

第一节 学前融合教育课程概述

一、学前融合教育课程的内涵

(一)课程

课程(curriculum)一词最早见于英国教育家斯宾塞(Spencer)《什么知识最有价值?》一文中。它是由拉丁语"currere"一词派生出来的,意为"跑道"(race-course)。课程研究领域学派林立,有儿童中心论课程观、学科中心论课程观、社会中心论课程观等(郝德永,1997)。对于课程的定义,不同的学者也有着不同的理解,如教学科目说、学习经验说、社会改造说等。一般广义的课程可以被看作是在教育者有目的、有计划的安排下,受教育者的学习科目、学习进程、学习评价等活动的总和。在实际教育活动中,课程是为了实现学校的培养目标而规定的所有学科及目的、内容等的总和。

(二)融合教育课程

随着社会的不断发展,人们愈来愈关注教育的公平与质量。传统的普通学校的课程并不能够满足教室内所有学生的学习需求,融合教育的目标是要让"所有学生都获得成功",其课程对象是所有学生,要避免出现有可能会对有特殊需要的学生带来障碍的课程设计,实现课程的"零拒绝",这种课程既要兼顾学生学习的认知、情感、行为等方面的需求,还要兼顾特殊学生和普通学生的需求。因此,融合教育课程是为了满足不同学习者的学习特点与需求,而设计的弹性化的、相关的和可调整的一种综合性课程体系,它以实现教育公平与提升教育质量为目标,改变了传统课程标准化的、封闭式的、未能考虑学生异质性特点的设计方式。

（三）学前融合教育课程

学前融合教育课程涵盖了3~6岁特殊儿童和健全儿童在同一个教育环境中(通常是在幼儿园)学习的所有内容和参与的活动体验,要考虑到不同儿童的学习需求,因此学前融合教育课程是指在融合园所中通过环境、师资等方面的配合,建构出的适合特殊儿童和健全儿童在普通班级中共同学习的课程。教育工作者既要设置新的课程内容满足不同儿童的需求,又要调整现有的课程内容以实现融合目标,强调课程方案的融合性,主张共同性与差异性之间的统一,以使儿童在融合的环境中成长为自信的人(胡梓滢,2016)。

二、学前融合教育课程的特点

（一）学前融合教育课程具有明显的启蒙性

学前融合教育课程是学前教育课程中的一种,其面对对象年龄较小,且幼儿以具体形象思维为主,抽象逻辑思维还不够完善,认知发展水平低。因此,学前教育的地位以及幼儿的思维和认知特点决定了幼儿园教育活动应具有启蒙性。同时,学前融合教育还需要考虑到特殊儿童的身心发展特点,因此学前融合教育课程内容应该是基础的、浅显易懂的,能够被幼儿接受和理解,课程内容的设置和实施要先启发、循序渐进,促使其能有所进步、茁壮成长(胡青兰等,2020),以适应幼儿的身心发展规律与特点。

（二）学前融合教育课程具有游戏化的特点

幼儿的心理发展规律决定了其学习特点,幼儿的学习以直接经验为基础,在游戏和日常生活中进行。游戏是幼儿的基本活动形式,对幼儿园的儿童来讲,游戏就是他们生活的内容,且儿童心理最重要的变化,均首先在游戏活动中表现出来。基于学前融合教育的特点,面对特殊幼儿更要求教育工作者在设计课程时,要充分考虑幼儿的兴趣与需要,使幼儿园课程更加贴近幼儿的实际发展水平,贴近幼儿的学习特点,贴近幼儿的生活,最大限度地满足幼儿通过直接感知、实际操作和亲身体验获取经验的需要。

（三）学前融合教育课程具有灵活性

融合教育课程强调的是面向所有学生的共同课程,但是这并不等于"一刀切",课程并不是一成不变的,不是要用一个模子来培养不同的学生,而是强调以满足不同学习能力与需要为目的的具有弹性的课程。课程的内容和安排是可以修改和调整的,要符合儿童的个性化特征并满足其发展需求,尤其是某些儿童的特殊需求,且组织课程的形式可以是多样的,评价方式也可以是多元的,而不是用某一具体的标尺作为衡量工具。由于学前融合教育面对的既有普通幼儿,也有特殊幼儿,因而课程既要满足他们身心发展的共性需求,也要满足个体自身发展的个别化需求,所以课程内容的选择、课程的组织方式、课程实施、课程评价等具有较大的灵活性。

三、学前融合教育课程实施的必要性与可行性

(一)必要性

实施学前融合教育课程不仅对特殊儿童有着积极的意义,对健全儿童也有着十分重要的影响。对于特殊儿童来说,根据加德纳的多元智能理论,实施学前融合教育课程能够更好地发现其潜能,积极发扬其优点,帮助特殊儿童树立自信心,并且儿童常常通过模仿进行学习,与健全儿童一起学习有利于树立同伴榜样,帮助特殊儿童养成良好的习惯。另外,实施学前融合教育课程可以减少外界对特殊儿童的偏见,提高特殊儿童社会适应等方面的能力。对于健全儿童来说,学前融合教育课程的实施能够培养其同理心,并且有学前融合教育经历的健全幼儿在自尊感和自我效能感的发展上优于没有学前融合教育经历的幼儿,且自尊感和自我效能感随着学前融合教育经历时长的增加而增强(王薇 等,2019)。

对于教师来说,融合教育的实施有利于教师综合能力的提高,可以通过教育者间的合作、交往、信念形成等途径促进教师的专业成长(严仲连 等,2014)。另外,通过走课程化的道路可以使融合教育更具规范性,使教育工作者重视融合教育工作,提升教师的学前教育意识,使其树立学前融合教育理念,提升其学前融合教育胜任力与素养。

对于社会发展而言,推行学前融合教育课程可以实现教育公平,体现人权平等,促进社会和谐。每个儿童无论是否有特殊需要,都平等地享有受教育的权利,均有权进入任何一所学校,将有特殊需要的幼儿纳入普通幼儿园充分体现了我国的民主特色,顺应了时代发展潮流,更好地促进了教育公平。

(二)可行性

从理论层面上看,国家已经出台政策和文件支持学前融合教育的发展。《特殊教育提升计划(2014—2016 年)》中明确提出,"各地要将残疾儿童学前教育纳入当地学前教育发展规划,列入国家学前教育重大项目。支持普通幼儿园创造条件接收残疾儿童";《第二期特殊教育提升计划(2017—2020 年)》中提出,"全面推进融合教育""加大力度发展残疾儿童学前教育";《中国儿童发展纲要(2021—2030 年)》指出要全面推进融合教育,大力发展残疾儿童学前教育;等等,这些文件的颁布为学前融合教育发展提供了政策导向、指引了前进方向。在中央有关学前融合教育政策的引领下,各个地方纷纷出台具体的政策推动学前融合教育在实践上的落实。学前融合教育在理论层面的不断发展,为学前融合教育课程的开发与实施提供了坚实保障。

从实践层面上看,政策的颁布为实践的发展起到了理论上指引的作用。多地均对学前融合教育具体实践进行了探索。上海是我国最先探索学前融合教育安置模式的城市,早在 1994 年就设立了定点幼儿园招收智力残疾的儿童入园就读。同时,很多城市都在积极为特殊儿童

进入普通幼儿园随班就读而努力,例如河南省 2014 年就启动了学前融合教育的试点工作,目前河南省 182 所学前融合教育的试点幼儿园覆盖了省内 158 个县市区。学前融合教育在实践层面的不断落实,为学前融合教育课程的开发与实施奠定了现实基础。

四、理想的学前融合教育课程观

(一)多层次的课程目标

课程目标是课程实施应达到的学生身心素质发展的预期结果,它规定了在某一教育阶段的学生通过课程学习之后,在品德、智力、体质等方面期望实现的程度,对于课程实施、课程评价均有着重要的导向作用。基于健全儿童与特殊儿童的异质性,融合幼儿园教师在根据《3—6岁儿童学习与发展指南》设置课程目标时,既要照顾到整体,又要关注到特殊,可以通过采用简化、替代、补充(杨云秀 等,2016)的方式对特殊儿童应当达到的目标进行灵活调整,根据儿童不同的发展水平来设置多层次的课程目标,以适应幼儿发展需要。

(二)广范围的课程内容

幼儿园课程是将教育目标转化为促进儿童身心发展的重要桥梁,因此在选择课程内容时,要考虑到儿童的身心发展特点。在幼儿园里,除了五大领域的系统化课程,幼儿园的日常生活也是课程的一部分。入园、就餐和上厕所等都给孩子们提供了学习的机会。教师要善于根据儿童的需要而开发出日常生成课程,日常生成课程的内容较之于五大领域的课程而言更具灵活性,能够更好地满足特殊儿童的需要。另外,不同障碍特质的儿童有不同的康复需求,融合幼儿园要把康复融入孩子的生活中,通过生活情境的方式来帮助特殊儿童更牢固地掌握相关知识与技能。

(三)灵活化的课程实施

融合教育课堂不仅仅是面向健全幼儿,也不是只针对特殊幼儿的课堂,教师在教学过程中尽管要做到有针对性的教学,但是也不能忽视大多学生而只聚焦于少数学生,因此在教学的过程中,教师要有意识地对教学方法进行一定的调整。在课程实施的过程中,融合幼儿园教师应针对特殊幼儿的特点采用不同的教学方式,通过嵌入式学习机会、个别化指导等方式,对在日常生活中已经发生的活动和工作进行短暂及计划性的教学,在特殊幼儿遇到问题时对其进行单独的指导。例如,特殊儿童如果存在语言迟缓,教师可以运用沟通图卡的方式让儿童去表达自己想法,这种非语言的沟通方式会让儿童愿意表达、乐于表达。

(四)多样性的课程评价

在课程实施效果的评估上,不能够用一把尺子去衡量不同的儿童。教师可以在学期初给所有儿童做评量,看看不同儿童的发展需求,并根据每个儿童的发展情况来制定不同的目标,从而进行针对性的评价。另外,在进行课程有效性评价时,教师要从儿童观点出发去考核课程实施的效果,去收集儿童对课程内容与教学方式的观点与态度,即课程和教学在调整之后受儿童欢迎的程度,这主要通过健全儿童与特殊儿童对调整后课程的内容、教学方式、教学组织形式等的具体反应来进行评估。总之,从儿童的视角去了解课程与教学调整所带来的成效更具有说服力,更能针对性地提出课程改进措施与建议。

第二节　学前融合教育课程构建模式

学前融合教育课程构建模式主要包含嵌入式教学模式、"影子老师"模式、"1+3"课程理念模式以及乐高游戏课程模式。

一、嵌入式教学模式

(一)定义

嵌入式教学模式是一种实证主义的教学方法,旨在通过正在进行的日常常规活动,按照一定教学程序在学前融合教育教室实施对特殊幼儿的指导,从而促进特殊幼儿的自主参与和学习。它是特殊幼儿早期教育中的推荐做法(McLaughlin et al.,2016),是以确保所有学生能参加到融合教育课程中并接受有针对性的、高效的教学程序(安晓燕,2021)。

(二)意义

简而言之,嵌入式教学是对在日常生活中已经发生的活动和工作,进行短暂及计划性的教学。对于幼儿而言,一般依据幼儿的嵌入式教学目标,运用时间延迟、同伴支持、矫正性反馈等不同方法有针对性地进行教学,将幼儿的个体学习目标运用短小的教学环节融入集体教学活动之中,使幼儿能更好地习得技能并巩固,进而促进个体的发展。对于教师而言,将嵌入式教学策略用于学前融合教育教学之中,无论特殊幼儿是何种障碍类型、何时或何地、教学活动形式怎样,教师均能够依据幼儿需求进行嵌入,有利于教师更加顺利地实施教学,促进教师专业化发展。

(三)运作模式

在实施嵌入式教学模式之前,先对特殊幼儿的情况进行调查,收集特殊幼儿基本资料,制订个别化教育计划,制定教学调整总方案等。嵌入式教学具体的运作模式包括以下几个步骤:

(1)制订具体计划。依据月计划主题,结合每节集体教学活动课的具体内容,制定每节课的嵌入式目标,确定每节课的嵌入式方法和步骤。

(2)实施调整计划。每一节集体教学活动课的实施,在课前应结合未调整的教案制定具体详细的教学调整方案;在教学实施过程中,进行录像和观察记录;课后进行教学评价、教学反思,制定改进方案,总结并改进策略。

(3)反思与改进。对嵌入式教学模式的实施过程进行系统梳理与评价,在教学活动结束后,结合教学方案、研究者观察日志、评价进行反思,发现问题并提出解决方案。

（四）注意事项

在实施嵌入式教学模式时，要注意以下几个方面：

（1）目标难度：在教学调整方案设计过程中，若对儿童现有能力的了解不够细致详尽，则会出现制定的发展目标不适宜、目标过高和过低的问题。因此，在嵌入式目标的制定方面，每节课的嵌入式目标需进行评估。目标制定需要考虑到儿童能力发展的现实情况，由教师提前进行评估，以确定适宜的难度。

（2）嵌入时机：教师对于嵌入式教学策略的运用不够灵活，当幼儿产生意料之外的行为问题时，教师往往因为幼儿行为问题的出现而停止嵌入式教学，影响到教学的具体实施。因此，教师需明确嵌入式教学开展的前提是不影响集体教学活动，嵌入的内容与当下活动相契合，与幼儿的需求相结合。

（3）幼儿主体：在嵌入式教学实施过程中，容易出现忽视幼儿主体性的情况，教师呈现高控制型，幼儿发起的活动较少，且幼儿发起的活动教师很少将教学嵌入其中。因此可以采取教师课前研讨、课后反思的办法，以增加幼儿自主发起和探索的活动，并在该类活动中利用儿童的浓厚兴趣及时嵌入。

二、"影子老师"模式

（一）定义

20 世纪 50 年代，"影子老师"出现在美国教室里，原先他们是因教师短缺而被当作向学生提供教育的一种补救方法。随着"影子老师"的发展，学术界逐渐形成了一定的标准。

《不让一个孩子落后法案》(No Child Left Behind Act，NCLB)对"影子老师"的标准修正主要体现在两个方面：一是"影子老师"必须完成至少两年的高等教育，二是"影子老师"必须通过正式的州或当地的教学、阅读、写作及数学的学业知识和能力的测评。"影子老师"一般存在于特殊教育学校的特殊教室与普通学校的普通教室(陈茜 等，2021)。

在现阶段，"影子老师"被定义为任课教师、家长、学校行政管理者和特殊需要儿童的中介者，为特殊需要儿童提供" 对 "指导，在资源教室或者集体教室向他们提供有关教学、行为和情绪服务，帮助他们参与活动，让有需求的孩子在学校适应学习、规则、社会交往，融入主流环境。在美国，他们通常也被称为"专业助手"、"学生帮助者"，或者"学生导师"。"影子老师"是直接入园为特殊需要儿童提供学习支持的专业人员，在特殊需要儿童进入幼儿园的早期阶段，入园(班级)帮助特殊需要儿童顺利进入学习状态，解决特殊需要儿童学习适应方面遇到的障碍。

（二）意义

在学校场域，"影子教师"以特殊儿童为中心，与其他教师、学生、家庭、社区等协同合作，形成了较为完整的特殊儿童学校支持服务体系，共同服务于特殊儿童。"影子教师"既围绕特殊儿童的需求开展工作，也在学校其他人员、教师以及社区等服务于特殊儿童的人员中发挥衔接作用(赵斌 等，2022)，是连接幼儿园与家庭、老师与家长、特殊儿童与健全儿童、特殊儿童家长与健全儿童家长之间的纽带,发挥着沟通者与衔接者的作用,并且使学校教育不因特殊儿童加入而影响教学的进行,使特殊儿童和健全儿童都能更好地适应学习环境。

(三)运作模式

在实施"影子教师"模式之前,要先对特殊幼儿的情况进行调查,收集特殊幼儿基本资料,制订个别化教育计划,制定教学调整总方案等。"影子教师"模式具体的运作包括以下几个步骤:

(1)资料搜集。通过综合访谈、量表评估、观察记录等多方位的资料,来了解特殊幼儿的性格特点、学习特点等。

(2)制定目标。在经过前期评估之后,"影子教师"与班级教师共同协商,分析特殊幼儿存在的问题,并制定有针对性的阶段目标。

(3)确定内容。以特殊幼儿问题行为改变的迫切程度以及行为后果的严重性为依据,并根据融合教育与课堂参与理论下的原则与理念,"影子教师"初步拟定课堂支持计划,并根据课堂中特殊幼儿的行为表现及时进行调整。

(4)进行反思。在阶段性任务结束之后,"影子教师"要进行自我反思,并与相关专家进行商讨,在查询相关资料后,将前一轮所遇之问题进行分类规整,以便优化后续辅助实践。

(四)注意事项

在实施"影子教师"模式时,要注意以下几个方面:

(1)教师间协同。当"影子教师"模式在实际中运作时,容易出现"影子教师"与其他教师的协同合作状况不容乐观的情况,其他教师未为"影子教师"提供相应的支持与帮助,同时"影子教师"也缺乏相关督导者支持其工作。因此,"影子教师"和其他教师都应树立合作意识,共同为特殊幼儿的成长而努力。

(2)灵活性干预。"影子教师"在复杂多变的幼儿园环境中,为具有复杂学习特征的特殊幼儿提供教育和行为支持,复杂多变的融合环境和活动,要求"影子教师"必须灵活机动,因地、因时、因人而异地实施干预。

三、"1+3"课程理念模式

(一)定义

"1+3"课程理念模式是指1名特殊儿童与3名同伴共同合作学习,通过同伴示范的方式引导特殊儿童习得新的知识技能。这种方式较为强调模范学习的重要性,并通过同伴互动促进特殊儿童社会性能力的发展。

(二)意义

"1+3"课程理念模式更多强调儿童间的同伴互动,同伴互动可以促进健全儿童和特殊儿童的发展。对于特殊儿童而言,既可以使特殊儿童学到健全儿童身上的很多长处,同时又使特殊儿童增加了更多自我表现的机会和条件;既可以使特殊儿童在合作中与健全儿童相互交流,彼此尊重,共同分享成功的快乐,又能使特殊儿童进一步发现自我、认识自我,尤其是发现自己的长处和潜能,从而增强合作的信心,促进身心发展。对于健全儿童而言,融合教育是一个塑造人格的大好机会,有利于其塑造正向的价值观,使其学会尊重个体差异,待人更有耐心,富有同理心。

(三)运作模式

实施"1+3"课程理念模式主要包括以下几个步骤:

(1)选择合适的同伴。一般情况下,选择与特殊儿童认知水平相当的儿童作为同伴。同伴需要情绪稳定、自制力强,如有领导力则更佳。实施时,可选择1名其他年级或其他班级儿童,2名同班儿童。同时,同伴尽量定期轮换。

(2)配备1名助理教师。助理教师主要负责随堂记录,辅助任课教师完成教学环节,引导特殊儿童完成任务。助理教师必须十分熟悉特殊需要儿童,具有敏锐的观察力和反应力。

(3)布置简洁的物理环境。实施场所需要尽量满足以下条件:一是面积15平方米左右、适合4个儿童活动的场地;二是不放与活动无关的物品;三是一键报警和视频监控系统要隐蔽放置,减少对儿童的影响;四是特殊儿童座位要安排在同伴中间,偏后方,让他视线的范围内有同伴存在,以利于其模仿和学习。

(四)注意事项

在实施"1+3"课程理念模式时,要注意以下几个方面:

(1)注重培养能力。"1+3"课程理念模式旨在帮助特殊儿童建立起小型的学习团体,提高特殊儿童与同伴互动的频率,逐渐培养其独立完成任务的习惯。在实际运行过程中,要以同伴互助为手段,但不可忽视培养特殊儿童独自完成任务的能力。

(2)选择合适同伴。由于此模式更多强调模仿学习的重要性,因此要选择适宜的对象以树立同伴榜样,且要根据特殊儿童的特点来进行选择。例如,对于听障儿童来说,教师要为其选择语言、交往能力发展较好的儿童来作为其同伴,提高合作的有效性。

四、乐高游戏课程模式

(一)定义

乐高(LEGO)是一种结构化的积木玩具。乐高教育是根据各年龄段儿童身心发展的需要,以"完整儿童"发展作为课程设计的基础,专门研发的符合其年龄阶段与兴趣爱好的课程。课程模式主要通过循序渐进的方式,引导儿童去主动观察生活中的一些自然现象,通过动手搭建来培养儿童的想象力、创造力、逻辑思维能力和团队协作能力,从而开发孩子的智力,培养孩子做事情的专注力和自己解决问题的能力。课程的教育目标是珍惜儿童的好奇心,助长他们的学习欲望,培养儿童探索的自然天性(杨丽君,2018a)。

（二）意义

儿童在构想与搭建乐高积木过程中，不仅收获了游戏的快乐，而且其创新思维得到了培养，推理能力得到了锻炼，学习兴趣得到了激发。乐高积木的结构化特性刚好符合不同儿童的学习特点，同时，其开放性和灵活性也能够极大程度地满足不同儿童个体差异的特点，促进儿童肢体发展、自我意识发展、社会性发展、逻辑思维的发展和创造性的发展等。另外，通过引导孩子们加强沟通与交流，促使孩子们共同关注同一目标，合作完成共同的目标（杨丽君，2018b），也有助于儿童社会交往能力的发展。

（三）运作模式

典型的乐高游戏课程参与通常包含3个人：1名特殊儿童和2名同伴。3人进行分工，轮流充当工程师（指导搭建者如何搭建乐高）、供应商（为搭建者提供需要的乐高）和搭建者（按照工程师的指示搭建）。3人必须齐心协力，专注于解决问题和共同创作，进行口语与非口语的沟通，并遵守轮流、等待等社交规则，在没有外在奖赏、只有内在强化的条件下完成乐高积木搭建任务。乐高游戏课程具体的运作模式包括以下几个步骤：

（1）提供材料，营造环境。教师为儿童提供多样化乐高积木材料，并且营造安静、专心的氛围。

（2）选择同伴，确定分工。教师创建乐高小组，并为儿童划分角色，分为供应商、建筑师和工程师，从事不同的工作。

（3）确定主题，讲述规则。在确定大致的积木搭建主题后，教师为儿童讲述规则，每名成员都会扮演不同的角色，按实际情况分配任务和轮流扮演角色。

（四）注意事项

乐高游戏课程较多地运用于孤独症谱系障碍儿童康复训练中，乐高治疗最大的优势在于从孤独症儿童的内在兴趣和天然优势出发，在真实的情境中，解决社交冲突，规范社交行为，学习社交技能，提升社交能力（曹漱芹 等，2017）。基于学前特殊儿童的特点，在实施融合教育课程时，对于不同障碍类型的儿童，模式不能一味照搬，而要根据实际情况进行调整，对于不同类型的儿童，要采用不同的方式。

第三节 学前融合教育课程构建的调整

普通幼儿园若想要实现高质量融合教育的目标，则需根据幼儿的特点与需要将课程内容与设置进行相应的调整，使得健全幼儿、特殊幼儿能够共同参与园所课程活动，并可以在课程中一起得到充分的发展。因此，融合幼儿园中的课程内容既要强调内容的共同性，在面向所有儿童提供同样的、高质量课程的基础上，又要强调课程内容的弹性与特殊性，充分考虑到不同儿童的学习特点与发展差异（邓猛，2014），对课程进行一定的调整，并且针对不同障碍类型的特殊儿童，所采取的课程调整方式也有所差别。

一、智力障碍儿童的课程调整

(一) 智力障碍儿童定义

结合我国 2006 年《第二次全国残疾人抽样调查残疾标准》中对智力残疾的定义可知,智力障碍儿童是指该儿童的智力明显落后于同龄正常儿童的发展水平,智商在 70 以下,并在社会行为适应方面也有明显障碍。与普通儿童一样,这类儿童的身心功能在不断发展着,但发展速度较慢,并且在感知觉、记忆、思维、语言、注意、个性、情感等方面存在缺陷。从智力发展水平上,可以分为轻度、中度、重度和极重度四类(华国栋,2011)。

(二) 智力障碍儿童特点

(1)在感知能力上,感受性低,加工速度慢,辨别能力低。

(2)在注意能力上,有意注意发展缓慢,注意集中能力差。

(3)在记忆能力上,缺乏明确目标,识记速度缓慢,记忆保持不牢固,再现容易发生错误。

(4)在思维能力上,大多停留在具体形象思维阶段,不善于运用概念、判断等论证客观事物及事物之间的关系,难于掌握规则和一般概念。

(三) 智力障碍儿童教育策略

(1)给予儿童适当的刺激强度,简洁清晰完整的指令,减少无关的外部刺激,重要的信息以新奇的方式出现,在学习任务中设计新奇的事物。

(2)让儿童进行集中、经常的练习,并进行及时、系统的复习,运用大量的例子说明清楚材料之间的关系,教授儿童记忆策略。

(3)采用一定的方法矫治言语语言问题,对于儿童主动发起的交流活动及时做出反应,教师提供良好的示范并为儿童提供练习的机会。

(四) 智力障碍儿童课程调整

1. 课程目标:弹性设置

由于不同儿童的学习习惯、学习兴趣、学习能力水平和认知特点都不尽相同,因此不能整齐划一地要求儿童都达到同样的目标,而是要结合儿童学习的具体情况进行教学目标的恰当调整。对于智力障碍儿童而言,其存在的障碍使他们与其他儿童在具有一定共性的基础之上,又存在着自身特性,正是由于智力障碍儿童的个体间差异较大,故每个智力障碍儿童之间认知能力和学习能力等方面存在着明显的差异,并且在其所学习的各科目之间亦存在着发展不太均衡的问题。这就要求教师在制定教学目标时,进行不同难度层次的划分,使教学目标富有较强的弹性。

此外,教师对智力障碍儿童教学目标层次的划分并不是一成不变的,教师要根据儿童的学习情况进行灵活的调整。在教学目标的调整过程中,要尽量将每个教学目标能够细化至班级内每位智力障碍儿童身上,为每位儿童制定出符合其现有能力发展和需要的教学目标,从而使得班级内的每位儿童都能够尽最大可能地有效参与到教师的课堂教学之中。

2.教学形式:丰富多样

教学内容与教学过程固然重要,但是教学形式却是作为进入课程的前提而存在的,教学形式既决定了教学内容,也影响了教学结果。儿童在自身喜爱的教学形式中上课,会在一定程度上激发儿童参与课堂的积极性和对知识的渴求欲。结合智力障碍儿童自身注意力稳定性差等特点,加之传统教学形式在讲解时,往往使教学内容显得较为枯燥烦闷,不容易做到生动形象,难以引发儿童学习兴趣,这就要求教师要对课堂教学进行精心的准备,为师生互动增加机会,积极活跃课堂气氛,努力使儿童的主观能动性能够被调动起来,如可以在教学过程中采用直观演示法、练习法等丰富多彩的教学形式,从而吸引智力障碍儿童的课堂注意力,使班级内智力障碍儿童的课堂参与度获得有效提升。另外,智力障碍儿童往往能够被实际操作类的教学形式所吸引,拥有较好的课堂参与度。基于此,丰富多彩的教学形式能够有效增加中度智力障碍儿童的课堂参与度,从而实现其相关技能的获得。

3.教学难度:灵活调整

影响教学难度的主要因素无外乎有两点,一是教师的自身素养,二是儿童的实际需求。这就要求教师要不断提升自身的特殊教育专业素养,在掌握专业知识的基础上,实现自身实践能力的不断发展,只有这样教师才能将以生为本的教育思想融入实践教学之中,并能够做到结合儿童自身的实际需求,调整教学的难易程度。

智力障碍儿童往往受自身存在的障碍影响,其所能完成的任务的复杂程度是有限的。对于智力障碍儿童而言,宜采用小步子的教学方式,将任务进行小步骤分解来降低儿童训练的难度。这就要求教师要根据智力障碍儿童的自身特点因材施教,从而使教师在开展生活自理能力训练活动时能够更具有方向性,更能体现出个性化。

4.教学材料:合适恰当

教学材料是教师开展教育教学工作的基础,是教学工作的出发点。教师应当不拘一格,对教学材料进行及时补充与完善,使教学材料更好地适应教学工作。教学材料在编写的过程中,针对的是虚拟的教学对象,虽然具有一定的权威性和指导性,但是实际上这样编写出来的教学材料,往往是难以满足班级内每个儿童的实际需要的。因此,需要教师针对实际的教学需要,在教学过程中,对教学材料中部分不符合班级内儿童发展的教学内容进行适时调整。同时,尽量选择符合其兴趣的教学材料,选择内容简单易学、语言简洁明了、图画色彩艳丽,能够吸引智力障碍儿童注意力的教学材料,甚至是教师自制的校本教学材料。教师要努力使班级内的每位智力障碍儿童均能够参与,有效提高智力障碍儿童在课程中的参与度和积极性,同时也要能够有效减少智力障碍儿童在课堂中出现注意力不集中等问题行为发生的频次(穆雨萱,2022)。

二、孤独症谱系障碍儿童的课程调整

(一)孤独症谱系障碍儿童定义

孤独症谱系障碍(ASD)或孤独症,是一种神经发育障碍性疾病,其特征是持续性的社会沟通和社会交往方面的缺陷,局限的、重复的行为、兴趣或活动(APA,2013)。

(二)孤独症谱系障碍儿童特点

1.社会交往的障碍

孤独症儿童在社会交往方面存在着质的缺陷,不同程度地缺乏与人交往的兴趣,也缺乏正常的交往方式和技巧。其典型的表现是回避目光,对呼唤缺少反应,缺少与人交往的兴趣,难以理解他人情绪和想法,不懂得社交规则,不能根据社交情景或者线索调整自己的社交行为,难以建立友谊,等等。另外,孤独症儿童的表现随年龄和疾病严重程度的不同而有所不同,其中以与同龄人的交往障碍最为突出。

2.交流障碍

孤独症儿童在语言发育方面和非语言交流方面均存在着障碍,其中语言交流障碍最为突出,这也是患儿就诊的最主要的原因。非语言交流障碍主要表现为交流的表情、动作、姿势很少,语言交流障碍表现为语言理解能力受损、语言发育迟缓、语言形式及内容异常、语调语速异常、言语运动明显受损。

3.兴趣狭窄和刻板重复的行为方式

孤独症儿童的兴趣范围比较狭窄,行为常常比较刻板、重复,倾向于使用僵化、刻板、墨守成规的方式去应付日常的生活。除了前述的核心症状以外,部分孤独症儿童存在自笑、情绪不稳定、冲动、自伤等行为,且还存在认知发育的不平衡,部分孩子音乐、机械记忆、计算能力相对较好甚至超常。

(三)孤独症谱系障碍儿童教育策略

(1)制定个别化的教育教学方案。教育者要根据功能或实用的原则、儿童的年龄特征及发展水平、自闭的特点和程度来制定个别化的教育教学方案,以使得教育方案较为适合儿童的发展需要。

(2)采用多种感官进行教学。由于孤独症儿童注意的指向不确定,又可能伴随过度选择,这使他们不能将注意力集中到学习的内容上,因此教师在教育过程中应充分调动儿童的听觉、触觉、动觉等,以使其能够更容易接受教育内容。

(3)采用结构式教学法。运用行为分析原则,在综合评估的基础上确定教学目标和教学方式,对每个孤独症儿童进行科学发展能力测评,找出表现优势和表现弱势并争取家长的积极参与和社区的配合。

(4)采用密集教育的方法。教师要对孤独症儿童每周进行密集的训练,并巩固训练的成果,同时采用类化学习的方法,充分强调利用教室、家庭和幼儿园内外等不同的环境展示刺激物的多样性,提高儿童的学习兴趣和参与的积极主动性。

(四)孤独症谱系障碍儿童课程调整

1.课程目标

课程目标在于使孤独症儿童真正地和正常发展的儿童一起参与到课程中去,并且能有效促进孤独症儿童的主动发展、全面发展、个性发展。

2.课程内容

一是课程内容要具有针对性。学前融合教育课程要紧密结合普通幼儿园现有课程特点与孤独症儿童的融合教育发展需求。首先,普通班级中孤独症儿童的课程要紧密镶嵌在现有的普通幼儿园班级课程之中,即孤独症幼儿与健全幼儿在相同的班级课程方案之下参与班级一日活动,包括相同的作息安排、相同的领域或单元课程教案、相同的区域游戏与户外活动时间。其次,孤独症儿童在语言、运动、社交、认知能力上发展迟缓或落后,可能影响孩子参与班级一日活动的程度与范围,幼儿园需根据孩子当前的发展水平,对普通班级课程做出相应的调整,以帮助孤独症儿童尽最大可能参与班级活动。最后,普通班级借由孤独症儿童的融入,增进健全幼儿对人与人之间差异的认识与培养良好的亲社会行为。孤独症幼儿的行为或某些能力如果与健全幼儿存在差异,这往往被健全幼儿最先观察并关注,因而会提出相关问题。健全幼儿的这些问题或疑惑可以自然而然成为教师引导孩子观察每个人能力各异的契机,成为认识自我与他人的个体差异的课程经验来源。

二是课程内容调整要突出功能性。根据孤独症儿童的特殊需求而做的课程设计,是在普通班级的课程框架体系之下的适宜调整与改变,课程设计旨在促进孤独症儿童最大可能参与班级常规活动,因此课程设计需要突出功能性的特点。功能性指孤独症儿童的特殊教育需求可以经由一日常规活动得到满足,且该能力的训练不仅在一日生活中有多次重复练习机会,而且该能力的习得有助于提高孤独症儿童的独立自主性,而非专指特别设计的只有孤独症儿童参与的单独活动。

3.课程实施

在课程实施的过程中,教师应尽可能培养孤独症儿童与他人交往和沟通的能力,使其了解团体规范,提高社会参与能力。并且要提高教育教学人员的专业水平,加强监督检查,通过定期检查和监督来保证孤独症儿童个别计划顺利实施,及时商讨在教育教学中出现的问题,保证教育教学有效、可持续。在课程实施过程中也要遵循以下原则:一是课程准入原则,要让所有学生均有相等的机会公平地参与到各项教学活动中来,不将其排斥在某项教学活动之外;二是要为孤独症儿童提供足够的资源及支持性服务;三是课程要分层,让学生根据自身的能力选择与大家完全相同、部分相同或完全不同的课程内容。

三、肢体障碍儿童课程调整

(一)肢体障碍儿童定义

肢体障碍儿童是指因四肢残缺或四肢、躯干麻痹、畸形,导致人体运动系统不同程度的功能丧失或功能障碍的儿童。因为肢体障碍儿童的身体机能受到影响,造成其运动能力受到限制,并且影响到儿童的一种或多种活动。根据肢体残疾对躯体的活动和动作技巧的影响程度,肢体障碍儿童通常可以分为轻度肢体障碍、中度肢体障碍及重度肢体障碍。

(二)肢体障碍儿童特点

(1)生理层面,最显著的是运动功能发展障碍,肢体障碍较易导致不同程度的生长障碍,同时对神经系统与运动的影响是双向的,且运动功能的长期受阻也会影响儿童大脑的活动功能。

(2)心理层面,由于肢体障碍大多与中枢神经系统损伤有关,所以肢体障碍儿童常伴有感觉障碍或感觉缺陷。一部分肢体障碍儿童可能伴有智力障碍,这种障碍也许与先天的脑损伤有关,但更多地与早期生活经验和教养刺激不当或不足有关。一部分肢体障碍儿童有时会伴有言语障碍,导致口语交流受限,同时,大多数肢体障碍儿童存在或多或少的情绪问题。

(三)肢体障碍儿童教育策略

(1)选择适当教育内容,确保教育的有效性和针对性。教师要依据肢体障碍儿童的能力设计针对性课程,根据评估的结果来设计课程,如养护类课程、社会适应类课程以及实际生活需求类课程等。

(2)多方协同参与,共同促进儿童发展。教师要充分发挥家长的优势,与家长根据肢体障碍儿童现有水平和家长的教育期望共同协商制定教育与训练计划及实施方案,并且注重挖掘多方资源,促进医生、康复师、社会工作者、义工、志愿者等主体的参与。

(3)进行科学评价,保证实效性与全面性。一是要制定明确的评价标准,在评价标准制定的过程中应寻求多方协作;二是要确保评价的实效性,要遵循为学习与训练而评的原则,将评价作为教与学的一部分;三是要注重全过程、多元化评价,确保评价的全面性,以实现对肢体障碍儿童评价的科学性。

(四)肢体障碍儿童课程调整

1.课程目标

在肢体障碍儿童和班级同伴共同开展并参与到学习、交往活动的过程当中,要帮助和支持随班就读肢体障碍儿童获得必备的生活技能、良好的行为习惯、健康的身心状况等,最终使其发展成为心态积极向上、能够融入并适应社会生活的健康社会人和健全自然人。

2.课程内容

针对肢体障碍儿童的身心发展特点,课程内容主要以生活课程、运动课程、自理能力课程为重点,帮助其增强社会适应性并掌握一定的知识技能。

(1)生活课程:针对不同肢体障碍儿童开发适宜儿童操作、具备高度生活化的课程,兼备游戏性与幼儿的参与性,加强儿童的生活感知与体验,使其感受到生活中的愉悦与快乐,如进行小厨房烘焙、奶茶调制等生活化课程。

(2)运动课程:规避儿童肢体问题,强化健全肢体的课程设计,进行有效用肢体的潜能激发运动活动,促进幼儿的健全肢体的代偿、补偿功用,如适当降低篮网高度,鼓励儿童进行投球等运动。

(3)自理能力课程:帮助儿童树立独立生活的自信,激发儿童用健全肢体完成生活中的自理技能,如穿衣、就餐、起居、持笔等。

3.课程实施

一是要对学习环境进行调整。为了使肢体障碍儿童能够更加充分和独立地参与校内生活,环境调整常常是必须的(杨逢镕 等,2013),教师要为肢体障碍儿童创设的无障碍环境,保障幼儿在随班就读中具备适宜的基本生活、活动环境,并且要掌握肢体障碍儿童的身心发展特点,鼓励与帮助其融入环境中进行自我的学习。

二是要创设良好的心理氛围。良好的文化、心理环境可以缓解甚至消除肢体障碍儿童的自卑情绪,它对于肢体障碍儿童的同伴关系的改善也起着至关重要的作用,因此在课程实施过程中,教师要注意创设良好的心理环境,帮助儿童在轻松愉快的氛围中习得知识与技能。

四、视力障碍儿童课程调整

(一)视力障碍儿童定义

视力障碍儿童是指由于不同因素导致双眼视力不同程度的损伤且无法矫正或视野缩小,从而导致儿童在从事一般人所能从事的工作、学习、社交活动等其他活动时受到一定的限制。

(二)视力障碍儿童特点

(1)缺乏视觉表象,对于事物的表象不完整,在形状知觉、空间知觉等方面均表现得比健全儿童困难得多,尤其对距离的准确知觉和深度知觉较弱。

(2)内隐记忆较好。内隐记忆是在不需要对特定的过去经验进行有意识或外显回忆的测验中表现出来的对先前获得信息的无意识提取。视障者由于缺失视力,故其接受外界信息主要是通过听觉表象,而非视觉表象。

(3)听觉注意、听觉记忆和听觉表象较好,但视障者较好的听觉注意、听觉记忆和听觉表象不是与生俱来的,而是在长期的使用中锻炼而来的,如若从不努力锻炼使用相应的器官,这些能力是得不到发展和提升的。

(三)视力障碍儿童教育策略

(1)多感官相结合。在实际学习过程中,教师应当给视力障碍儿童提供能加以感觉和操作的物体,让他们通过触觉、嗅觉等方式逐渐理解事物。

(2)结合儿童已有经验。教师在进行教育的时候必须要考虑儿童已有经验,在设置内容和实施教学的时候结合儿童已有经验,通过循序渐进的方式来帮助儿童掌握新的内容。

(3)强调"做"的重要性。教师在教育教学的过程中,要尽可能带领儿童到不同的环境中,有计划有步骤地激励儿童体验各种事物,鼓励儿童亲身探索环境,获得直接经验和切实的收获。

（四）视力障碍儿童课程调整

1.课程目标

在实施课程的过程中,要促进视力障碍儿童的全面发展,尊重其个性发展,且要基于多元智能理论开发各种潜能,补偿视觉缺陷,克服残疾带来的种种困难,以适应现代生活的需要。

2.课程内容

基于视力障碍儿童的特点,在实施一般性课程的基础上,也要设置必要的特殊性课程。

(1)情境浸入式课程:在儿童的班级中,引导儿童感知一日生活中的人与物,感受交往、友爱的环境。

(2)奥尔夫音乐课程:引导儿童充分利用听力优势进行音乐活动中情境、律动感知,激起幼儿以课程特点覆盖自身弱势的自信,树立正常的学习秩序与规则,体会对美好生活的热爱。同时加强与正常儿童的融合,在正常儿童的生活环境中通过听、感应、模仿等练习,不断补偿自身缺陷。

(3)通向数学操作课程:该课程采用插板进行多种材料的运用操作,助力视障儿童采用触摸、感知的方式进行数学的游戏活动,同时有助于培养儿童的学习专注度。

3.课程实施

为了适应视觉障碍儿童的身心特点,树立融合的理念,增加与普通班级的教育结合,发挥视障儿童的听力优势,关注儿童的需要,帮助儿童从生活能力、自理能力、安全活动中出发进行视障儿童的课程,在实施过程中需要树立以下的教育原则:

(1)协同教育的原则,在针对视障儿童进行教育时,同样要协调好视障儿童家庭、所在学校和社区的关系,多方合作,共同努力,才能更好地促进视障儿童的全面发展。

(2)早期干预的原则,尽可能早地对视觉障碍儿童进行诊断、筛查、干预、训练和教育,提高儿童的社会适应能力。

(3)缺陷补偿的原则,尽早地进行其他感官的锻炼补偿,才能避免因为视觉障碍导致其他感官"二次障碍"的出现。

五、听力障碍儿童课程调整

（一）听力障碍儿童定义

听觉障碍指因听觉系统某一部位发生病变或损伤,导致听觉功能减退,造成言语交往困难。医学上多依据听力损失程度将听力损失划分为从轻度到重度的一个连续的体系,一般分为重听或聋。

（二）听力障碍儿童特点

(1)语言上,构音异常、声音异常以及节律异常,对某些语音发音含糊不清,学习正确的语法有困难,发起交往的主动性不足,等等。

（2）认知上，信息更多地依赖于视觉、触觉和动觉的获得，不易形成视听结合的综合信息，有意注意和无意注意的形成和发展都比较缓慢，有意注意的稳定性较差，思维发展表现更多的是具体形象性。

（3）情绪个性上，听障儿童因听觉损失，语言发展迟缓，常以情绪的外部表现作为交际工具，而他人对听障儿童的理解也依靠其表情动作，所以易产生误解。其个性特点主要表现为脾气倔强、好冲动、好动、好奇。

（三）听力障碍儿童教育策略

（1）要考虑听障儿童的特殊需求。教师在课堂教学中要正确处理好集体教学与个别指导中的细节问题。首先，教师讲课要避免背对听障儿童讲话或一边走路一边讲话，讲到关键词语时可适当放慢速度；其次，教师个别化辅导听障儿童时，距离要适当，尽量使儿童看清教师的面部表情和口形，辅导时可适当增加一些有助于理解的手势动作；再次，教师要了解助听设备使用常识，帮助听障儿童正确使用助听设备；最后，教师在集体教学后也要注重对听障儿童的个别指导。

（2）鼓励并帮助听障儿童积极参加班级活动。由于听障儿童每天要有一定的时间离班参加听觉言语训练，难免会错失一些活动机会，因此教师应该多为听障儿童提供参与活动的机会，如教师和家长可利用课外时间对听障儿童进行训练，使他们在相应的活动中表现出色。

（3）引导健听儿童用恰当的方式和听障儿童交往。教师要充分发挥伙伴助学的作用，营造对听障儿童认同、宽容和友爱的氛围。融合的有效性取决于听障儿童和健听儿童之间不断的互动，教师可以引导儿童在游戏中相互交流与合作，增强他们主动交往的意识和能力，促进其社会性发展。

（四）听力障碍儿童课程调整

1.课程目标

对听障儿童进行德、智、体全面发展的教育，补偿听障儿童的听觉缺陷。进行听力、语言训练，尽可能形成和发展他们的语言，使他们具有良好的思想品质、基础文化知识、健康体质，成为能够适应社会生活、适应社会需要的公民。

2.课程内容

听障儿童的身心发展特点与普通儿童有很大的不同，因此听障儿童教学内容的选择和组织要依据其自身的学习需要和学习特点来进行。

（1）基础课程的调整。在日常生活中，针对听障儿童的情况，要抓住时机，及时对特殊幼儿进行教育，让听障儿童抓住每一次有利的机会进行学习，通过随机通达教学的方式从多个方面帮助听障儿童习得、巩固所获取的知识，积累认知基础，并且在日常生活中培养儿童的动手能力，增强其理解能力，培养听障儿童一日生活中的常规、纪律。这样既能够提高儿童自我控制能力，也是培养有意注意的重要途径。

（2）言语矫治课程。由于听力的损失而导致语言障碍，听障儿童的言语往往需要进行一定的干预。言语矫治课主要针对听障儿童的发音清晰度。言语矫治课的开展是在对听障儿童进行评估的基础上进行的,教师根据汉语构音语音能力评估词表对幼儿的言语能力进行评判,对幼儿的听能、语言、言语、认知、沟通五大方面进行评估,且对不同方面的评估要运用不同的评估方式反复进行,以达到评估的科学性,从而制订构音语言训练计划,以促进儿童的语言发展。

3.课程实施

(1)营造良好的学习环境。这包括资源教室的配备、班级中无障碍设备的配备等,同时,座位的安排也要富有人性化。听障儿童的座位应安排在教室中间靠前的位置,以便于发挥助听器的作用,便于听障儿童看清老师的口型,并能及时得到老师的帮助。

(2)采用灵活多样的方法。充分利用直观的教具,加强教学的直观性,增强教学的趣味性,调动听障儿童学习的主动性。同时,教学方式、方法要灵活多样,充分调动听障儿童的多种感官,使得其视、听、触、味、嗅觉共同参与,从而提高学习效果。

(3)多方主体相互合作。在课程实施过程中,采取"影子教师"、家长陪伴、教师肢体语言支持等方式帮他们理解环境中的含义,理解要做什么、怎样去做,以及向正常儿童模仿,取长补短。

六、多重障碍儿童课程调整

(一)多重障碍儿童定义

多重障碍是指生理、心理或感官上两种或两种以上障碍合并出现的状况,且并非源于同一原因造成障碍而影响学习者。多重障碍者因其显著障碍的组合种类繁多,其障碍并非两种或两种以上障碍的联合,而是构成另一种独特的障碍,即多重障碍儿童的障碍,不是两种或多种障碍相加的总和而是相乘的结果。

(二)多重障碍儿童特点

多重障碍对学习、生活的影响不能仅仅理解为每种障碍的叠加。相反,这种影响是复杂的、相互作用的,本质上是倍增的。其一般都具有身体健康程度较差、身体发育差、自理能力差,感觉技能缺乏,运动困难、言语沟通困难的表现。

(1)生理层面,出现发展迟缓或持续恶化的现象,并且由于身体运动能力和理解记忆能力不佳,使多重障碍儿童行动上不易完全自主。

(2)认知及智力层面,除少数智能并未受损的儿童外,多数多重障碍儿童基本认知能力和学习能力有限,语言沟通能力不佳,或无法用语言沟通。

(3)行为层面,社会性行为频率不适当,缺乏生活自理能力和技能。通常多重障碍儿童会伴随其他障碍,伴随障碍类型越多,其障碍程度可能越严重。

(三)多重障碍儿童教育策略

(1)设置不同的教学目标。在集体教学或小组教学科目中,由于每个儿童的视力情况、能力基础、教育目标不同,因此每个儿童在此门科目中均有各自的个别化教学目标,教师需要在实施教学时分组分层进行。教师对儿童的学习基础和学习特点的准确把握,有助于提高教学的有效性。

(2)提供不同的学习任务。在同一个教学活动中,教师也要根据每个儿童的能力水平分配参与程度不同的学习任务,并在教学后给予相应的评价,这样有助于观察每个学生一些细微的进步,也有助于发现适合学生的教学方法或教学活动。

(3)一般课程与个别训练相结合。在实施一般性课程的基础上,针对那些注意力极易分散或情绪波动较大的儿童,以及需要进行特殊训练的儿童,采取一对一的个别训练,以关注到普遍性和特殊性的统一。

(四)多重障碍儿童课程调整

1.课程目标

从多重障碍儿童身心发展的规律、学习特点和未来生活的目标出发,坚持以儿童个体发展为中心,尊重儿童的个性特点和兴趣爱好,采用教育和医学等多种手段对儿童进行教育和康复训练,补偿缺陷,挖掘潜能,帮助儿童掌握基本的沟通交流技能、实用的文化知识、社会适应技能和尽可能独立的生活技能或劳动与职业技能,培养儿童健康的身心和独立的人格。

2.课程内容

根据多重障碍儿童的实际需求,调整课程比例,细化教育内容,为儿童提供多种可选择的课程。目前主要考虑从以下几个方面进行课程设置:

(1)发展性课程。发展性课程认为多重障碍儿童的发展顺序与正常儿童一样,他们亦可采用与正常儿童一样的方式学习,问题仅仅在于他们需要更多的时间。发展性课程一般包括音乐、室外游戏、体育、美工、语言、认知等。

(2)补偿性课程。具有多重障碍儿童很可能对这个世界只有一些零散的、片面的认识,需要引导儿童通过剩余视力和听觉、触觉、嗅觉等其他感知觉通道来获取信息,并借助各种辅助性技术来满足其学习和沟通交流需要,因此,教师要有针对性地提供需要的补偿性课程,从而帮助他们顺利地进入下一阶段的学习和生活。

(3)功能性课程。功能性课程也称生活技能课程,是开展活动和培养实际生活中重要的技能,并考虑儿童本身的能力以及在适应环境上的独特需求而设计的课程。功能性课程的内容涉及的领域有生活自理、居家生活、沟通技能、社区生活等。根据多重障碍儿童的特点,课程应以技能领域为主,以生活自理、言语沟通、认知学习、社会交往、劳动技能、情绪行为的课程设置为主。功能性课程强调技能能够改善儿童的生活功能,提升生活质量(李晓芳等,2019)。

3.课程实施

(1)多种教学策略相结合。通常多重障碍儿童在自然的环境下学习技能是最好的,因此教学活动并不拘泥于教室内,仅利用校内已有的资源和社区内的资源进行教学活动,有时也需要创设一些情景来实施教学。如利用中午吃饭的时间,学习生活自理技能或者清洁技能等。同时,也要根据儿童的喜好,适当调整教学地点。如有的儿童在室内安静的地方学习最有效,而有的儿童则喜欢在室外空旷的地方学习,这时就需要找机会把课堂搬到室外进行,开展适合在室外进行的教学活动,这同样也能达到教学目的。

（2）采用合作教学的方式。对于一些需要班级儿童都参与的或者可以用集体授课的方式进行的科目以集体授课的形式实施,将具有共同学习任务的儿童组合在一起,或者能力水平相近的儿童组合在一起进行分组教学;有时也会打破班级的界限,把各个班级中有相同需求的儿童组合成一个学习小组,一方面减轻教师实施教学的负担,另一方面也为儿童创造了共同探究、共同讨论的机会。

（3）选择适当的教学手段。每个儿童擅长的学习通道都各自有自己的特点,如有的儿童喜欢看图,有的喜欢看文字,有的喜欢通过听来了解世界,有的喜欢通过触摸来探索世界。在全面开发儿童各种感知觉能力的同时,教师在教学中应根据儿童喜欢的感觉通道采取相应的教学策略,如在选择学习媒介上有文字、图片、手势、动作、实物等。另外,教师也要注意某些儿童视觉上的特殊需求,如有的儿童喜欢看白底黄字、蓝底白字等。

第四节 西安市学前融合教育课程构建案例

一、特殊儿童情况

2006年第二次全国残疾人抽样调查数据显示,西安残疾人共57.8万,占全省残疾人总数（249万）的23%。西安市特殊教育机构主要由学前教育与义务教育机构组成。学前教育机构主要分布于西安市区内,由一些爱心人士、爱心团体和宗教机构等资助成立,多以启智幼儿园、康复站等形式存在。机构主要招收3～15岁的孤独症、唐氏综合征、脑瘫等轻度与中度智力低下儿童。机构同时带有康复与教育的双重属性,这个阶段的儿童通过康复和学习之后,部分康复比较理想的进入义务阶段继续学习,一部分则分流到以社区为主的爱心工作站中,以半就业半寄养的方式生活,另外一小部分残疾比较严重或由于其他原因不能继续学习或就业的学生将由家人照看长居家中。

2018年底,西安市有54857名残疾儿童,其中视力残疾人9500名、听力残疾人5689名、言语残疾人556名、肢体残疾人22489名、智力残疾人1445名、精神残疾人12500名、多重残疾人2678名。

西安市将特殊儿童接受学前教育纳入到了第三期学前教育行动计划中予以推进,鼓励和支持普通幼儿园接纳包容特殊儿童,并且按照就近原则,对残疾程度相对较轻、能够进入普通幼儿园就读的残疾儿童实行"零拒绝"。2020年,全市建设完成了35所融合幼儿园,为辖区内3～6岁的特殊儿童学前教育随班就读提供了有力保障。

二、特殊儿童测评

(一)测评方式

对特殊儿童进行评估既可以采用定量的方法,例如智力量表、适应行为量表、问题行为量表、语言能力测验、成就测验和感觉动作统合测验等各种测验,也可以使用观察、访谈等方法对收集到的数据进行定性评价(李一茗 等,2021)。

通常来说,特殊儿童心理评估以测验法为主,其他方法为辅。这些传统评估方法一般是由受过训练的评估人员,在特定的场所,按照标准化的程序,通过个体施测或一对一访谈,获得评估所需资料。然而,由于评估对象本身的特殊性,这些方法在实际使用中也存在一些问题。

为了应对上述问题,有研究者提出,特殊儿童的评估应该立足真实场景,关注他们在生活、学习、游戏等背景下的需求和表现(吴扬,2020)。例如,基于游戏的评估,儿童在游戏中的表现与真实生活情境中的行为更相近,而且在游戏中评估可以降低儿童在测试过程中的焦虑,以提升测评的有效性。

(二)测评内容

对不同类型特殊儿童的评估既有共通之处,也有差异之处,除了需给特殊儿童进行感知觉、运动能力等方面的评估外,还要根据其自身的特点进行差异化评估,如对听力障碍儿童进行言语和听觉的评估。以下对于普遍性的评估列举了常用的评估量表。

1.感知觉能力评估

感知觉能力对于促进儿童脑发育,启动和完善儿童运动,促进儿童认知、语言、情感和社会交往能力等方面的发展都具有重要价值意义(徐芳,2012)。国内外常用的感知觉评估量表可以分为感觉能力与知觉动作评估量表,感觉能力评估量表包括儿童感觉统合能力评定量表、婴儿学步儿感觉测验、青少年/成人感觉测验等,知觉动作评估量表包括简明知觉动作测验、班达视觉运动完形测验、本顿视觉保持测验等。

2.情绪与社会性评估

幼儿的情绪与社会性的发展主要包含体验、调节、表达情绪(喜怒哀乐);形成亲密和安全的依恋关系;探索环境,发展与家庭、社会和文化期待相适应的各项能力等方面。国内外常用的情绪与社会性评估量表包括婴幼儿社会与情绪评估量表(ITSEA)、社会情绪发展年龄阶段问卷(ASQ:SE)、中国城市幼儿情绪及社会性评估量表(CITSEA)、特拉华社会情绪能力量表(DSECS)、Meadow-Kendall 听障儿童社会性和情绪发展评估量表(SEAI)学龄前版和Achenbach 的儿童行为问卷(CBCL)等。

3.运动能力评估

国内外常用的特殊儿童运动能力评估量表可分成综合测评量表和运动能力测评量表,综合测评量表并非作为运动能力测评量表设计,而是包含了对儿童粗大动作、精细动作、基础运动素质等运动能力测试的模块,大多作为儿童发展水平测试和特殊儿童的诊断工具,如丹佛儿童发育筛查测验(DDST)、Barley 婴幼儿发展量表(BSID)等。除了综合测评量表中包含的运动能力测试部分,还有研究者编制了专门针对儿童的基本运动素质、粗大动作能力、精细动作能力的测试量表,如 Peabody 发展运动量表(PDMS)、大肌肉群发展测试(TGMD)、儿童运动评定测验(M-ABC)等。

三、融合教育课程构建

(一)课程理念

"享受公平教育,实施融合课程,促进个性发展"是学前融合教育课程的理念,即要为特殊儿童量身定制个性化融合课程,让每一位特殊儿童享受平等的学习和发展机会,促进每位儿童的个性发展。

(二)课程目标

通过"基于评估的个性化融合课程"的实施,补偿特殊儿童主要缺陷,挖掘特殊儿童的内在潜能,满足发展需求,培养特殊儿童在感知觉、粗大动作、精细动作、认知、沟通、社会情绪、生活及居家自理七大领域的能力,促进特殊儿童健康发展,在园内形成普特融合的健康氛围,推动普通儿童和特殊儿童共同发展。

(三)课程内容

1.整体设计融合教育课程

幼儿园要将特殊儿童的教学与康复纳入整体工作计划,幼儿园要依据"二类课程"的理念、目标与内容要求,编制园本化的课程实施方案。融合教育课程应该为幼儿园每一个孩子服务,但特殊儿童又有其独特的发展需求,因此课程的内容也应该符合特殊孩子的康复需求。例如开发早期融合预备课程,为特殊儿童更好融入环境而努力。早期融合预备课程是以行为为核心的早期密集行为干预,课程内容具有应用性,教学以自然情景为终点,将系统化的评估和课程贯穿整个学习路径,扩展孩子的社交技能,促进他们泛化学会的技能。融合课程就是将普通教育课程内容与特殊教育课程内容有机"融"在一起,以"融合活动"为主干,保障健全幼儿和特殊幼儿的全面发展,为每一个孩子的振翅高飞提供最有力的支持。

2.重视个别化的教育方案

融合幼儿园要充分利用普通教育课程,如生活、游戏、运动、学习课程,丰富特殊儿童的学习内容。学前普特融合的最大优势是健全儿童和特殊儿童一起游戏学习,从最大程度上扩展了特殊儿童的生活圈,且教师也可以利用健全儿童的资源对特殊儿童进行有效教育,教育效果往往事半功倍。依据特殊儿童能力评估所得结果,幼儿的不足能力即为其学习起点,同时教师要兼顾不同年龄、不同障碍幼儿的学习需求,找准基点,制定适合儿童发展的个别化教学目标,做到一幼一目标,一幼一内容,同时结合谱系特征,开设社交故事课程、假扮游戏课程、音乐美术课程、创意搭建课程、集体游戏课程等。在落实课程时,要遵循儿童一日活动皆课程的理念,从来园活动到离园准备皆进行安排。集体课程主要是以融合班集体为教学主体实施的教育教学活动；个性化课程则是针对儿童的主要缺陷安置的特设课程内容，如孤独症训练、脑瘫训练、语言沟通训练、认知能力训练等课程。基于特殊儿童的障碍类型不同、障碍程度不同、年龄层次不同，在班级中实施集体教学有很大的难度。在实施个性化课程时，教师要遵循"六个一"的课程实施原则，即一幼一评估、一幼一课表、一幼一目标、一幼一内容、一幼一学法、一幼一评价，以达到量身定制融合发展的教育目标。

3.提升融合教育课堂质量

特殊儿童在普通班级的融合学习，不能是"随班混坐"的学习状态。要使特殊儿童在普通班的学习有用、有效，教师间要形成合力，共同为特殊儿童提供有力的支持。要提高融合教育课堂的质量，可以从以下几个方面入手：首先，进行课前评估，了解困难与特点。教师在上课前要对特殊儿童的学习特点、障碍程度了然于心。针对不同类型障碍儿童，教师团队要进行研讨，课前要对教学内容、教学对象进行分析，对儿童的不同学习基础和认知方式做出分析，判断不同学生的目标预期成效，并提出本次教学活动中不同学生的教学目标、任务和要求。其次，提供课堂支持，提高学习质量。课堂教学中要充分挖掘特殊儿童的潜力并掌握其特点，提供适切的支持。教师要根据不同障碍类型儿童的学习特点，将教学目标进行分解变换。在活动过程中，座位安排、同桌和工作小伙伴的选择，教师都要用心思考，全方位支持特殊儿童的学习。最后，重视课后思考，形成共性做法。每次教学活动后，教师都要对本次活动进行经验积累与反思，从普特双方教学目标适切性与达成度、特殊儿童教学策略有效性、同伴关系等方面进行梳理，形成特殊儿童随班融合的指导手册，将个案实践形成共性做法。

四、效果

融合教育课程调整的目的是以特殊儿童的个体差异为基础，满足他们的特殊教育需要，提高特殊儿童接受教育的质量，促进教育公平从机会平等向实质平等的方向发展（胡少华，2020）。实施学前融合教育课程不仅有益于特殊儿童的发展，而且对于健全儿童、教师的成长都有着积极的意义。

(一)幼儿能力得到提高

一是特殊儿童能力得到提高。融合幼儿园中的特殊儿童经过学习生活后，各种能力在原有基础上都有不同程度的提高，获得了较好的发展，这从每一次的幼儿期末评估与期初评估结果可以看出来。

二是健全儿童不断在成长。通过多种形态的融合，融合班级中的健全儿童乐于与特殊儿童共同生活、学习，使其在协作能力、帮助他人、助他精神等方面都有提高，让健全儿童从小埋下了尊重生命、尊重差异、帮助弱势群体的种子。

(二)教师专业能力得到发展

通过学前融合教育的实施、学前融合教育课程的开发与落实，教师对于特殊儿童的情况更加了解。通过分析，教师能找到特殊儿童发展的起点，找到特殊儿童的教育内容，且通过开展教育教学的研究,全体老师对幼儿的观察、评估、分析的能力得到进一步提高。资源教师在专业团队的引领下,在特殊教育专业化发展方面取得较大的进步,对于开展教育教学实践研究更加积极。

通过融合活动的开展,普通班教师对特殊教育也有了新的认识,在情感上接纳残障幼儿,在行动上帮助残障幼儿,教师们的特殊教育理念在不断提升。特教教师在个性化融合课程实践中,积累了教案及训练实录,且在不断的探索中,将这些教案转化成课程,向着专业的方向发展。

(三)幼儿园管理质量得到提升

一是形成了系统管理机制。融合幼儿园制定了一系列关于融合班级的管理制度,完善了幼儿园管理组织,明确了特殊教育教学的目的与意义,且市、区特教中心也多次深入幼儿园进行指导,不断改进,使学前融合教育的教学质量有了一定的提升。

二是注重园内资源整合。为推动学前融合教育的发展,融合幼儿园在人力资源整合、课程资源整合和教学策略整合的基础上,聚焦课程资源整合的研究,着重在课程设计、课程实施、课程管理和支持三个方面进行探索和实践,从而提高了学前融合教育教学的有效性。

学前融合教育课程的实施,不仅促进了特教课程的发展,也促进了普通课程的发展,使幼儿园课程的整体领导力得到提高。

课后练习

1.你最认可本章提到的哪种课程构建模式,为什么?

2.学前阶段的特殊儿童和普通儿童有什么共同点?

3.学前阶段国家课程标准的总目标是什么?

4.走访周围的一所融合幼儿园,了解该园的融合教育校本化课程。

第六章
学前特殊儿童行为问题的干预

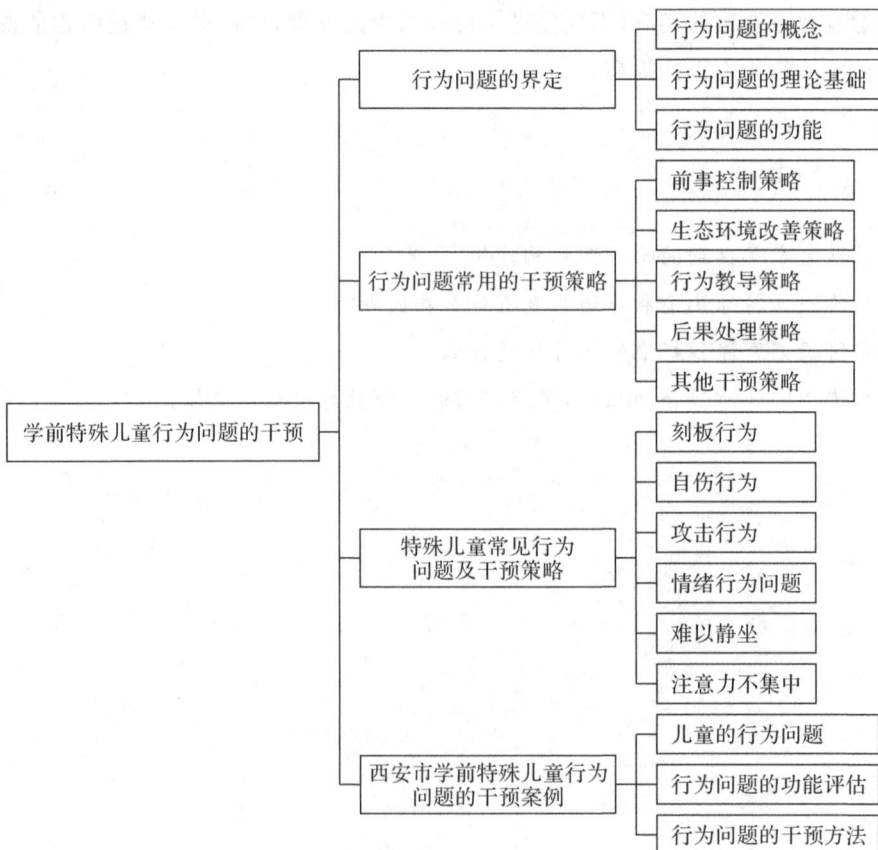

学习目标

1. 了解学前特殊儿童行为问题的基本内涵。
2. 熟悉并掌握学前特殊儿童常见行为问题及其干预策略。

知识导图

学前特殊儿童行为问题的干预
- 行为问题的界定
  - 行为问题的概念
  - 行为问题的理论基础
  - 行为问题的功能
- 行为问题常用的干预策略
  - 前事控制策略
  - 生态环境改善策略
  - 行为教导策略
  - 后果处理策略
  - 其他干预策略
- 特殊儿童常见行为问题及干预策略
  - 刻板行为
  - 自伤行为
  - 攻击行为
  - 情绪行为问题
  - 难以静坐
  - 注意力不集中
- 西安市学前特殊儿童行为问题的干预案例
  - 儿童的行为问题
  - 行为问题的功能评估
  - 行为问题的干预方法

导读

特殊儿童在幼儿园通常会表现出异于其他儿童的行为问题,这些行为问题是特殊儿童身心障碍的主要外在表现,也是特殊儿童在幼儿园学习与生活的主要困扰,所以熟知学前特殊儿童常见行为问题及其干预策略,对推动学前特殊儿童的融合教育具有重要意义。本章从行为问题的界定、行为问题常用的干预策略以及特殊儿童常见行为问题及干预策略等方面,从理论上对学前特殊儿童行为问题的概貌进行了呈现,最后结合西安市学前特殊儿童行为问题的干预案例,从实践层面进一步介绍了行为问题的评估及干预等内容。

思考

1.如果你作为融合幼儿园教师,面对特殊儿童的行为问题,你应该持有何种态度?

2.哪些行为问题需紧急进行干预?

特殊儿童存在身心障碍,常会表现出一些异于健全儿童的行为,如难以静坐、与同伴相处困难、自伤行为、攻击行为等,这也常常让幼儿园的教师感到束手无策。为促进学前特殊儿童在幼儿园中更好地接受教育,减少行为问题的发生,本章将围绕行为问题的界定、行为问题常用的干预策略和特殊儿童常见行为问题及干预策略几个方面的内容展开。

第一节　行为问题的界定

对行为问题的干预,首先,需要清晰地界定什么样的行为属于行为问题;其次,了解行为问题的功能;最后,采用恰当的方式干预。

一、行为问题的概念

(一)行为问题与问题行为

1.行为问题的内涵

在英文中,"行为问题"与"问题行为"均由"problem"与"behavior"两个单词组成。奇斯曼和瓦茨指出问题行为用有问题来标记某一行为,在字面上具有负面意义;而行为问题则是较为中性的描述,强调的是行为本身。生活中每个人都会表现出很多不同的行为,这些行为并没有绝对的好坏,如果该行为发生的人物、时间、地点或情景不恰当,才会构成问题,此种描述并不具有标记性(Cheesman et al.,1985)。因此,本书中采用行为问题一词进行描述。

2.行为问题的定义

行为问题是指无效的或影响自己和他人正常学习、生活的行为,会阻碍儿童的身心发展及社会适应(朴永馨,2006)。有学者认为,脱离一般性常理或偏离常态标准的行为表现就是行为问题(昝飞,2013)。Martin 等(2007)指出行为问题表现在三个方面:其一是行为不足,与多数儿童相比,该类儿童的某种行为表现得太少,例如不与其他儿童交往或不能自理生活等;其二是行为过度,与多数儿童相比,该类儿童的某种行为表现得太多,例如经常打架、满口秽言或爱发脾气等;其三是行为不当,儿童表现出不符合自己身份或不适合当时场景的行为,例如在公共场合脱裤子、在别人伤心时大笑等。钮文英(2016)提出判定行为是否有问题时应考虑以下四个因素:第一,行为本身是否符合个体的年龄、性别和发展程度;第二,行为发生的时间、地点与情景是否适当;第三,个体所属文化及其重要他人对此行为的看法;第四,行为对个体及其所处环境而言是否适当(过多或过少)、是否已造成对他和别人的伤害及他和别人相处的困扰。

总体而言,从行为角度来研判某一行为是否有问题,必会因人、因事、因时及因地而异,即判定某一行为是否为行为问题必须考量个体状况和生态环境,包括行为的频率、强度、持续时间、严重性、年龄适当性、发生的情境及所属文化对该行为的接纳度等相关因素。

(二)行为问题与常规行为

常规行为在幼儿的活动中占有非常重要的地位,依据其涉及的范围可以分为生活常规、活动常规、学习常规和交往常规(韩冬梅,2013)。生活常规指在生活活动如入园、晨检、做操、吃饭、如厕、午睡、离园等方面的规则要求。活动常规是指在集体活动和自由活动中,幼儿应遵守的游戏规则,合理使用活动材料等基本规则。学习常规是指在学习活动中可以帮助幼儿养成良好的学习习惯,包括回答问题时先举手,按老师的要求做出反应等。交往常规指人际交往中需要养成的行为,包括幼儿与幼儿以及幼儿与教师的交往常规。常规行为是幼儿在幼儿园的生活、活动、学习与人际交往等活动中应该遵守的行为规范与准则。而行为问题是幼儿在日常活动中所表现出的行为不足、行为过度和行为不当等行为。因此,从发生环境来看,常规行为发生在幼儿园,行为问题可能发生在幼儿园、家里、社区中的任何一个地方;从行为性质来看,常规行为是需要儿童形成的,属于良好行为,行为问题是不需要儿童习得的,是需要加以矫正的,属于不良行为。

二、行为问题的理论基础

(一)生物模式

生物模式认为行为问题与儿童的生理因素,如内分泌失调,脑神经生物化学传导物质失衡,脑神经系统异常,器官发展不健全,疾病、药物和疼痛的影响等因素有关(钮文英,2016)。生物模式认为对儿童行为问题进行干预,需要了解儿童的家庭史和成长史,并对其大脑神经和新陈代谢进行检查。生物模式认为,通过药物治疗、饮食控制、感觉调节等方法调控儿童的生理状况,可达到减少行为问题的目的。

(二)行为主义

行为主义的代表者华生和斯金纳等人相信行为是环境刺激下的结果,他们认为一些简单的行为可能属于非条件反射,但人类大多数行为则是"学习得来的"(冯忠良 等,2010)。他们将人类习得的行为分为两种：一种是经典性条件反射，比如"望梅止渴""画饼充饥""谈虎色变"等行为；另一种是操作性条件反射，如某家超市总是有很多物美价廉的货物，人们就会经常去这家超市购物（正强化）。

行为主义主张在干预行为问题前，教师可以借由检核表、量表、行为观察记录表等工具来分析行为的功能，从前事环境、行为表现和后果处理三个方面拟定干预策略，以减少不良行为，建立良好行为。

（三）心理教育理论

埃里克森（Erikson）提出"心理社会发展理论"，将人格划分为8个阶段。他认为人的一生同时受到生理、心理和社会的交互影响，人会经历一系列的发展阶段。任何一个阶段的身心发展顺利与否，皆与前面阶段的发展有关，前面阶段发展顺利，则有助于后面阶段的发展。

心理教育理论认为每个人都具有自主能力，当我们的能力无法应付现实生活的要求时，便会产生负面情绪和行为问题。心理教育理论主张通过游戏、音乐、绘画等媒介建立个体了解自我、缓解情绪和解决问题的能力，以此减少行为问题的发生（钮文英，2016）。

（四）人本主义

人本主义的主要代表人物有罗杰斯和马斯洛。马斯洛根据人的需求提出需要层次理论，分别为生理需要、安全需要、归属需要、尊重需要、自我实现需要。一般来说，只有较低层次的需要得到满足之后，才会有较高层次的需要。每个人对基本需要的动机程度不同，当某些需要没有被满足时，则极易导致行为问题。

人本主义强调以人为本，注重学生的需求、兴趣和情感等因素（钮文英，2016）。人本主义对行为问题的干预，非常关注儿童的需求和情绪，通过提供关爱（温暖、尊重、接纳）的环境，教导儿童学习良好行为，以满足基本需求，疏解情绪，进而减少行为问题。

（五）生态学理论

生态学理论认为每个人都存在于一个复杂的社会系统中，在不同的环境中扮演着不同的角色。生态学理论将个体所处的环境分为微观、中观、外观和宏观四个部分。微观系统是与个体密切接触的个人或环境，比如家庭、学校等生活区域及该体系中的重要他人（如家长、教师、同学），该系统对个体的影响比较大。中观系统是指个体所处微观系统之间的关系，比如学校-家庭、家长-教师的关系。外观系统是比微观和中观系统更大的体系，如邻里、社区及其设施，它会影响微观和中观体系进而影响个体。宏观系统是比外观系统更大的体系，如社会和交织于其中的制度、文化、价值、信念等会间接影响个体，比如社会对特殊儿童的态度会影响他们的生活和行为。

行为问题的干预在于改变其内、外因素，从而促进个体与环境间的良好适配。内在因素的改变包括调整儿童本身的行为，教导儿童表现良好行为。外在因素的改变从生态系统的微观、中观、外观和宏观四个部分入手（钮文英，2016）。通过内、外因素的调整，促使特殊儿童减少行为问题，以便更好地融入社会。

（六）认知主义和认知行为主义

认知主义和认知行为主义均认为个体对事件的信念、思考的扭曲是行为问题发生的主要原因。例如，两名秀才在赶考路上看到了棺材，一个秀才心想："完了，真晦气，赶考的日子居然碰到这个倒霉的棺材"；另一名秀才刚开始心里也是"咯噔"一下，但转念一想："棺材，棺材，这不就是有官又有财吗？好兆头呀，我一定可以高中。"考场上，前一名秀才答题的时候心灰意冷，迟迟不能下笔，另一名秀才则文思泉涌，奋笔疾书。最后，前一名考生名落孙山，另一名考生金榜题名。由此可知，让人产生困扰的不是事件本身，而是人对事件的想法。

认知主义主张教师通过访谈或者填写问卷的方式，了解儿童的负面想法，通过改变错误信念进而改善情绪和减少行为问题。认知行为主义在认知和行为两方面进行干预，其目标在于改变负面想法和态度，以及建立新的学习经验。认知方面会改变儿童的非理性信念或负面想法；行为方面会尝试重新安排前事和后果因素，以建立新的学习经验（钮文英，2016）。

以上任何一种理论都不能充分且全面地解释行为问题的起源，并设计出相应的干预策略，这些理论可以互补和整合。在整个过程中，可以以行为主义的观点为主轴，对前事、行为和后果三个部分进行干预。前事除了立即前事，还包括个体和环境的背景因素，个体背景因素包括生理（生物模式的观点）、认知（认知主义和认知行为主义的观点）、需求和情绪（人本主义的观点）、能力（心理教育理论的观点）等；环境背景因素则包括微观、中观、外观和宏观四个层面的生态系统，个体和环境间的互动会随着事件的推进而有所不同，二者之间有良好的适配，则不会产生行为问题。

三、行为问题的功能

（一）功能性行为评估

功能性行为评估（functional behavior assessment，FBA）是指采用各种方法收集、整理与行为问题相关的资料，据此设计相对完整的干预方案，进而减少行为问题并建立良好行为。对资料的分析可以掌握儿童的特征、生活形态和所处环境，也能了解行为问题的立即前事、生态环境和后果，最终得出行为问题的功能。行为问题常用间接评估、描述性分析和功能分析三种方法进行功能评估（Iwata et al.，2000）。

1.间接评估法

间接评估法包括访谈、问卷、检核表、量表等，教师可以了解儿童行为问题的具体表现、严重程度、相关的环境因素等资料。访谈对象一般为与儿童有关的重要他人，如父母、儿童同伴等，有时儿童本人也可以是访谈对象；功能性评估量表围绕行为问题及其可能的功能提供一系列高度结构化的问题，可以让熟悉儿童的人员在较短的时间内提供与行为问题有关的信息。目前常用的功能性评估量表有行为动机评估量表（motivation assessment scale，MAS）、行为功能问卷（questions about behavioral function，QABF）。

延伸阅读

行为动机评估量表(MAS)

说明:

第一,在方框中写下学生姓名、评估日期以及评估者或受访者的姓名。

第二,具体地描述行为问题。用一张行为动因评估量表侧重评估一个行为或行为链。

第三,具体描述行为问题发生时的背景情况。例如,"在吃饭时候"或"在活动时"。

第四,根据行为问题在以下 16 种情况中的发生频率,对从 1 到 6 的其中一个数字画"〇"。例如,对以下第二个问题"大人让学生做一件他(她)所不愿意的事情,该行为就接着发生吗?",如果被评估的孩子在大人发出指令后总是表现出行为问题,评估者就在这一行数字 6 上画"〇",即⑥。

学生姓名_____ 受访者姓名_____ 评估日期_____							
具体地描述行为问题:_____ 具体描述行为问题发生时的背景情况:_____							
序号	根据行为问题在以下情况中的发生频率,对从 1 到 6 的其中一个数字画"〇"。	从不	几乎从不	很少	一半机会	通常	几乎总是	总是
1	学生一人独处较长时间(如数小时),该行为就重复发生吗?	0	1	2	3	4	5	6
2	大人让学生做一件他(她)所不愿意的事情,该行为就接着发生吗?	0	1	2	3	4	5	6
3	当您在屋里与他人讲话时,学生就以该行为来反应吗?	0	1	2	3	4	5	6
4	当大人告诉学生不能有一玩具、食物或活动时,该行为就重复发生吗?	0	1	2	3	4	5	6
5	如果无人在场,该行为是否以同样的方式长时间地重复发生(例如学生前后晃动身体达 1 小时之久)?	0	1	2	3	4	5	6
6	只要是他人向学生提任何要求,该行为就会发生吗?	0	1	2	3	4	5	6
7	一旦大人停止对学生的关注,该行为就会发生吗?	0	1	2	3	4	5	6
8	只要大人不再让学生有其所爱的玩具、食物或活动,该行为就会发生吗?	0	1	2	3	4	5	6
9	您似乎觉得学生从该行为中得到(感觉、味觉、嗅觉、视觉、听觉等)快乐吗?	0	1	2	3	4	5	6
10	当您想让学生听话,做您期望的事时,学生是否以该行为来使您生气?	0	1	2	3	4	5	6

序号	根据行为问题在以下情况中的发生频率,对从1到6的其中一个数字画"○"。	从不	几乎从不	很少	一半机会	通常	几乎总是	总是
11	当您对学生无关注时(例如,您在其他房间或者您在与他人说话时),学生是否想要以该行为来使您生气?	0	1	2	3	4	5	6
12	如果您让学生得到其所要求的玩具、食物或活动后,该行为就会停止吗?	0	1	2	3	4	5	6
13	当目标行为发生时,学生显得安静并且对周围一切都无所意识吗?	0	1	2	3	4	5	6
14	当您停止对学生的要求后,该行为是否也很快(几分钟内)就停止了?	0	1	2	3	4	5	6
15	您是否觉得学生想要以行为问题来让您与其多多相处?	0	1	2	3	4	5	6
16	当大人阻止学生做他(她)所喜欢的活动时,行为问题是否就接着发生?	0	1	2	3	4	5	6

计分方法:先将以上16个问题的答案的每一分数分别抄录在下面评分表的各个空格中。

问题序号	满足刺激(得分)	问题序号	逃避任务(得分)	问题序号	寻求关注(得分)	问题序号	得到实物(得分)
1		2		3		4	
5		6		7		8	
9		10		11		12	
13		14		15		16	

然后算出每栏四个分数之和(总分),并将其写在下面的横线上面。

总分:＿＿＿ ＿＿＿ ＿＿＿ ＿＿＿

接着将以上各总分除4得出平均分,并将其抄录在下面的各个空格中。

均分:＿＿＿ ＿＿＿ ＿＿＿ ＿＿＿

最后,评估者对行为问题动因的平均分进行第1~4的排序。其中,第1代表最有可能的行为动因,第4为最不可能的行为动因。

排序:＿＿＿＿＿ ＿＿＿＿＿ ＿＿＿＿＿ ＿＿＿＿＿

(满足刺激)(逃避任务)(寻求关注)(得到实物)

功能行为问卷(QABF)

请为学生在下列情境中发生行为的频率打分,确定每个行为的发生频率是准确的。

X—不适用,0—从不,1—很少,2—有时,3—常常。

编号	行为	分数
1	发生此行为是为得到注意	
2	发生此行为是为逃避工作或学习情境	
3	发生此行为是寻求"自我刺激"	
4	发生此行为是因为他/她处于痛苦中	
5	发生此行为是为了得到一些物品,如喜欢的玩具、食物或饮料	
6	发生此行为是因为他/她喜欢被责骂	
7	当被要求做某些事情时(帮他/她穿衣服、刷牙、做事),他/她会发生此行为	
8	即使他/她认为没有人在房间里时,他/她也会发生此行为	
9	当他/她生病时,此行为发生频率增加	
10	当你把某样东西从他/她那里拿走时,他/她会发生此行为	
11	当他/她给予注意时,他/她会发生此行为	
12	当他/她不想做某事情时,就会发生此行为	
13	他/她发生此行为是因为他/她无事可做	
14	他/她发生此行为是因为某些东西让他/她身体不舒服	
15	当你有他/她想要的东西时,他/她会发生此行为	
16	发生此行为是想从你这里得到反应	
17	发生此行为就是为了让别人使他/她独自待着	
18	需要他/她高度重复的行为,忽略他/她的环境时,就会发生此行为	
19	发生此行为是因为他/她身体不舒服	
20	当同伴有他/她想要的东西时,他/她会发生此行为	
21	当他/她发生此行为时,看起来像是说"让我一个人"或"停止让我做"吗?	
22	当他/她发生此行为时,看起来像是说"来看我"或"看着我"吗?	
23	即使没人在场时,他/她看起来也很享受此行为吗?	
24	此行为是否暗示他/她的感觉不好?	
25	当发生此行为时,他/她看起来是否像说"给我那个玩具、食物或物件"?	

注意		逃避	非社会	身体	得到
1.注意		2.逃避	3.自我刺激	4.处于痛苦中	5.想得到物品
6.被责骂		7.做某事	8.独自一人	9.生病时	10.带走
11.吸引		12.不做	13.无事可做	14.身体问题	15.你有的物品
16.反应		17.独自	18.重复	19.不舒服	20.同伴有的
21.让我独自		22.来看我	23.自我享受	24.感觉不好	25.给我那个
总分		总分	总分	总分	总分

2.描述性分析法

描述性分析指的是运用观察、描述的方法对行为问题及行为有关的环境变化进行直接的观察和记录。描述分析法包括直接观察法、散点图、ABC评估法等。直接观察法是指评估者在自然情境下对儿童的行为问题进行观察,对行为发生频率、持续时间、强度等方面的数据进行收集,也可以对行为的前事和结果进行观察记录。散点图是一种比较常见的行为描述方法,它通过图表的方式将儿童在某段时间内发生的行为情况表现出来,可以将观察的时间分为几个特殊的时间段(如半小时、一刻钟等),然后将各个时间段内行为发生的次数记录在相应时间段中,从而判定行为问题发生的情境。ABC评估法是对行为、前事和结果进行记录的方式,该方法将儿童行为问题发生的情况、出现的结果以表格的形式呈现,让人一目了然,如表6-1所示。

表6-1　学生行为观察记录表(ABC评估法)

学　　生:＿＿＿＿＿　　　　　　　　　观察日期:

观　察　者:＿＿＿＿＿　　　　　　　　观察期间:

目标行为:＿＿＿＿＿　　　　　　　　　进行活动:

前事	行为	后果	可能的功能
离开座位向同学借笔,同学拒绝借用	抢同学的笔并吐口水在同学身上	同学哭了,引起老师注意	获得关注

3.功能分析法

功能分析法是一种通过控制与行为有关的前事和结果,并对行为与环境变量之间的关系进行验证与排除的实验方法。基于前面行为间接和直接评估的结果,评估者可以对行为问题功能进行假设(包括寻求关注、得到实物、逃避任务和满足刺激四种情境),然后通过分别控制以上四种情境,探究行为问题的出现频率,以此对行为功能进行确定。该方法是唯一使用实验控制对行为功能进行因果关系考察的方法,因而是功能性行为评估中最严谨、最精确的方法。并且,当行为问题呈现较多的功能不易分辨,或某些低频率的行为可能不易在自然情境中观察到时,操纵变量的功能分析法是较为适宜的。

(二)行为问题功能的分类

按照行为主义的观点,任何行为均由儿童与环境之间的互动而形成并维持的。这种"行为-环境"的互动被描述为正强化或负强化后效,即行为可以借由得到或摆脱某种刺激而被强化,这意味着行为的发生与环境有关。可以说,任何行为均有功能,从不同的角度分析,会有不同的分类。行为问题功能的分类,主要以行为强化的特点和规律为依据。Cooper 等(2015)[①]

---

① COOPER J O,HERON T E,HEWARD W L.应用行为分析[M].2版.凤华,钮文英,钟仪洁,等译.台北:学富出版社,2015:751-753.

从正强化和负强化两个角度解读行为问题的功能,具体分为社会性正强化(注意强化)、实物性正强化、自动正强化、社会性负强化(逃避)和自动负强化五类。Cipani 等(2011)基于正强化和负强化这两个基本功能,再考量有无社会因素的影响,对这四个要素进行交叉组合把行为问题的功能划分为直接获取、社会中介获取、直接逃避和社会中介逃避四大类,其中直接获取包括获取立即性的感觉刺激和实质性强化物;社会中介获取包括获取他人注意和实质性强化物;直接逃避和社会中介逃避都分别包括逃避不愉快的社会情境、相对长时间的任务、相对困难的任务和厌恶的身体刺激。

凤华等(2015)综合相关学者的观点,以阶层概念显示行为功能的主要类别及对各类别下的小类别进行分类(见图 6-1)。

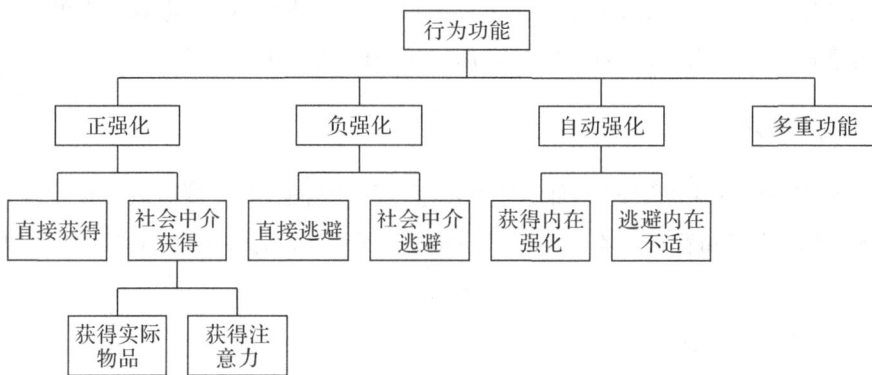

图 6-1　行为功能类别阶层图

第一大类为正强化(获得),即行为之后立即给予一个喜爱刺激,导致今后类似情境下该行为频率的增加。具体包括:①直接获得实际物品,儿童有机会接近强化物并表现出某种行为(通常是不被社会接受的方式)来获得该强化物;②社会中介获得实际物品,儿童有机会接近强化物但无法获得,在出现某种行为后通过他人(通常是成人)获取该物品;③社会中介获得注意力,儿童表现出某种行为以引起成人或同伴的关注。第二类为负强化(逃避),即行为之后立即撤除一个厌恶刺激,导致今后类似情境下该行为频率的增加。具体包括:①直接逃避:儿童表现出某种行为来逃避环境中的厌恶刺激,如不愉快的社会情境、相对长时间的任务或相对困难的任务;②社会中介逃避,儿童表现出某些行为,以逃避不愉快的社会情境、长时间的学习或工作、困难的任务等。第三大类为自动强化,主要是针对身体感官,给予一个喜爱刺激或撤除一个厌恶刺激,都会增加身体感官的舒适感,导致今后类似情境下行为频率的增加。具体包括:①自动正强化(获得内在强化),指某些行为的持续发生是基于行为本身就可以产生强化作用;②自动负强化(逃避内在不适),指儿童从事某些行为时可以缓减内在不舒服的状态。第四大类为多重功能,即该行为的出现兼具两种以上的功能。

行为问题具有多元的形态和功能,往往是在各种内外因素影响下经过日积月累而形成的,常会扰乱个体的学习和生活秩序。如果无法及时得以改善,还可能愈演愈烈,造成更为严重的后果,给个人、家庭、学校乃至整个社会带来许多困扰,因此不容忽视。

第二节　行为问题常用的干预策略

积极行为支持兼具科学与人文精神,主要以行为主义、生态环境、认知主义和认知行为主义为理论依据,目前已成为行为干预领域中最重要的理论与技术。积极行为支持认为行为问题具有某种功能和目的,并依据功能行为评估和行为功能假设来拟定行为干预计划,运用系统的、教育的、个别化的、非厌恶的方法,来发展儿童的替代行为(与行为问题具有相同功能且能被社会期望或认可的正向行为),调整儿童的生活和学习环境,以预防或减少行为问题的出现,最终改善儿童及其重要成员的生活质量。积极行为支持主要包括隐含与遥远前事改善、立即前事与先兆控制、行为教导和后果处理四个方面的内容。此外,本节还从生物模式、人本主义和心理教育理论的角度入手,对行为问题常用干预策略进行阐述。

一、前事控制策略

前事控制策略包括对立即前事和背景因素两个部分的控制,主要有调整情境因素、调整课程相关因素、控制或缓和背景因素策略以及反应中断策略(行为发生前的中断策略)四大类(钮文英,2016)。

(一)调整情境因素

调整情境主要是调整那些容易引起行为问题的人物、时间、地点、物件和活动等,以减少行为问题并引发良好行为。如果儿童的行为问题多发生于与特定人在一起时,则减少与特定人物的接触;如果行为问题多发生在特定时间,则改变生活顺序,调整某些活动的时间;如果行为问题多因活动地点导致,则调整活动地点;在安排儿童的座位时,需要考虑其需求,让他们能参与班级活动;如果环境中的采光、温度、通风性、色彩、空间大小等因素会影响儿童,则调整环境中的这些因素;如果儿童在课程转换时间容易出现行为问题,则妥善安排课程转换和地点转换时间;对于适应能力较弱的儿童,可以提前告知儿童接下来的活动内容、方式、参与人员以及作息时间等。此外,还可以采用功能替代和非后效增强的方式来减少行为问题。

(二)调整课程相关因素

调整课程针对行为问题多发生在上课或有作业的情境中。教师可以尝试从以下四个方面进行调整:第一,提供符合儿童能力、兴趣与需求的课程和活动;第二,调整作业上交的时间、作业的量、作业的呈现形式、作业内容的难易度等;第三,提供儿童选择或决定课程的机会,一定程度上可以增加儿童的学习动机;第四,采用建议的语气向儿童表述需要展现出的良好行为。

(三)控制或缓和背景因素策略

某些行为问题的产生并不是立即前事引起的,而是受背景因素的影响,因此可以尝试消除或减少背景因素的出现,以减少行为问题的发生。如果某些背景因素很难消除或减少,可以消除、减少、修改或分散引发行为问题的立即前事。当背景因素无法控制时,可以在活动中加入愉悦的刺激,做暖身活动,安排儿童感兴趣的活动,做一些放松性的活动,以营造积极的社会情境,带动正向的情绪,达到缓和背景因素的效果。

(四)反应中断策略

有些行为问题发生之前会有明显的先兆,教师可以在发现这些先兆的时候,采取反应中断策略,打断行为的连锁。反应中断可以通过以下四种方式进行:第一,言语暗示,比如儿童上课时经常用手挠脸,教师可以告诉儿童"手放桌子上",来阻止行为问题的持续发生;第二,促进沟通,有时儿童行为问题的产生多是因为沟通能力有限,无法表达他内心的需求和感受,因此可以通过与儿童沟通将他的想法说出来;第三,刺激转换,在行为问题或其先兆出现时,突然呈现一种强烈的刺激,或是转变现有的刺激状况,以此中断行为问题或暂时减少它的频率,并利用这一段时间引进其他行为处理策略;第四,动手阻止,当儿童有自伤或伤人行为发生的先兆时,教师可以动手阻止行为问题的持续产生。

二、生态环境改善策略

行为问题是儿童与环境互动的结果,对行为问题的干预也应从环境入手。通过功能评量发现,生态环境的改善也能促进儿童产生良好行为。可以通过改变他人对儿童的态度,为儿童营造温暖与支持的环境,为儿童提供参与活动的机会以及加强对环境的控制与选择权等方式,改善其生态环境(钮文英,2016)。生态环境改善策略和前事控制策略的不同之处在于,前事控制策略是针对特定、小范围的立即前事和环境背景因素做干预,属于短期预防;而生态环境改善策略则是针对大范围的环境背景因素做干预,属于长期预防。

(一)改变重要他人的态度来支持儿童

微观系统中重要他人,乃至于外观系统中邻里和社区民众,宏观系统中的社会大众,对特殊儿童所持有的态度,都会影响其社会角色,更会间接影响其行为。因此,一方面要改变重要他人对"障碍"的负面态度,以及对儿童的不适当期待,比如,某儿童是智力障碍儿童,不能因为其能力很弱就只教一些非常简单的认知目标;另一方面也要改变重要他人对儿童的行为表现,比如,在班上一名孤独症儿童小花因为害怕人多,出现自伤行为,其他小朋友今后可能会疏远小花,这时教师可以提前告知班上其他小朋友小花的情况,其他小朋友在了解小花之后再去接纳、包容和支持她就容易很多。

(二)为儿童营造温暖与支持的环境

教师营造温暖与支持的环境,会增进特殊儿童与健全儿童的关系,提升他们心理和情绪的安全感,进而减少行为问题。具体而言,教师可以表现正向的情感,比如热情、面带微笑,多注意特殊儿童的优势并鼓励他们的努力和进步,这样可以促使特殊儿童往赞赏和鼓励的方向前进。

（三）提供儿童参与活动的机会与选择的权力

特殊儿童较少有机会参与符合其年龄的活动,教师可以提供他们参与活动的机会。对于学前特殊儿童而言,休闲娱乐活动最好是多元化的,要符合其年龄,并且能与健全儿童融合。对于有生理或认知困难的儿童,如果无法独立参与,可以在他人的协助或提示下参与。特殊儿童较少有机会做选择和决定,教师应尽量提供其选择与控制的机会。前事控制策略中表述的提供选择的机会,是指提供选择特定课程或作业的机会,此处是指在更为广泛的日常生活中,也应为特殊儿童提供选择与控制的机会。

三、行为教导策略

前事控制和生态环境改善策略,虽然在一定程度上可以减少或防止行为问题的产生,但这些都只是暂时的预防措施,长远看来,最终还是要教导儿童采用良好行为去替代或控制行为问题的产生。对儿童而言,需要教导的行为有与行为问题功能相同的替代技能,有调整负面情绪的能力、问题解决技能和等待的能力,还有沟通能力、社交技能和自我决定能力。从行为主义、认知主义、认知行为主义和自然取向四种理论入手,均有不同的教导策略(钮文英,2016)。

（一）行为主义的教导策略

以行为主义为理论基础的常用的教导策略有示范、提示、塑造和连锁四种。示范,是指儿童观察并模仿他人展现的言行,而增加或改变其原有行为的学习过程,其主要目的是协助儿童学习尚未习得的言行,也可以鼓励儿童表现已学会的行为,以取代行为问题。提示,当前事发生后教师提供额外的线索和辅助,以帮助儿童表现出良好行为。在提示后期将加入时间延宕策略,逐渐去除提示,即在前事刺激呈现和给予提示之间加入时间,可以由刚开始的0秒(立即提示)逐渐延长到3秒或5秒(依儿童能力及其任务难易度而定)。塑造,是以区别性强化的方式逐渐塑造出最终的目标行为。连锁,将包含多重步骤的行为,经过工作分析形成有序的步骤,儿童经由学习将多重刺激与反应连接成一个行为连锁的过程。

（二）认知主义和认知行为主义的教导策略

以认知和认知行为为理论基础的常用的教导策略有社交故事、心智理论和自我管理三种。社交故事,父母或教师用文字叙述特殊儿童感到困难的社会情境,并撰写成故事,故事中会描述特定情境中的社会线索,以及环境要求的适当反应。心智理论,推论他人的心智状态,比如信念、愿望和意图等,并且使用这些讯息解释、了解或预测他人想法或行为的能力。自我管理,包含选定一目标行为,自我观察并记录该行为的发生与否(自我监控),以及自我强化等一系列行为。

（三）自然取向理论的教导策略

自然取向理论常用的教导策略包括功能性沟通训练(包括图片交换沟通系统)、关键反应训练、环境教学法三种。功能性沟通训练,教导儿童运用适当的沟通技能,以表达他的需求,也就是让行为问题无效,让沟通技能发挥功能,以减少行为问题的发生。功能性沟通训练教导的沟通方式并不局限于口语,还包括替代性沟通方式,如手语、手势、实物、照片、动作、脸部表情等。除了替代性沟通的教学外,杜兰德(Durand)主张运用辅助科技协助沟通,即扩大性沟通,扩大性沟通与替代性沟通常被一起使用,两者合并称为扩大和替代性沟通系统(augmentative and alternative communication,AAC)[①]。图片交换沟通系统(the picture exchange communication system,PECS),即采用图片进行沟通交流的方式以促进儿童与环境间有意义的互动,属于功能性沟通反应训练中的一种。关键反应训练,教导儿童掌握关键技能就能促进儿童其他能力的提升,关键技能包括动机、多重线索反应、自发行为、自我管理和同理心五个方面。环境教学法,提倡在自然情境(包括学校、家庭或社区)中促进儿童语言能力的提升,将语言作为沟通工具,将沟通能力作为主要的教学目标,还非常重视双向沟通。

四、后果处理策略

后果处理策略是指在行为问题出现后,紧随其后立即给予或撤除一个刺激,使行为问题的功能无效,促进良好行为的产生。常采用的后果处理策略有强化正向行为的效果、提示正向行为、减弱行为问题的效果(钮文英,2016)。

(一)强化正向行为的效果

当儿童表现正向行为后,应采取措施维持良好行为的持续发生。要想强化正向行为,可以在行为之后立即给予喜爱刺激,也可以在行为之后立即去除厌恶刺激。在强化正向行为的过程中,还可以借助代币制来增加正向行为的发生率。比如,课堂上每当儿童表现正向行为,就给予代币,儿童课后依据代币换取强化物。

(二)提示正向行为

当儿童表现出行为问题的前事时,教师可以采用提示的方式引导儿童表现出正向行为;也可以采用矫正性回馈,即在行为问题出现后,教师用语言描述儿童应如何表现出正向行为,在此过程中有时会重新下指令;还可以赞美和提示其他人表现的正向行为,从而达到促进特殊儿童表现正向行为的目的。

(三)减弱行为问题的效果

减弱行为问题的效果,其核心是让行为问题和后果间不产生关联,让儿童耗费了很大的时间和精力,仍无法获得他想要的结果(可以采用忽略的方式进行干预)。忽略主要是针对无伤害性、只为获得注意的行为问题,教师可以采用有计划的不理会的方式应对。当行为问题出现后得到不愉快的结果(包括自然后果和逻辑后果),也可以大大减少行为问题出现的频率。自然后果是指当儿童出现行为问题时,得到自然惩罚,比如"打翻牛奶,则没有牛奶喝"。逻辑后果是指当儿童出现行为问题时,教师给予和行为问题相关联、合理和具有教育意义的不愉快的后

---

① 　DURAND V M. Functional communication training using assistive devices:Effects on challenging behavior and affect[J]. Augmentative and Alternative Communication,1993,9:168－176.

果,特别应用在儿童的行为问题无法获得自然后果,而且已造成其他人受伤害或环境遭损坏的情况下。与之相关的方法有反应代价、隔离、回归原状和过度矫正。如小青上课的时候总是晃动凳子,打扰到其他同学上课,反应代价是扣掉小青上课回答问题获得的小红花;隔离是让小青到墙角去站着;过度矫正则是让小青课后在办公室晃动凳子一节课。回归原状一般是对环境进行破坏后恢复原状,如小青总是随意丢垃圾,老师让他把垃圾捡起来扔到垃圾桶里,保持地面干净。

五、其他干预策略

前面的干预策略主要涉及行为主义、生态学理论、认知主义和认知行为主义。除此之外,还可以从生物模式、人本主义和心理教育理论三个角度入手,对学前特殊儿童的行为问题进行干预(钮文英,2016)。

(一)生物模式的干预策略

如果儿童的行为问题是由生理问题或精神症状引起的,则可以考虑采用药物进行干预。儿童精神科常用的药物类型包括中枢神经兴奋剂、抗忧虑症、抗癫痫药、抗精神症药、镇静剂或抗焦虑剂等。部分特殊儿童有营养和饮食失衡,或是对某些食物有代谢困难的问题,这就需要对营养和饮食进行控制。

(二)人本主义的干预策略

人本主义的干预策略强调提供温暖、尊重、接纳与支持的环境,正向的学习经验,通过积极聆听、认真观察儿童的需求,进而发现解决问题的方法。在了解特殊儿童有哪些需要未被满足时,可以教导儿童满足自我需求的恰当方法,或改变环境以满足儿童需求。此外,教师与儿童间的互动要基于尊重和接纳,要对儿童的需求及时做出回应,并不是劝告、说教和制止,以建立良好的沟通渠道。

(三)心理教育理论的干预策略

心理教育理论主张采用各种方式帮助特殊儿童认识自己,了解自己的需求,从而提升其能力。该理论认为,可以借助各种媒介,以表达出自己的情绪和感受,进而改善行为问题。常用的媒介有游戏、音乐活动、美术活动、创造性的动作、舞蹈和身体活动、角色扮演、戏剧活动和文学活动等。

第三节　特殊儿童常见行为问题及干预策略

特殊儿童行为问题的表现形式多种多样,教师利用功能行为评估掌握其行为功能后,可以运用积极行为支持的方法从生态环境控制、立即前事控制、行为教导和后果处理四个方面进行干预,也可以结合人本主义、认知主义、认知行为主义等角度运用其他方法进行管理。本节主要对特殊儿童常见的刻板行为、自伤行为、攻击行为、情绪行为、难以静坐和注意力不集中等行为问题的干预方法进行详细阐述。

一、刻板行为

(一)刻板行为的概念

刻板行为主要是指无明显社会意义或很少具有社会意义的一系列重复、不间断的行为(朴永馨,2006),包括语言或言语的重复刻板和动作的重复刻板。其中,动作重复刻板是一种重复性的无目的的身体运动,该类行为表现为持续不变的、仪式性的运动或特异的姿势,如来回奔跑跳跃、身体晃动、用脚尖走路等(Rojahn et al.,2000)。研究者认为,刻板行为发生主要有三方面原因:其一,特殊儿童大多时间无所事事,用刻板行为来获得感官上的满足;其二,特殊儿童面临学习任务难度大或者任务多等情况,以刻板行为的方式来摆脱厌恶的情境;其三,特殊儿童想通过这些方式获得他人的关注(李艳,2009)。刻板行为的干预策略主要有积极行为支持和感觉统合训练两种方法。

(二)刻板行为的教育训练方法

1.积极行为支持

积极行为支持,以应用行为分析为理论依据,强调对情境和前提事件、行为结果进行控制,并依据儿童交际需要和能力选择干预的方法,强调改变儿童的周遭环境。该方法基于行为问题的功能,实施个别化教育策略,可以有效减少特殊儿童的行为问题,增加适当行为,促进儿童的健康发展。从已有实证研究来看,采用积极行为支持对学前特殊儿童刻板行为进行干预,主要从前提事件、行为教导策略和后果事件三个方面开展,其中生态环境改善和立即前事的改变均归纳到前提事件中。

1)前提事件

前提事件的控制,通过控制或改变可能引发行为问题的环境来降低其对行为的影响,从而达到减少行为问题的目的。在前提事件的训练方法中,有环境调整(包含结构化教学)、非后效增强、反应中断及转移等方法。此外,在活动中给予提示、给儿童选择的机会、对课程做个别化的调整、鼓励儿童运动和调控环境机制等策略,均能有效减少儿童的刻板行为。

(1)环境调整。该策略强调对产生行为问题之前的环境进行调整。比如调整教学目标,降低学习的难度,以儿童能力为中心设计符合儿童水平的目标;发出指令后教师及时给予辅助;提供儿童能参与到教学活动中的机会;提供明确的要求和指令,使用便于儿童理解的方式,可以降低行为问题发生的概率(黄伟合,2003)。

结构化教学法以儿童的认知能力、兴趣爱好以及需要为出发点,通过对环境进行调整来提高儿童的行为管理能力,主要包含作息时间结构化、物理环境结构化、视觉结构化和工作制度结构化(徐小亲,2005)。潘文娟(2017)在研究中结合个案分析法、访谈法,对5名儿童一年内的重复刻板行为情况进行追踪调查,结果显示他们的重复刻板行为发生频次都有所降低,维持时间也显著减少。

(2)非后效强化(noncontingent reinforcement,NCR)。非后效强化是指,如果儿童的行为问题是为了获得强化物,则可以在行为问题出现前,给予强化物,从而减少行为问题的发生。有研究显示,运用非后效强化结合中断或反应代价,能取得更为显著的干预效果。法尔科马塔(Falcomata)等(2014)在使用 NCR 没有得到期望效果后,结合反应代价的方法,先给儿童提供喜欢的玩具,之后儿童一旦出现刻板行为就没收玩具,结果成功地控制了特殊儿童言语刻板行为的发生。

(3)反应中断及转移法(response interruption/redirection,RIRD)。反应中断及转移法是指,在儿童出现刻板行为时立即提供与刻板行为不兼容的刺激以打断其发生,并引导儿童表现出良好行为。当一名儿童出现言语刻板行为时,立即呼唤儿童名字并向儿童提问,如"你叫什么?",或要求儿童执行某一熟悉的指令,如"拍手",以阻断刻板行为的继续发生。反应中断及转移法通过下指令的方式,转移儿童的注意力,由此在中断行为问题的同时表现出良好行为。研究者发现儿童在接受反应中断及转移法的教育训练之后,其刻板行为均有很大程度的降低,并且良好行为有所增加。

2)行为教导策略

行为教导策略,即教导儿童采用恰当的方式获得强化物、去除厌恶刺激或者控制行为问题的产生。减少特殊儿童刻板行为常用的行为教导策略有功能性沟通训练、替代行为训练、社交故事法和自我管理等方法。

(1)功能性沟通训练。功能性沟通训练对于语言能力比较弱,但理解能力较好的儿童更为适用。在使用该策略时,可以教儿童一些简单的具有功能性的单字、词进行沟通;如果儿童的口语能力太弱,不能进行简单的沟通,则可以采用字卡的方式进行替代沟通。例如,儿童总是表现出边跳边晃手的行为,假如其功能是为了表达上厕所的需求,则可以教导儿童在想上厕所的时候,说"厕所";如果儿童语言能力较弱,可以用写有"厕所"的字卡或者是小朋友在洗手间的图卡替代行为问题,来表达出自己的需求。

(2)替代行为训练。替代行为训练,即依据行为问题的功能,教导儿童采用恰当的方式获得相应的需求或减少厌恶刺激。如儿童总是在双手无事可做的时候(任何情境)弹手指,其功能为手指动觉刺激的自动强化。这时可以教导儿童,当他想要表现出弹手指的行为时,可以用按摩刷刷手指尖,或者用手指比画 1~10 的数字,以这种恰当的行为替代刻板行为。

(3)社交故事法。社交故事法,即教师、家长或专业人员根据一定的社会情境和社会行为规则所编写的一种教学策略,旨在帮助特殊儿童了解社会情境,并学会处理社交中的问题。社交故事的编写有五大句型,分别为:描述句,描述情境发生的背景,也是客观事实的句子;观点句,关于自己或他人想法、感觉的句子;指导句,当儿童遇到问题或困难时,可以采取的反应或选择;肯定句,强调普遍的价值观或规则,肯定某项行为对儿童具有安抚和提醒的作用;控制句,帮助儿童控制自己的不当言行。社交故事的编写有以下四个步骤:首先,确定需要干预的行为问题与所发生的情境;其次,按照格雷(Gray)提出的十项原则进行初步编写;再次,让教师、家长对社交故事初稿的遣词进行修改;最后,对社交故事的每一句句型进行界定、修改和分类,最终形成完整的社交故事再对儿童实施教学。贾婉莹(2018)采用单一被试实验设计,对两名孤独症儿童进行了41天的干预,结果显示社交故事对儿童排队的刻板行为有良好的改善作用。

(4)自我管理。自我管理,即儿童应用行为改变策略以达到想要的行为改变。自我管理包含目标设定、自我监控(包括自我记录)、自我评估和自我强化四个阶段,各个阶段具体如表6-2所示。

表6-2 "自我管理"策略的实施步骤

阶段	步骤
目标设定	确定目标行为
	拟定行为契约
自我监控	选择适当的资料收集方式:实践记录法、时间记录法
	指导学生正确使用自我观察记录表
	提供学生正确的自我监视
自我评估	确认行为样本的可靠性
	师生共同拟定短期目标
	指导学生评估如何使用自我评估表
	提供学生熟练使用自我评估的机会
	学生可独立执行自我评估的任务
自我强化	确认自我评估的正确性
	师生共同决定增强标准
	指导学生选择自己喜欢的强化物
	指导学生如何进行自我增强
	提供学生熟练自我增强的机会
	学生可以独立执行自我增强的任务

自我管理策略在减少或消除重复刻板行为方面具有两大潜在优势:一是自我管理策略可影响无法借由外在执行者改变的行为,如自我怀疑的想法、强迫的想法及忧郁的感觉等;二是自我管理策略可促进技能泛化到多种不同的自然环境中(Koegel et al.,1990)。王纯纯等人(2021)对国外13项采用自我管理策略减少孤独症儿童刻板行为的研究进行分析得出,自我管理策略对减少孤独症儿童重复刻板行为具有较好的效果。

3)后果事件

后果事件是指,对行为问题产生之后的结果进行调控以达到减少行为问题的目的。可以采用区别强化和反应代价的方法来干预特殊儿童的刻板行为,并能取得一定的干预效果。

(1)区别强化(differential reinforcement,DR)。区别强化,即运用强化和消退原理来提高良好行为的出现频率,降低行为问题的出现率。当儿童表现良好行为时给予强化,儿童表现行为问题时采用消退,需要注意,采用消退的前提是该行为在干预之前因强化(正强化、负强化和自动强化)而维持。对于具有感觉性正强化功能的行为问题,结合替代性行为训练,选用与其功能相同或者相似的替代行为,可以达到更好的效果(李艳,2009)。比如,儿童咬衣服的行为是为了获得口腔刺激,就让儿童咬磨牙胶来代替。当儿童出现咬磨牙胶的行为时给予强化,出现咬衣服的行为时则不强化。

(2)反应代价(response cost,RC)。反应代价属于负惩罚中的一种,当行为问题出现后,剥夺儿童一定数量的强化物,以减少行为问题今后在类似情境下发生的可能性。例如,儿童一看到在工作的立柜式空调,就会上前将空调出风口的百叶合上。对于这样的刻板行为,教师可以与儿童建立规矩,当他在园中每半个小时没有出现行为问题就可以获得一朵小红花,如果出现一次合空调百叶的行为,就扣掉两朵小红花。每天下午放学时根据小红花的数量换取强化物,数量越多,挑选到儿童最喜欢物品的概率越高。

2.感觉统合训练

感觉统合训练是利用儿童发育过程中神经系统的可塑性,通过听觉、视觉、平衡觉、空间知觉等方面的训练,刺激大脑功能,使儿童能够统合这些感觉,促进脑神经生理发展,并能做出适应性反应。加布里(Gabriel)等学者(2008)以70名孤独症儿童为研究对象,以年龄和智商作为控制变量,采用刻板行为评估表和感觉量表进行评估,分析其得分,发现两者之间存在高度相关性,即严重的刻板行为与感觉反应异常存在着显著相关。贝克(Baker)等学者(2008)认为孤独症儿童表现刻板行为或带有攻击性反应的原因有三个:一是获得或逃避感觉刺激;二是为达到自身的平衡状态;三是为了调节感觉系统。这三大原因都与感觉反应有关。

基于刻板行为和感觉统合能力间关系的假设,丁芳玉(2011)使用感觉统合训练提高孤独症儿童处理感觉信息的能力。研究采用单一被试实验设计,以个训的形式对两名学龄前孤独症儿童的刻板行为进行为期三个月的感觉统合能力训练,通过比较基线期、干预期和维持期的数据,探讨孤独症儿童的感觉统合能力(得分为自变量)与刻板行为(得分为因变量)之间的功能关系。结果显示,两名儿童的感觉统合能力均有所提高,以触觉功能和前庭功能进步最为明显。研究最终得出,感觉统合能力与刻板行为之间存在联系,感觉统合训练在一定程度上能够改善学龄前孤独症儿童的刻板行为。

二、自伤行为

(一)自伤行为的概念

自伤行为,即由于某种原因伤害自己肢体的畸形行为,一般不导致死亡,主要表现为殴打自己,咬或者吮吸、抓、戳、捏、掐身体的不同部位(朴永馨,2006)。有学者将自伤行为归纳为11种,分别是打自己、咬自己、用自己身体撞击地面或物体、把手指伸入除嘴以外的身体开口处、撕扯头发或皮肤、抓自己、拔头发、用物体打击自己、戳眼睛、拔下手脚趾指甲、拔牙,其中打自己和咬自己的发生率居前 2 位,分别为 93% 和 80%(Martin et al.,2006)。研究者多采用积极行为支持的方法进行干预,此外有研究者采用注意力转移的方法进行实证研究,证实了该方法的有效性。

(二)自伤行为的教育训练方法

1.积极行为支持

采用积极行为支持的方法对学前特殊儿童自伤行为进行干预,多从前事控制、行为教导和后果处理三个方面进行(金黎明 等,2023;修云辉,2019)。但对不同功能的自伤行为,训练方法略有差异:基于负强化(逃避)功能的自伤行为,多采用前事控制和后果处理进行训练;基于获得强化物功能的自伤行为,多用行为教导的方式进行训练;基于自动强化功能的自伤行为,多采用前事控制和行为教导进行训练。

(1)前事控制。前事控制策略,即通过控制或改变可能引发行为问题的环境因素来弱化其对行为的影响,最终达到减少问题行为发生的目的。例如,儿童因任务过多、过难而出现自伤行为,则要分解任务,把活动难度降低,多提供给儿童成功的体验,增强儿童的自信心,从而减少自伤行为的发生。如果儿童发生挖眼行为的主要功能是寻求感官刺激,则可以通过给儿童增加竞争性视觉刺激(比如看色彩鲜艳的绘本),来减少自伤行为。另外,还可以采用给儿童戴耳罩、护目镜的方式,降低或中断听觉刺激、视觉刺激,以达到减少自伤行为的目的。

(2)行为教导。行为教导策略主要是通过对特殊儿童进行弥补性的行为训练而增加适当行为,从而达到减少问题行为发生的目的。对于为获取关注或实物而维持的自伤行为,行为教导时多采用功能性沟通训练和延迟满足的策略来培养儿童用恰当的方式获得强化物。如西格弗斯(Sigafoos)等(1996)对两名孤独症儿童的自伤行为进行干预,通过鼓励儿童说"我想要"、轻拍老师的手来获取喜爱的物品和老师的关注。还有研究者根据儿童的语言水平,选择适合其沟通的方式进行训练,语言能力好的儿童用言语的形式表达"我想要"来获取物品,语言能力弱的儿童用食物卡片的方式表达想要食物的需求(Falcomata et al.,2007)。

(3)后果处理。后果处理策略,即通过对行为问题产生的结果进行调控以达到减少行为问题的目的。对特殊儿童自伤行为的后果处理,主要采用反应中断和区别强化策略。例如,特殊儿童发生用头撞墙的自伤行为,教师需要立即阻止该行为,使其不能继续进行下去。儿童有用橡皮筋弹手的自伤行为,教师可以区别强化不相容行为,即让儿童表现出与其自伤行为不能同时进行的行为(如写字、背手坐好等),并立即对其良好行为进行表扬。

功能性行为评估与教育训练之间是不断循环、相互制约的关系,因此教育训练要想达到显著水平离不开可靠的评估。由于自伤行为的复杂性,造成有些儿童的自伤行为很难通过功能性行为评估的办法来进行分析。对于有严重自伤行为的儿童,还需注意以下两点。一方面,自然情境下的研究有一定的困难,因为所观察到的行为的增多或减少很可能与其他一些没有进行或无法控制的因素有关,如情绪的不同、睡眠的改善、饮食的改变等。另一方面,自伤行为是一种带有极大危险性的行为,而功能性行为评估却要求在一定的情境下允许这种行为的继续,这对于有严重自伤行为的儿童而言是不太适合的,有可能会造成严重的伤害。因此,在处理学前特殊儿童自伤行为时,需要格外注意方式方法,切忌为获得行为功能出现伤害儿童的情况。

2.注意力的转移

注意力转移法,即将自己的注意、思想和行为转移到其他方面。其在医学和心理学上运用较多,作为一种疼痛控制方法,具有无痛苦、无不良反应、使用简单和方便等特点,是干预者可以独立提供的辅助性治疗措施。心理学上,注意力转移可以减少心理压力和缓解不良情绪。张洋(2013)采用单一被试实验研究中的倒返实验设计,对两名具有自伤行为的孤独症儿童进行训练。通过功能分析发现两名儿童的自伤行为是为获得感官刺激,然后研究者运用注意转移策略对两名儿童的自伤行为进行训练,结果表明注意力转移策略能够有效减少孤独症儿童的自伤行为。

三、攻击行为

(一)攻击行为的概念

攻击行为,即攻击者有意伤害他人,对他人身体、心理、财物等带来损失或伤害,且不被相关社会标准或准则所认可的行为。攻击行为具体表现为身体攻击、言语攻击、恃强凌弱及破坏行为三类(林云强 等,2012)。身体攻击是指一些不合适的身体接触行为,如打人、咬人、抓人、推搡捏拧、拳打脚踢、向他人吐口水、用头顶撞及拉扯他人头发等;言语攻击包括骂人、讥讽奚落他人、口头威胁、挑衅抨击及取笑同伴等;恃强凌弱及破坏行为,如故意破坏他人物品、抢夺他人玩具、扔砸东西、撞击课桌或门窗等。攻击行为可能出现频次不高且持续时间较短,但一旦出现后果比较严重。对特殊儿童攻击行为进行干预的方法较多,有积极行为支持、沙盘游戏、图片交换沟通系统、家长执行干预和视频反馈等方法。

(二)攻击行为的教育训练方法

1.积极行为支持

积极行为支持是应用行为分析领域的一个分支,在功能性行为评估的基础上,运用强化的方法帮助儿童发展积极行为,改变影响其行为问题的环境,来减少或消退行为问题,以增加积极行为。肖艳林等(2018)、任会芳(2018)均运用积极行为支持的前事控制、行为教导和后果处理三个方面来减少孤独症儿童的攻击行为。

(1)前事控制。功能评估认为行为问题与当前情境因素直接相关,系统控制环境因素可以避免或减少攻击行为。肖艳林等(2018)的研究中采用的方法有:调整座位,将孤独症儿童小黄调整到不太敢攻击的同学旁边坐;调整教学,选择适合小黄的教学内容,运用图片或者实物教小黄认识常见物品,从而掌握一些生活中的常见技能,且课堂中还会加入一些动态的元素或者有节奏的元素,动静结合,寓教于乐;给予辅助教学,由专门的辅助教师对特殊儿童进行辅助教学,对他们的学习提供帮助;增加小黄与同学互动的机会,提高他对学校生活的适应,帮助他改善与同学、老师的关系;改善生态环境,家长平时多陪伴孩子,增进亲子间的感情,老师平时也要多关注孩子,上课和孩子要有目光对视,有善意的提醒,也要有温暖的牵手、拥抱,让小黄充分体会到很多人在关注他,满足他情感上对爱的需求,这样儿童采取行为问题的方式获取关注的概率就会减少。此外,万蓓(2007)以两名具有捶打、拽头发行为的智力障碍儿童为研究对象,通过降低作业任务难度以符合儿童能力,有效降低了两名儿童的攻击行为。昝飞等(2007)对一名具有打头、乱扔东西行为的孤独症儿童进行干预,通过调整教学环节(课程中穿插一些有趣味性的动手活动),儿童的打头和扔物行为显著减少。

(2)行为教导。行为教导,即教导与攻击行为具有相同功能的正向行为,包括替代技能和一般适应技能,使儿童更能适应问题情境,以预防攻击行为并提升生活品质。对特殊儿童的攻击行为,可以采用替代性沟通训练和社交故事引导儿童表现良好行为。肖艳林等(2018)教导小黄运用图片和手势语的方式与他人沟通,采用社交故事法引导小黄表现吸引他人注意力的恰当方式。勾柏频等人(2017)以三名具有抢夺物品行为的听障儿童为研究对象,通过讲授示范、模拟情景的方式将举手沟通行为教导给三名儿童,有效降低了其攻击行为。

(3)后果处理。后果处理,即在攻击行为出现后,立即干预使攻击行为无效,建立良好行为的有效性。在肖艳林等(2018)的研究中,当儿童小黄表现出适宜行为时立即给予表扬;在后果处理中还结合了代币制进行训练,当小黄表现出良好行为时可以获得代币,课程结束后可以用代币换取强化物,表现出攻击行为时则将通过反应代价失去获得的代币。黄亚丹(2020)采用代币制的方式,对一名有咬人行为的智力障碍儿童进行训练,当儿童表现了咬同学的行为后,就扣除其代币,并且在课间不能玩漫步机,结果表明该方法可以有效减少该儿童咬人的行为。

2. 沙盘游戏

沙盘游戏又称为箱庭疗法,即用柔软细腻的沙子、蓝色底的沙箱和不同种类微缩模型的沙具进行干预。游戏过程中由儿童主动、随意选取沙具摆放到沙箱中,展示出内心的场景;之后沙盘师通过象征、无意识、治愈机制等理论对沙盘作品进行观察和分析。沙盘游戏具有无须语言、无须解释的特点,儿童通过摆放微缩模型,达到自我感受、理解、转化和治愈的功能。胡楠(2020)采用沙盘游戏对两名频繁出现攻击性行为的孤独症儿童进行干预,结果显示,沙盘游戏可以减少孤独症儿童的攻击行为,同时还能提高孤独症儿童的认知、情感、语言能力,促进孤独症儿童的社会性发展。

3. 图片交换沟通系统

图片交换沟通系统于1985年由美国学者邦迪和弗罗斯特设计开发,是一套旨在帮助重度、无口语的孤独症以及沟通障碍儿童利用图片来交换物品和表达需求的沟通辅助系统(胡晓毅 等,2016)。自1990年起,图片交换沟通系统在美国重度孤独症儿童的教育训练中得到广泛应用,取得了积极有效的干预结果,能够明显增加孤独症儿童的功能性沟通行为和社会交往,提升其共同注意力,同时降低其行为问题的出现率。胡晓毅等(2014)采用单一被试的跨情境跨行为多基线设计,对一名四岁重度孤独症幼儿进行图片交换沟通系统干预,结果表明,图片交换沟通系统产生了积极效果,孤独症儿童表达需求的行为明显增加,而其攻击行为也随之减少。

4.家长执行干预

家长执行干预(parent-implemented intervention)是一种以家庭为中心的训练方法,也可称为以家长为中介的干预,是指家长在专业人员指导下掌握某些干预策略,对儿童行为问题实施训练,从而改善其行为质量并提高家长教养能力的家庭训练方法。其针对的群体通常是具有特殊需要的儿童及其家长(朱晓晨,2013)。侯婷婷等(2016)对 21 篇实证研究进行梳理、分析后认为,家长执行干预可以有效减少孤独症儿童的攻击行为。

阿加齐(Agazzi)等人(2013)采用了家长执行的亲子互动疗法(parent-children interaction therapy,PCIT)对一名 7 岁孤独症儿童的攻击行为进行干预,结果证实了该方法的有效性。PCIT 是为 2～7 岁儿童编制的有实证支持的标准化家长训练方法,目的在于增加儿童的正向行为,减少行为问题,并增强家长对儿童行为的管理技能。整个干预过程为 15 周,研究者每周对儿童父母进行 1 次指导,每次指导时间为 1 小时。培训分为以儿童为导向的互动和以家长为导向的互动两个阶段。第一阶段中,研究者教授家长奖励、反馈和模仿等积极的家庭教养策略,忽视儿童的不恰当行为,强化儿童的亲社会行为,重点是建立良好的亲子关系。每周指导结束后家长要完成“课后作业”,使用所学策略对儿童进行训练并用录像记录,达到标准后才可进入第二阶段。第二阶段中,研究者教授家长有效的行为管理策略,重点是在儿童表现出行为问题时家长应该如何实施有效干预措施,通常在培训过程结束后,就会让家长进行实践练习。家长运用所学的方法独立对儿童进行训练,为保证观察数据的一致性和干预的有效性,研究者会安排家长(父亲和母亲)同时对干预情况(包括儿童攻击行为和恰当行为发生的次数、行为发生时的环境因素等)进行记录。家长对儿童进行干预期间,研究者要定期或不定期提供专业指导,就训练中出现的问题与家长进行讨论并提出解决方案。

5.视频反馈法

视频反馈法是一种借助视觉支持的干预方法,它与录像示范法类似,都要运用录像完成干预。但录像示范法是呈现行为榜样进行观察学习;视频反馈法是通过呈现实际行为的录像进行探究与反思学习。视频反馈法是对儿童的某一特定行为表现情况进行如实录像,随后儿童通过观看录像,判定行为的好坏,以认识到自己的不足之处并进行反思,从而决定调整及改善行为的过程。李艳芳(2019)运用单一被试实验中的 A-B-A 设计,采用视频反馈法(觉察到自己即将发生攻击性行为的情境,采用自我控制策略对攻击性行为进行控制),对一名重度智力障碍儿童进行了为期 8 周共 16 次一对一形式的攻击性行为自我控制训练。结果表明,视频反馈法可以有效改善中度智力障碍儿童攻击行为,且具有较好的立即成效、维持成效和泛化成效。

恩伯瑞(Embregts,2000)以六名轻度智力障碍儿童为研究对象,采用跨个案多基线实验设计对其不当社会互动行为(如大喊大叫、咒骂等)进行教育训练,在干预过程中,利用视频反馈与自我监控策略相结合的方式对不良社会互动行为进行干预。其主要程序包括：①对六名儿童的不良社会互动进行录像；②让儿童观看自己的录像，并记录视频中自己不当行为发生的次数；③与儿童讨论正确的社会互动方式，并以此为标准评估自身的行为；④允许儿童对自己表现出的正确社会互动行为进行自我强化。结果显示，六名智力障碍儿童的恰当互动行为明显提升，不良社会互动行为发生频率均呈现出大幅下降趋势，并且具有较好的维持和泛化效果。

四、情绪行为问题

(一)情绪行为问题的概念

美国的《障碍者教育法》称情绪行为问题为情绪困扰，是指至少具备以下一种行为特点，且影响教育明显而持续的状态：①学习能力低下，但与健康因素、感官和智力障碍无关；②不能与人正常相处；③无法调试出恰当的情绪和做出正常的行为反应来应对一般环境；④长期伴有不开心或抑郁的心情；⑤遇到问题时易出现生理反应或恐惧(朴永馨,2006)。对情绪行为问题进行训练的常用方法有积极行为支持、新型互动教学法和音乐训练，其中积极行为支持的概念与方法见本小节刻板行为部分。欧玉玲等(2022)对三名孤独症儿童的情绪行为问题，如生气后大叫，推桌椅、掐人、打人，严重时会搬起椅子砸人的行为进行训练，研究结果显示，采用功能行为评估的方法，能有效分析出儿童情绪行为问题的功能，据此形成积极行为支持的方法，可以有效改善孤独症儿童的情绪行为问题。以下将重点对新型互动教学法和音乐训练进行阐述。

(二)情绪行为问题的教育训练方法

1.新型互动教学法

传统意义上的互动教学法是指教学活动中教师与学生之间相互影响、相互促进、互为因果，达到不同观点碰撞交融，进而激发教学双方的主动性和探索性，以此提高教学效果的一种教学方法(杨瑞平,2003)。新型互动教学法与传统意义上的互动教学法相同的是都注重师生互动与交流，最人的不同在于前者是以交谈的形式来确定课题、阐述理据、示范、实践、进行评价及外援性强化的系统化、互动式教学方法(Leaf,2009)。

王周专(2015)采用新型互动教学法对一名孤独症儿童小蓝的情绪行为问题进行干预，小蓝的情绪行为问题是看到同学违反纪律或做错事情就会大声斥责同学，甚至是打同学；若是同桌上课时没有认真听讲，小蓝会用脚踢或用手掐同学；有其他班同学课间到班上玩，小蓝会脸色红涨，陷入紧张情绪中，随后出现大声地骂人或握拳打人、踢人，将人赶出教室的行为；课间休息时，小蓝会不断重复动画片中的对话，并挥舞拳头模拟打人；当有同学不小心碰到他或撞到他，他会立刻发怒，握拳打人。研究过程中，确定"和同学友好相处"这一课题目标；让学生理解一个良好行为发生的意义；老师向学生描述和示范良好行为的具体表现；让学生通过角色扮演进行练习，让其在实践中感知如何与同学友好相处；教师观察学生在实践中的表现，并及时给予行为的点评;对于高功能学生可以只给予语言赞扬,对于其他学生可以结合强化物进行强化。结果表明,新型互动教学法可以减少孤独症学生的情绪行为问题。但为了保证实施互动教学法的实效性,在教学中还需要注意控制教学单元的时长;使用恰当的语言,并使之有趣;开展自然的、个别化的教学。

2. 音乐训练

音乐训练,即利用各种形式的音乐体验对特殊儿童进行干预。音乐训练不是一个随机简单的音乐活动,而是有计划和策略的,它是一个科学系统的干预过程;音乐训练区别于其他形式方法的根本在于干预过程中融入了音乐体验;音乐训练需要音乐训练师、音乐和训练对象这三个要素。

多位研究者通过实证研究均得出音乐训练可以有效减少特殊儿童的情绪行为问题。陈佳等(2017)运用接受式与再创造式音乐训练对一名8岁孤独症男孩进行干预后,结果证明音乐训练对孤独症儿童进行情绪干预的效果非常明显,并且得出音乐训练适合任何文化环境下的孤独症儿童的结论。金野(2011)运用单一被试法,对一名10岁的孤独症男孩的尖叫行为进行了可视音乐干预的训练,再将该儿童放入一个六人集体中进行集体可视音乐干预,最终该儿童的不良情绪行为得到改善,恰当行为也得到增加。郭亚静(2019)采用音乐干预对三名孤独症儿童的情绪行为进行训练,研究得出音乐训练可以有效降低孤独症儿童的情绪行为问题,且具有较好的立即、维持和泛化成效的结论。

五、难以静坐

(一)难以静坐的概念

学前特殊儿童由于年龄较小,在幼儿园中容易出现不坐凳子和经常性离座两种情况。对于不坐凳子的小朋友,教师首先要建立起与儿童的信任关系,尽量减少或消除教师给儿童带来的压力和焦虑感。对经常性离座的儿童,可以尝试采用积极行为支持的方式引导儿童降低离座的频率。李利(2017)对特殊儿童离座行为进行功能分析,发现该儿童离座是为了获取强化物和逃避任务,于是采用积极行为支持中的前事控制(包括生态环境调控)、行为教导和后果处理对特殊儿童离座行为进行干预。结果表明,积极行为支持可以有效减少特殊儿童的离座行为。以下将详细介绍建立儿童静坐能力的方法,包括起身活动、地面活动和坐椅子三项任务的训练(中国残疾人康复协会,2019)。

(二)难以静坐的教育训练方法

1. 起身活动

起身活动是儿童的自然行为。教师要注意观察儿童喜欢什么样的活动,"跑""跳""旋转""背起",还是"拥抱"等,然后将这些活动变为儿童的"强化物"。教师可以在儿童游戏之后给予这些活动,在这一过程中,教师还可以加入简单的指令,一方面可以培养儿童听从指令的行为,另一方面也可以让儿童喜欢上与教师进行这些活动。

2.地面活动

地面活动是指坐在地面上的活动,这也是一个单一且非常自然的行为。一般情况下,只要不是要求儿童久坐,儿童都能够坐下来。教师可以在教室里的某一处铺一块地毯,设定那个地方是坐下来做练习的。当儿童被带到地毯上,给儿童"坐下"指令,教师同时示范和辅助儿童坐下,再与儿童玩玩具。注意在玩的时候,教师跟着儿童的方式玩耍。

3.坐椅子

坐椅子并不是一个自然行为,而是一个新建立的行为,教师可以采用塑造的方式建立儿童静坐的行为,并逐渐延长静坐的时间。

首先,只要儿童在椅子上坐下,就给予强化物,并且随时允许儿童离开椅子。其次,当儿童能随着指令在椅子上坐下时,可以慢慢延长儿童坐的时间。由开始的 30 秒→1 分钟→2 分钟→3 分钟→5 分钟,直到符合儿童年龄和水平的静坐时长。当儿童坐在椅子上时,教师要与儿童进行互动,到了规定的时间再给予强化物,并且随时允许儿童离开椅子。这一过程中,教师可以引导儿童坐在座位上,双脚放在地上,双手交叠放在桌子上坐好的常规,可以是肢体辅助,也可以采用同伴示范的方式教导。再次,当儿童能在桌面前静坐比较短的时间时,就可以给儿童发在桌面上操作的指令。指令一定要简短、清晰且具有可操作性,当儿童完成后给予强化物。完成一定数量的指令后,让儿童转移到地面,或起身做一些其他的活动,然后再回到桌面。最后,逐渐地增加儿童坐在桌前完成指令的数量,直到儿童每次在桌前能持续坐 20～30 分钟(最终目标根据儿童的年龄和能力进行确定)。

六、注意力不集中

(一)注意力不集中行为的概念

注意力不集中行为,又称为注意力分散行为、不专注行为、分心行为。昝飞(2013)指出,常见的注意力不集中行为有玩弄自己的衣物和学具、与同伴讲跟课堂无关的话、敲击物品发出噪音、无故站起来、在教室里随意走动、离开教室、发呆、做白日梦、玩课堂无关的物品等。何萍(2014)把注意力不集中行为界定为持续 10 秒以上不能将注意力指向教学活动或从事与教学无关的活动,包括注视墙壁或天花板、窗外,玩铅笔盒、书本、手指,打扰同桌等行为。徐芳(2011)认为注意力不集中行为指教学过程中儿童出现摆弄物品、打扰同伴及在座位上扭来扭去等行为。综上,注意力不集中行为指的是儿童在某活动上注意的时间比较短暂,容易受到外界刺激的影响与干扰。课堂不专注行为虽然没有危及个人与他人的安全与健康,但会影响到自己和他人的学习,长时间持续还会导致广泛的社交问题。

(二)注意力不集中行为的教育训练方法

1.积极行为支持

对学前特殊儿童注意力不集中行为的管理策略有积极行为支持、自我管理、游戏训练和可视音乐训练等方法。积极行为支持和自我管理的概念及运用方法,见刻板行为教育训练方法部分。徐芳(2017)运用积极行为支持策略,对三名注意力缺陷多动症儿童的课堂不专注行为,从前事控制(调整教学环境、提前给予关注、视觉支持策略等方式)、行为教导(培养规则意识)和后果处理(区别性强化)三个方面进行训练,最终有效提升了其课堂专注力。王洁(2015)采用"自我管理"策略对孤独症儿童课堂专注行为进行管理,采用单一被试中的逐变标准设计,得出"自我管理"策略可以有效提升儿童的课堂专注行为。以下将重点介绍游戏训练和可视音乐训练这两种方法对学前特殊儿童注意力的训练。

2.游戏训练法

游戏训练法属于心理疗法的一种,儿童可以在游戏中处于放松的状态,可以表露真情,发泄不愉快的情绪。教育者可以对儿童在游戏中的表现进行分析,解读出儿童目前存在的困难。游戏可以提高儿童的身体素质,增加同伴间的交往机会,其内容和形式多种多样。以下将介绍提升学前特殊儿童注意力的角色扮演游戏、自主游戏和民间游戏三种训练方法(于帆,2019)。

(1)角色扮演游戏。在进行游戏的过程中,儿童通过扮演不同的角色,创造性地对各种生活场景进行反应。角色扮演游戏具有很大的模拟性,儿童可以通过游戏接触自己感兴趣的事物,能够了解和学习许多社会常识,在不同的场景和情节中了解不同的社会常识,知识面也能得到拓宽,比在纯粹的学习中更能集中注意力。在角色扮演游戏中,家长可以设置各种突发情况,让儿童积极开动脑筋,处理和解决相关问题。

(2)自主游戏。自主游戏一向是儿童最喜欢的游戏,它对故事情节没有特别的要求。在一定的游戏环境中,儿童可根据自己的兴趣和需要,以快乐和满足为目的,自己选择、自主开展、自发交流地积极主动性活动。自主游戏能够让儿童自由发挥,其积极性、主动性能得到充分利用,创造力也会得到极大的开发,而创造本身就是集中精神操作的活动,因此可以使儿童做事情的专注力得到更好的培养。

(3)民间游戏。民间游戏多配有趣味性强、节奏感强的儿歌,可以为儿童提供良好的语言表达环境。平时不爱开口说话的儿童,在儿歌的感染下能够渐渐投入游戏中,不会因为怯弱、怕羞、胆小而分心。民间游戏种类繁多,比如"跳皮筋""荷花荷花几月开""跳绳""萝卜蹲""城门几丈高"等,能促进儿童走、跑、跳、钻等大肌肉动作的协调发展;"我是木头人"的游戏能发展儿童的自控能力;"钻山洞"的游戏能发展儿童反应的敏捷性。在做游戏的过程中,儿童的注意力会随着综合素质的提高而得到加强。

3.可视音乐训练

可视音乐训练(visual music therapy,VMT),是音乐训练的一种新方法,它以心理治疗的理论为基础,利用数字信号处理技术和声控动画技术,将音色、旋律、节奏、色彩、形状的变幻融为一体。在音乐、动画、灯光等多感官综合治疗要素的诱导下,使视觉和听觉系统有机结合,通过多重感官的刺激起到唤醒、促进、激励、抚慰、宣泄等精神心理作用,达到改变心理与生理指标、疏导过激情绪、改变不良行为的目的。江佳蓉(2009)采用可视音乐治疗将60名注意力问题儿童随机分为实验组和对照组两个组进行前后测,研究得出,可视音乐治疗对注意力问题儿童的选择性注意力和持续性注意力两大特性均有不同程度的提升。

综上所述,针对学前特殊儿童的行为问题,研究者多用积极行为支持的方法进行训练。即首先采用行为的功能评估,评估出儿童出现行为问题的原因,然后分别从前事控制、行为教导和后果处理三个方面拟定积极行为支持的具体方法。除此之外,研究者还探究出了感觉统合训练、沙盘疗法、游戏训练、可视音乐训练等方法,它们对特殊儿童行为问题的处理也有一定的成效。作为一名学前特殊儿童教育工作者,应熟悉以上行为问题的训练方法,以更好地促进特殊儿童融合教育工作的开展。

第四节　西安市学前特殊儿童行为问题的干预案例

本节以西安市某幼儿园一名特殊儿童的行为问题作为案例,从该儿童的行为问题、功能评估、干预方法三个方面进行详细描述,以便于我们更好地掌握和运用积极行为支持处理学前特殊儿童的行为问题。

一、儿童的行为问题

(一)基本信息

小可,男,5 岁半,智力障碍三级,伴有孤独症倾向。3 岁确诊至今,每天上午在幼儿园接受融合教育,下午在某机构接受两个小时的康复训练。小可出生时状况正常;无重大病情,有过敏性鼻炎,目前未定期服药;比较挑食,体型中等;健康状况尚可,甚少感冒生病。小可为家中独子,与父母同住,主要由母亲照看;家庭经济状况良好;在教养上,父亲较为严厉,母亲则相对宠溺。

(二)行为问题

小可在上课时未经老师允许就随意离开自己的座位,包括:①完全离开座位并在教室内走动或跑出教室,该行为为小可发生率最高的行为;②在座位范围内臀部离开椅面超过 30 cm 而呈现半站姿或站姿;③移动椅子超出自己的课桌界限(不论臀部是否离开椅面)。如果是小幅度正常调整坐姿,或者是老师同意的离座行为,则不属于行为问题。

二、行为问题的功能评估

采用间接功能评估评量(行为功能访谈和行为动机评估量表)和描述型功能行为评估(行为功能观察记录表)的方式收集相关资料,并通过各项资料之间的相互印证来推论目标行为的功能,为拟定积极行为支持方案提供依据。

(一)行为功能访谈

老师通过现场记录与录音记录的方式收集行为功能访谈资料,在编码整理后交给家长检核,并按照行为的历史发生情况、处理历史(使用过的策略及效果)、隐含与遥远前事(个体背景因素和环境背景因素)、立即前事、行为结果与效能及行为功能的推论等内容,对最终的文本资料进行梳理,如表6-3所示。

表6-3　小可离座行为访谈记录表

项目	离座行为
行为历史	上课离座的行为时有发生,主要出现在静态课程中,并日趋严重
处理历史	过去常使用强力制止(身体压制)、劝导、斥责、强制带回、反应代价(扣除贴点或玩具)、罚站或放任不理等策略,效果因人而异但整体不佳,有时还会激怒小可(赖地不起),使场面陷入僵持或更为混乱
影响行为的个体因素	功能性和主动性较差,不会在实际情境中运用语言合理表达需求和想法;老师认为小可认知与学习能力受限,在认知性或学业性课程上常遇到困难,加上缺乏忍耐能力,因此上课时坐不住。妈妈还反映小可睡不好觉时情绪波动较大,也容易引发上课离座或发脾气的行为,而且其自身的情绪控制与处理能力较差
影响行为的环境因素	每日作息和日常生活基本上由妈妈负责安排和照料,一般上午在幼儿园学习,下午在机构接受训练
引发行为的立即前事	长时间的静态课程、较困难的学习任务或新的课程、被要求做不想做的事情、正在做的事情被打断、想要的物品或活动没有立即得到
行为的结果与效能	有时会得到想要的物品,有时会被老师制止或带回后坐在座位上休息、协助完成活动,有时还会因被制止或斥责大发脾气而导致课程中断

(二)行为动机评估

老师和小可的妈妈分别对行为动机评估量表里面的内容打分,然后计算全部题目各功能层面的平均分数并排序,结果如表6-4所示。小可出现离座行为的动机先后顺序为逃避任务—得到实物—寻求关注—满足刺激。

表6-4　小可离座行为的动机评估结果分析表

行为功能	总分	平均分数	等级
满足刺激	4	1	4
逃避任务	20	5	1
寻求关注	8	2	3
得到实物	16	4	2

（三）行为功能观察

教师采用现场记录与录像记录的方式进行行为功能观察，持续 2 周，每周 5 天，共观察 10 天。结果发现，小可在这 10 天的离座行为共有 315 次，其中逃避学习任务有 167 次，得到实物有 148 次。在观察中还发现，小可上课时会完全离座或变相离座：离座后有时会试图开门，有时会在教室里走动或靠墙站立，有时会站在椅子上或躺在地上，有时会去拿教具架上的东西，有时会身体部分离座并伸手抢老师手里的东西，有时会双手撑在桌子上使臀部离开椅面或起身搬着椅子移位到别处。

整理以上三种方式获得的结果，分析出小可离座行为的功能为逃避任务和得到实物。基于以上资料的分析，建立小可在上课时能使用视觉卡或口语表达要求、请求帮助或休息，并可适度等待的良好行为。具体包括：①使用"我想要××"的句型表达要求；②使用帮助卡或说出"我不会，帮帮我"；③使用休息卡或说出"我想休息一下"；④在老师要求等待时，能忍耐和等待而延迟满足需求。

三、行为问题的干预方法

针对小可离座行为的功能是逃避任务和得到实物，我们拟定的干预策略，将从前事控制（包括遥远前事和立即前事）、行为教导和后果处理三个方面进行阐述。

（一）前事控制

1.遥远前事控制策略

（1）改变重要他人的态度与看法。老师应检视自己的态度和行为，适度调整教育期待与态度，减少对小可及其行为问题的负面看法，省思自己对小可的要求及以往的行为处理策略，并加强彼此的沟通与合作，共同思考解决问题的方法。

（2）营造温暖与支持的环境。老师应为小可营造温暖与支持的教育环境。例如，增进与小可的互动，多关注小可的心理与情绪；多表现出正向情感，提供积极而温和的指导；多关注其优势与长处，经常性地给予赞赏与鼓励。此外，老师可以帮助小可建立有规律的每日作息表，并提供其选择与控制的机会。

2.立即前事控制策略

（1）重新建立课堂常规。通过课堂观察发现，小可上课时规则意识较差，尚未养成良好的学习习惯，因此可以帮助小可重新建立课堂常规。老师从小可的年龄、需求和能力等方面综合考量常规的可执行度，最终建立了三条常规并搭配了相应的奖惩制度（每节课给小可十个笑脸，每出现一次离座行为就扣除一个笑脸，下课前检查笑脸数量，达到一定标准的笑脸数就可以获得事先约定的奖励，刚开始规定的标准不要太高，之后可逐渐提高标准）。这些常规以具体、简明且正向的语言，并以第一人称描述（如"我能坐在椅子上""我能把手放在桌面上"和"我能保持安静"），通过文字与图片结合的方式呈现给小可。在训练时，通过示范和练习、教导常规，在每次正式上课之前先检视常规，以提醒小可表现正向行为，并严格执行奖惩制度。此外，在课程中适时提示小可正向行为及其正向后果。

（2）调整课程相关因素。为减少小可因逃避较为困难的学习任务和长时间的静态课程出现离座行为，调整课程内容与难度，增加课程的吸引力，同时删减或暂停部分对于小可而言比较困难的任务，如方位辨识和心理推测，并且降低部分任务的难度或提供提示系统，如在按要求唱数的目标中提供起止数字卡作为视觉提示。

（3）反应中断。小可在离座之前通常会表现出大声吵嚷、晃动双手、拍打桌面或把摆在桌面上的教具扔在地上等情绪行为。老师可以通过口头暗示（告诉小可："我等你保持安静"）、促进沟通并表达关切（询问小可："你想要什么？"或"你怎么了？"）、促进身心放松（告诉小可："我知道你很生气，请不要着急"，同时轻抚小可肩膀，帮助他冷静下来）等方式避免行为问题的延续或升级。

（二）行为教导

1. 教导功能性沟通技能

小可因功能性沟通与社会互动技能不足而通过离座行为来表达要求或逃避任务，因此可以选择与离座行为功能等值的沟通与互动技能替代离座行为。替代行为包括：①使用"我想要××"的句型表达要求；②使用休息卡或说"我想休息一下"；③使用帮助卡或说出"我不会，帮帮我"。根据功能分析阶段的记录，计算出小可一节课（40分钟）出现离座行为的频率（如8次），则可计算出小可大约每5分钟出现一次离座行为。教师以5分钟为一个时间节点，提示小可表现出恰当的替代行为，当小可表现替代行为后，教师就允许小可休息2分钟或给予一个代币。随后，将提示的时间逐渐延长到6分钟、8分钟、10分钟提示一次，直至小可一节课不再出现离座行为为止。但如果小可离开座位并大发脾气，则等他冷静后让他坐回座位完成一个简单目标，再提示他使用休息卡或口语表示休息。

2. 教导等待技能

从观察与访谈中得知，小可想要获得物品、食物或进行活动时常无法等待，容易因未立即获得想要的东西而出现离座的行为，所以在生活情境中和课堂上，都要教导他等待的技能，以容忍强化的延宕。例如，小可想要玩手机游戏时，家长或老师可以先要求他完成一件简单的任务后再给予他手机。

（三）后果处理

1. 区别强化替代行为

教师可采用区别性强化替代行为，增加小可正向行为，减少离座行为。对于离座行为想要获取物品的功能，教师可找出小可最喜欢的物品和活动，作为上课时的强化物。如果小可用"我想要××"句型表达要求、用恰当的方式（休息卡、口语）表达想要休息的意愿或积极回答问题，就可以给予一个代币，课后用代币换取强化物。训练过程中，随着小可对替代行为的表现频率增多，可以由开始的连续强化逐渐转化为间歇强化。

2.反应代价

事先告知小可若出现离座行为,就会有反应代价。即从教室规则卡上扣除笑脸或撤除特定喜爱的活动,由此来减少离座行为的发生。如果其他策略都无效时,则采用更进一步的合理且具教育性的后果处理策略,即剥夺或延宕应有的权利,如延迟下课。

3.提示正向行为

在小可出现离座行为后,老师可以给予矫正性回馈,同时搭配重新提供指令,以坚定而平和的语气要求其停止行为问题,接着告知当下应有的正向行为,即要求小可以正向沟通方式表达要求或作出请求,例如:"请坐下,说出你想要什么"。同时给予行为或口语示范,以引导小可从事正向行为,当他做到时,就立即给予强化。上课的老师必须态度坚定且一致地执行,不能因为行为问题升级而屈服。

📖 课后练习

1.特殊儿童的所有行为问题是否都需要进行干预?为什么?

2.你最认可哪种问题行为干预策略,为什么?

3.融合幼儿园教师应该如何引导健全儿童对待特殊儿童的行为问题?

4.走访一个融合幼儿园,记录一个特殊儿童的行为问题及幼儿园老师对他采取的干预措施。

第七章
学前特殊儿童的幼小转衔

学习目标

1. 初步了解学前特殊儿童幼小转衔的实施方式。
2. 掌握制定学前特殊儿童幼小转衔的基本方法。

知识导图

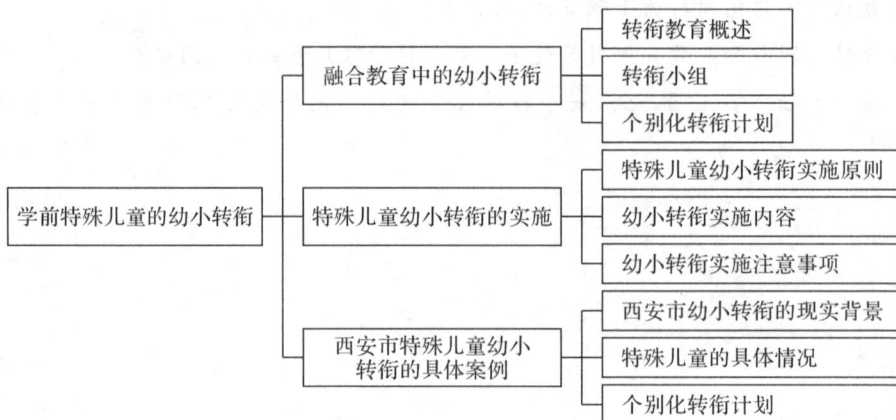

导读

　　特殊需要幼儿毕业后的去向问题,是很多特殊需要幼儿家长经常向老师提出的和普遍担心的问题。特殊需要幼儿从幼儿园进入小学,是教育过渡的关键阶段。衔接过渡对于特殊需要幼儿的发展、教育影响非常大。为此,Y园为了更好地做好特殊需要幼儿的入学准备工作,召开了特殊需要幼儿转衔会议,对该园的特殊需要幼儿制订了个别化转衔计划,提供了特色化的幼小衔接课程,以支持其顺利完成转衔。

思考

1. 幼小转衔对于特殊儿童而言,有哪些重要的意义?
2. 幼小转衔主要解决哪些问题?
3. 幼小转衔可以采取哪些措施?

学前儿童由幼儿园教育模式转入小学教育模式,需花费较长时间适应。然而,健全儿童尚且如此,特殊儿童由于生理或病理上的缺陷,更需要我们的帮助,幼小转衔教育就显得尤为重要。本章主要从融合教育中的幼小转衔、特殊儿童幼小转衔的实施、西安市特殊儿童幼小转衔的具体案例等方面,对学前特殊儿童的幼小转衔展开论述。

第一节 融合教育中的幼小转衔

在融合教育的背景下,幼小转衔的工作该如何开展是重点关注的问题,本节主要从转衔教育的界定及意义、转衔小组、个别化转衔计划这三个方面进行讲述。

一、转衔教育概述

(一)转衔

1.定义

"转衔",意味着衔接、转换。对于转衔而言,通常有两个层面的含义。广义的转衔涵盖了个体的一生,是指从一个阶段转移到另一个阶段、从一种形式转变成另一种形式,或从一种活动转变为另一种活动、从一个地方转变至另一个地方等的过程或者现象,而这些时间段中,我们都将面临人生角色、任务以及生活形态的转变(冯帮 等,2015)。狭义的转衔最早由马德琳提出,特指个体处于义务教育毕业时期、高中时期、学校之后以及就业初期这样的时间段(Wehmeyer et al.,2000)。

2.转衔服务

随着特殊领域转衔服务的不断发展,转衔服务包括学校期间和离校后的一系列的协同活动,以学生的个体化需要为基础,以结果为导向,从中学阶段延伸至特殊人群年龄更小的阶段。总体来说,转衔是一个过渡的过程,转衔的最终目的是为了保证特殊人群能够顺利地适应下一个阶段而展开的一系列服务,是一个动态的、随时变化的过程。

3.有关转衔服务的模式

国外在20世纪80年代针对特殊人群的转衔服务先后提出了四种理论模式(黄媛,2022),其中包括:"桥梁模式",由马德琳于1983年提出,桥梁模式从特殊人群的就业结果出发,认为学校以及就业之间有无特殊支持、有一定支持、持续支持与服务的三种桥梁衔接;"社区调适模式"，由安德鲁于1985年提出，他认为社区生活是转衔服务的重要组成部分，它为特殊人群提供了居住条件以及人际交往的条件；"三阶段职业转衔模式"，由保罗于1985年提出，他认为转衔服务由学校教学阶段、转衔准备阶段以及就业安置阶段构成；"分类学转衔模式"，由保拉于1993年提出，他认为可以将转衔服务的类别分为以学生为中心制订转衔计划、学生技能的培养、家庭的参与、机构间的协作、转衔计划的结构与特性这五个有效措施。

（二）转衔教育

1.定义

转衔教育指针对特殊人群发展过程中不同阶段的过渡和衔接（杨广学，2010），为其提供有关的教育措施。个体在一个阶段转向另一个阶段时，转衔教育便为个体转折时期即遭遇挑战和危机时提供所需要的帮助，本质在于帮助个体度过转折时期，从而顺利成长（李秀 等，2005）。

2.理论基础

从个体生涯发展的观点来看，转衔有着转换和衔接的重要意义，意味着从一种状态转换并衔接到另一种状态，这可能是生活角色、形态和环境的转变（钮文英，2013）。埃里克森的心理成长阶段理论为早期生涯衔接教育观的理论基础之一，他认为人格发展要经历八个阶段，包括四个童年阶段、一个青春期阶段以及三个成年阶段，每个阶段都有相应的核心任务，解决了核心任务，其人格就会获得较为完整的同一性。而对于特殊人群来说，在这八个阶段中面临着更大的挑战与危机。转衔教育则是在特殊人群面临这些阶段时，为其提供帮助与支持，让其顺利度过转折时期。

3.相关法律政策

早在1986年，美国的《残疾人教育法修正案》就提出了"转衔"一词，虽未对转衔进行具体的概念界定，但该法律初步将转衔计划纳入个别化家庭服务计划当中，推动了转衔教育的发展。1990年，《残疾人教育法案》（IDEA）中首次对转衔服务进行了定义，并在法案中明确指出要为学前残障儿童建立转衔服务系统。20世纪末期，以美国为代表的一些国家通过立法等形式正式明确了特殊儿童接受转衔教育的权利。

在我国，最早对特殊儿童的转衔教育问题进行关注的是台湾地区，1998年《特殊教育法施行细则》提出，要为身心障碍学生提供转衔服务和个别化教育计划，以及在之后的《各教育阶段身心障碍学生转衔服务实施要点》《身心障碍者生涯转衔服务整合实施方案》中，不断完善转衔教育的内容，这为特殊儿童提供了法律保障。2014年，教育部在《特殊教育提升计划（2014—2016年）》的总目标中明确指出："经过三年努力，初步建立布局合理、学段衔接、普职融通、医教结合的特殊教育体系，办学条件和教育质量进一步提升。"在2017年《第二期特殊教育提升计划（2017—2020年）》中进一步提出"加强就业指导，做好残疾人教育与就业衔接工作"，对于特殊人群的转衔教育提出了初步规划。但是，此时的特殊儿童转衔教育问题依旧缺乏明确的法律法规支持。直到2022年，《"十四五"特殊教育发展提升行动计划》提出："要推动特殊教育高质量发展""推进残疾学生信息上报、教育评估、转衔安置和个别化支持等工作规范及时、科学专业"等,进一步推动了我国学前特殊儿童幼小转衔教育的发展。但总体来说,我国学前特殊儿童幼小转衔教育依旧处于初步发展阶段,相关的法律政策以及具体实施措施还需要进一步完善。

(三)幼小转衔教育

1.定义

对于特殊儿童来说,从幼儿园到小学阶段的过渡,是一个较为困难的过程。如何为这一阶段的幼儿提供良好的转衔教育便成为重点工作。幼小转衔教育是针对特殊儿童从幼儿园阶段到小学阶段的过渡过程中,根据特殊儿童的身心发展规律及特点,为其提供有关的教育措施。

2.研究范式

当前幼小衔接阶段的研究有两种研究范式(李召存,2012),特殊儿童的幼小转衔也同样适用。其一,基于成人视角的实证主义研究范式,其研究目的主要在于探究影响儿童顺利完成幼小转衔阶段的各种关键性因素,找出相对的因果关系。微观层面在于特殊儿童自身的知识技能准备状态、情绪与社会性发展、行为习惯发展等因素,中观层面在于家庭、幼儿园、小学以及社区之间的互动与合作关系等因素。这种研究范式中,研究者作为成人,将儿童作为被观察、被解释、被测试的对象,缺少儿童的表达空间,他们之间是二元对立的。其二,基于儿童视角的诠释现象学的研究范式,这种研究中,以儿童的个人体验为出发点,儿童是幼小衔接研究的积极参与者。但是由于特殊儿童的自身特性,幼小转衔教育则更倾向于基于成人视角的实证主义研究范式。

3.意义

教育部与联合国儿童基金会早在1990年到1994年对幼儿园与小学衔接的相关问题进行合作研究,最终结果表明儿童普遍存在入学适应不良,在学习适应性以及社会适应性方面存在困难。由于特殊儿童本身存在一定的障碍性,若幼小转衔教育缺失,使其无法及时转变身心状态,将会带来情绪焦虑、恐惧、自卑等状态,从而导致其无法进入学习状态,无法适应小学生活,进而发生一些行为问题(白秀杰,2010)。因而,提供良好的幼小转衔教育刻不容缓。

2021年3月,《教育部关于大力推进幼儿园与小学科学衔接的指导意见》中明确指出,"2022年秋季学期开始,各省(区、市)全面推行入学准备和入学适应教育,建立幼小协同的合作机制,加强在课程、教学、管理和教研等方面的研究合作。"[①]对于健全儿童来说,从幼儿园到小学阶段的转衔是一个自然而然的过程,但对于特殊儿童来说,他们很难通过自我的调节去适应新的环境,需要提供教育支持帮助特殊儿童进行一定的康复训练,才能使其顺利地过渡到小学生活中。

---

① 教育部部署推进幼儿园与小学科学衔接工作[EB/OL].(2021 - 04 - 09)[2023 - 09 - 05]. http://www.moe.gov.cn/jyb_xwfb/gzdt_gzdt/s5987/202104/t20210409_525411.html.

因此,幼小转衔教育是整个特殊人群转衔教育的基础阶段。在这个教育过程中,由于幼儿园教育与小学教育在各方面的差异较大,因此,不仅要注重教育的阶段性,而且不能忽视其连续性。

二、转衔小组

(一)转衔小组的界定

转衔小组即为特殊儿童制订个别化转衔计划,进而开展相关的转衔教育而专门成立的特别小组。特殊儿童的转衔教育是全方位的、多方面的合作,因此需要家庭、学校、医院的共同参与。在融合教育的背景下,要以学校教育为基础,充分整合家庭资源以及医院资源,组成转衔小组,进而形成教育合力,共同促进特殊儿童顺利转衔。

(二)转衔小组的成员构成

转衔小组一般包含以下成员。

1.特殊儿童以及家长/监护人

特殊儿童本人是转衔小组重要的一员。通过相关调查发现,特殊儿童本人更愿意参与自己的个别化转衔计划,这样能够帮助其更加努力地去实现计划目标(Cheney,2012)。也有实验数据表明,高自我决定的人更能成功转衔(秦铭欢 等,2020)。虽对于 6 岁左右的孩子来说,他们难以表达自己对未来的规划内容,但特殊儿童的兴趣爱好、其本身的特点等是个别化转衔计划中必不可少的因素。因此,转衔小组可以通过询问幼儿喜欢什么、会做什么、害怕或讨厌什么等,来了解孩子并更好地制订计划内容。

特殊儿童家长/监护人也是转衔小组中较为重要的一员,相关研究证明,家长的参与保证了转衔计划的顺利实施(Landmark et al.,2013)。幼儿由于其年龄特点,无法清楚地表达其需求,因此需要通过其家长或监护人进行传达。家长需要认识到其参与的重要性,并承担相应的职责,且通过提供特殊儿童有关信息,以及对孩子的未来期望等,与小组成员一起制订转衔计划。

2.特殊儿童的教师

在融合教育背景下,特殊儿童的教师是该小组中不可或缺的成员之一,包括其现任幼儿教师(普教教师、特教教师)以及特殊儿童小学教师。教师在特殊儿童的转衔过程中承担着大部分的工作,是实现特殊儿童转衔计划的主要实施者,也是联系特殊儿童、家长以及其他人员的关键人物。教师对于制定和实施转衔教育计划的能力越高,个别化转衔计划目标更容易实现(黄小妹,2017)。

幼儿教师掌握着特殊儿童平时的在校情况、学习进度、孩子的优势以及不足之处等,为个别化转衔计划提供关键信息。幼儿教师与家长的联系更为紧密,能够通俗易懂地为家长讲解转衔计划内容,从而更好地帮助家长参与转衔计划。小学教师通过参与个别化衔接计划的制订,更全面地了解到特殊儿童的身心状况以及学习状况等重要信息,从而能够更好地参与到衔接教育中。并且,特殊儿童也能够通过这一过程提前熟悉未来教师,从而减轻对陌生环境的不适感。因此,转衔教育需要幼儿园教师与小学教师的通力合作,以此来更好地帮助特殊儿童进行良好的过渡。

3.医护人员

医护人员在转衔小组中不可或缺。评估是幼小转衔教育服务的基础部分,通过医护人员专业的前后测评估,能够准确了解特殊儿童当前的状况以及个别化转衔计划的成效。针对中、重度特殊儿童来说,特殊儿童的缺陷治疗、功能恢复等需要医护人员、教师、家长相互合作,才能帮助特殊儿童有效恢复,使其顺利转衔。

4.其他人员

其他成员包括与特殊幼儿有关的机构特教教师、了解幼儿的学校工作人员、相关服务提供者(如康复治疗师、心理健康师、职能治疗师等)(昝飞,2016)、社会工作人员等。他们通过提供更为专业的知识与技能,为个别化转衔计划提供更为合理的意见,保障个别化转衔计划的顺利实施。

(三)转衔小组的组成流程

转衔小组一般由政府相关部门与家长牵头组织准备,前期准备阶段的转衔小组成员由政府相关部门、家长、学前时期的服务工作者、医护人员以及其他人员构成;计划制订阶段以及计划实施阶段则增加小学阶段的服务工作者,共同参与特殊儿童的转衔计划;计划结束阶段由家长、小学阶段的服务工作者、医护人员、其他专业人员对特殊儿童提供后续的服务支持。

三、个别化转衔计划

(一)个别化转衔计划的界定

学前特殊儿童的转衔教育需通过个别化转衔计划(individualized transit program,ITP)实现。美国在1990年的《残疾人教育法案》中就将个别化转衔计划纳入法律中,作为个别化教育的一部分,该法案认为"个别化转衔计划要设计成——确保学生的个别化教育计划中包括一系列促进学生向他们期望的中学后安置形式过渡的活动"(田艳萍,2014)。

(二)个别化转衔计划的内容

个别化转衔计划是一项系统性工程,需要幼儿本人、监护人、教师以及医护人员等专业人员的共同参与,才能更好地完成。计划的制订需要综合特殊儿童的特点、兴趣、优势以及特殊儿童与其家长的长远规划等一系列因素,计划的目标要能够促进幼儿的发展,帮助幼儿从幼儿园更好地过渡到小学生活中去。

首先需要在进入小学的半年前,由转衔小组成员对特殊儿童进行转衔前的综合评估,通过医、家、校等人共同合作开展(黄媛,2022),并进行个别化的生态评量,包括其智能发展、社会适应、生活实践等有关方面(许小燕,2022)。在此基础上,对特殊儿童的身心准备、学习准备、社会准备以及生活准备等方面进行详细的讨论及制定(许小燕,2022)。除以上内容外,还包括该幼小转衔计划需达到的目标,包括转衔计划目标以及通过转衔计划能够达到的长远计划目标以及特殊儿童的安置点、特殊儿童的基本信息(如年龄、性别、兴趣爱好等)、监护人有关资料等内容(昝飞,2016)。

延伸阅读

个别化转衔计划包括的内容（哈米尔 等,2005）

1.希望学生达到的长远目标。通常根据下一阶段对学生能力和行为的要求进行描述,主要涉及自我决定、生活自理、行为规则、人际交往等层面。

2.对满足长远目标所需要的活动和服务进行描述,管理这些活动和服务的时间框架,负责监控学生进展情况的活动。

3.对下一个安置和支持学生获得所希望的长远目标的计划的描述。

4.对反映在学生 IEP 中、朝这些长远目标发展所需要的年度目标和策略的描述。对支持学生获得所希望的长远目标、学校教育方案中的适当课程的描述。比如,若是向中学后的转衔,则要对中学教育方案中的相关课程进行描述。

除了上述内容,在个别化转衔计划中,也要提供学生的个人信息以及其他相关的重要资料。

5.个人信息。比如,年龄、性别、障碍等人口学信息,同伴和人际关系,兴趣爱好、参加的活动等。

6.相关资料。比如,医学检查报告、IEP 复印件、教育史或者接受特殊服务的历史等。

7.联系人资料。比如,父母姓名、工作单位、联系方式等。

（三）个别化转衔计划的基本步骤

个别化转衔计划一般包括四个阶段:前期准备阶段、计划制订阶段、计划实施阶段和计划结束阶段。

1.前期准备阶段（特殊儿童进入小学的 6 个月前）

在前期准备阶段,首先,要通过确定实施对象进而正式成立转衔小组。此部分转衔计划的主要内容包括:家长的择校准备,以家长、政府工作人员等专业人员为主导组织转衔小组。其次,进行资料的收集与准备。由家长、学前时期服务工作者、医护人员提供特殊儿童的信息资源。最后,建立儿童成长档案,包括特殊儿童基本情况信息、优势、兴趣爱好等内容,并在后续内容中不断完善档案内容。

2.计划制订阶段（特殊儿童进入小学的前 5 月到前 4 月之间）

在计划制订之前,转衔小组成员首先要对特殊儿童进行个别化生态评量。此部分的转衔计划主要内容包括:通过前测,了解特殊儿童当前状况,确定小学的教育安置模式,确定家庭生态环境与活动安置情况。通过了解相关情况,转衔小组成员开始正式制订计划内容。在合理规划计划执行时间的前提下,结合幼儿当前的状况、入小学需具备能力来制订计划目标,包括当前目标与长远目标。并根据目标制订计划内容,同时进行角色分工,包括家长、学前阶段服务人员、小学阶段服务人员、医护人员等的参与内容。

3.计划实施阶段(进入小学前 3 个月到进入小学后 3 个月)

转衔小组成员通过利用各种资源以及策略来分阶段实施计划。在分阶段执行计划的过程中,转衔小组成员不仅要随时保持沟通交流,并且在每一个阶段的执行后,对特殊儿童当前情况以及下一阶段的计划内容进行总结分析,进而确定是否对计划进行修改。当计划实施结束后,再对特殊儿童实施后测,由家长、小学阶段的服务工作者、医护人员或其他专业人员对特殊儿童进行转校教育后的评价测试,并根据转衔计划目标确定是否继续实施转衔计划。

4.计划结束阶段(进入小学后 3 个月到计划结束)

当特殊儿童成功转衔后,转衔小组成员对特殊儿童进行追踪服务与支持,且能够及时应对突发状况并提供相应的服务支持。个别化转衔计划的基本流程如图 7-1 所示。

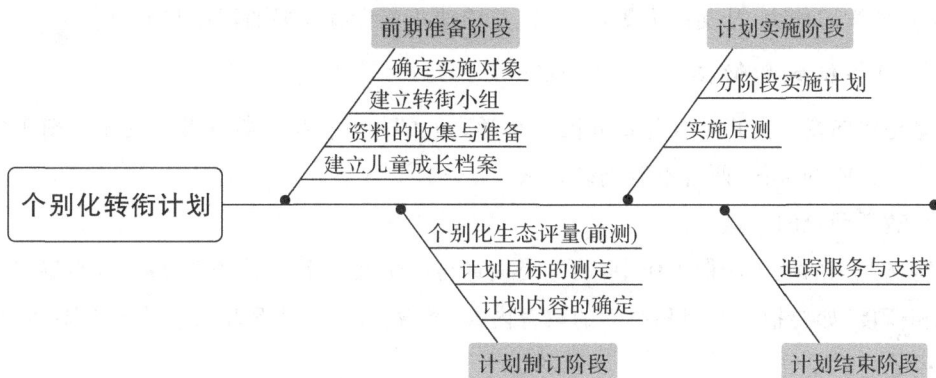

图 7-1 个别化转衔计划实施流程图

第二节 特殊儿童幼小转衔的实施

特殊儿童幼小转衔能够帮助特殊儿童适应从幼儿园生活过渡到小学教育生活,是确保特殊儿童未来生活的重要保证。基于此,本节主要从学前特殊儿童幼小转衔实施的原则、实施的内容,以及实施的注意事项三个方面对特殊儿童幼小转衔的实施展开论述。

一、特殊儿童幼小转衔实施原则

特殊儿童幼小转衔实施原则主要包括坚持儿童为本、坚持双向衔接、坚持系统推进、坚持规范管理。

(一)坚持儿童为本

准确把握儿童学习发展特点与规律是促进科学转衔的根本。特殊儿童由于其自身的特殊性,在幼小转衔教育实施过程中,要把握其自身的发展特点,并结合其年龄特点,科学规划衔接任务。

1.尊重特殊儿童发展的连续性

特殊儿童的幼小转衔要重视其身心发展的原有经验以及发展差异。特殊儿童的发展与健全儿童一样,是一个不断运动的过程,是一个不断地由量变到质变、由低级到高级的发展过程,儿童先前较为低级的发展是后面较为高级的发展的前提。因而,特殊儿童的幼小转衔要尊重特殊儿童身心发展的连续性。

2.关注特殊儿童发展的整体性

特殊儿童的幼小转衔应是全面的衔接,要注重特殊儿童德智体美劳的全面发展,促进特殊儿童身心全面协调发展,不应片面追求某一方面或几方面的发展,如只重智育忽视其他方面的发展,要为儿童做好身心的全面准备与适应。

3.注重特殊儿童发展的可持续性

幼小转衔不是只有在学前最后一年和小学一年级给予重视,应该在整个学前期有意识地提高儿童的适应性,并针对特殊儿童的具体状况进行康复训练,保证其具备进入小学生活的基本能力,如学习能力、社交能力等,有意培养特殊儿童终身发展的习惯与能力。

(二)坚持双向衔接

坚持双向衔接是指要强化幼儿园与小学之间的相互衔接。特殊儿童幼小转衔工作是幼儿园和小学共同的责任,两者不能割裂开来。

1.教学理念的衔接

特殊儿童的幼小转衔工作中,幼儿园教育与小学教育是一个整体的系统,要将双方的教学理念相衔接,如要把幼儿园和小学的教育内容、教育方法、教育环境等视作一个整体,并进行有效转衔。

2.双方平等合作

幼儿园教师与小学教师要保持相互沟通,树立良好的转衔意识,不仅要意识到特殊儿童幼小转衔的重要性,更要意识到双方是平等关系,都有充分的发言权。通过协同合作,科学做好入学准备和入学适应工作,减缓转衔坡度,共同促进儿童顺利过渡。

(三)坚持系统推进

特殊儿童幼小转衔工作是一个系统性工作,幼小转衔计划实施是由政府相关部门、家庭、幼儿园、小学、医院等相关专业人员共同承担和完成的,因此,必须处理好这几个主体之间的相互关系。

1.政府牵头

政府相关部门需重视特殊儿童幼小转衔工作,化"被动"为"主动"。由行政部门政策推进,教研部门专业护航,两部门协同施策。同时加大统筹协调各方资源,通过政策推动、系统推进、科学指导等逐渐走向多方协同工作,统筹教育资源齐发力,高效帮助特殊儿童实现由幼儿园到小学的平稳过渡。

2.家、校、医合作

特殊儿童的转衔教育需要团队力量的协助,要在发挥学校教育作用的基础上,充分整合医疗资源以及家庭资源(张薇 等,2014)。通过组织家、校、医之间的信息沟通与交流,促进家、校、医的多方联动,形成教育合力,从而为特殊儿童提供有效的康复与教育建议。

（四）坚持规范管理

在特殊儿童幼小转衔实施过程中，政府应加大对其的政策支持，进一步完善相关的法律法规制度，规范管理幼小转衔工作。

1.提供指导手册

特殊儿童的幼小转衔工作应具备清晰的指导手册，协助家长、教师等相关人员有效完成转衔任务。政府部门应通过细化具体工作流程以及操作规范，从上而下为特殊儿童及其家长提供可操作性的指导意见。

2.建立动态监管机制

通过建立动态监管机制，加大对特殊儿童幼小转衔工作的治理，如规范校外培训行为、建立责任追究制度、强化督查制度、加大宣传力度等，为幼小转衔工作提供良好的教育生态。

二、幼小转衔实施内容

幼小转衔的实施内容主要由做好幼小转衔准备与重视课程的建构实施两方面构成。

（一）做好幼小转衔准备

良好的幼小转衔需要考虑到幼儿的方方面面，充足的准备是实施幼小转衔的前提，主要有建立儿童成长档案、重视儿童能力培养、加强儿童规则意识三方面的内容。

1.建立儿童成长档案

每个特殊儿童的家庭情况不一样，特殊儿童的个体状况以及发展状况也不一致。随着孩子的成长，特殊儿童的状态也会随之发生变化，建立儿童成长档案是一种促进幼小转衔教育的重要指导方式，有助于转衔教育参与人员把握幼儿的真实情况，从而更科学、专业地评估特殊儿童的能力水平，制定合理有效的干预方案，解决特殊儿童面临的困难。

特殊儿童的成长档案应包括特殊儿童基本情况（性别、年龄、障碍类别、兴趣爱好等）、家庭主要成员、监护人联系方式、家庭住址、特殊儿童个别化教育计划（包含个别化转衔计划）具体内容以及实施情况、专家评估报告、各类评量表、教师评价等信息，并根据特殊儿童具体情况信息的变动及时更新档案内容。

2.重视儿童能力培养

幼儿园与小学的日常生活作息以及学习环境差距很大，特殊儿童想要顺利地从幼儿园过渡到小学，需重视其能力的培养，包括生活自理能力、社会交往能力、学习能力等。

生活自理能力是幼小转衔教育中必不可少的内容，是特殊儿童独立自主生活的前提与基础，包括洗脸、刷牙、穿脱衣物、吃饭、如厕等。家长及教师等相关负责人员可采用链锁法、任务分析法、塑造法等帮助孩子进行生活自理能力的训练，同时要保持耐心，因材施教，给予孩子正确示范，将每一个内容拆解为多个小步骤，陪伴孩子一步一步完成，且要多鼓励孩子，慢慢学会放手，直到孩子能够独立完成该行为。

社会交往能力是特殊儿童认识社会、了解社会的主要渠道,能够帮助孩子融入人群之中,是特殊儿童身心发展的需要。学龄前时期是儿童社会交往能力发展的关键时期,但特殊儿童与健全儿童相比,部分特殊儿童缺乏语言能力和与他人社交的能力,需要着重培养。因此,家长及教师要通过个别训练、互动训练等途径,采用情景法、模仿法、矫治法、塑造法等方法培养特殊儿童的交往意识、语言表达能力、肢体动作表现能力等,帮助特殊儿童能够对他人的问候作出回应,主动用语言或动作与他人打招呼等。

学习能力是特殊儿童进入小学进行学习活动的前提。特殊儿童进入小学后,需要学习的科目众多。学会学习是特殊儿童终身的必修课,学习能力的好坏势必影响特殊儿童的环境适应性,只有具备良好的学习能力,才能更好地参与到小学生活中。

3.加强儿童规则意识

良好的规则意识是特殊儿童进入小学后不可或缺的能力。3～5岁是儿童形成规则意识的关键时期,良好的规则意识能够帮助特殊儿童建立秩序感,更好地融入学校生活、社会生活当中。但由于大多特殊儿童思维发展迟缓、自控力较弱等特点,其规则意识比较淡薄,当融入集体生活中时,会出现一些情绪不稳定、合作能力差等缺乏规则意识的行为。因此,成人要主动帮助特殊儿童去了解规则,可以通过情景训练、游戏互动、行为塑造训练等方法,引导特殊儿童亲自参与,将这些规则意识内化并泛化,最终形成良好的规则意识。

(二)重视课程的建构实施

课程的建构实施主要有补偿性课程与发展性课程协同进步、落实"五化"课程衔接理念两部分内容。

1.补偿性课程与发展性课程协同进步

补偿性课程将特殊儿童看作具有某种病理缺陷的个体,从而认为这些儿童需要特殊教育(Clough et al.,2000)。因此补偿性课程认为,需要针对特殊儿童的缺陷进行补救教学,比如盲童的视力低下,无法真正地认识世界的样貌,特殊教育需要帮助他们利用其他感知觉来了解世界,比如通过盲文与这个儿童进行交流。课程内容一般包括感觉替代训练、定向行走、律动等。但补偿性课程过于重视特殊儿童的生理或身体的缺陷,忽视了特殊儿童本身的经历以及环境的影响,将特殊儿童看作社会负担,导致社会对特殊儿童的教育期望值低(盛永进,2011),存在一定的弊端。

发展性课程认为"所有孩子都可教""所有孩子都能学",因此,课程倡导特殊儿童与健全儿童有一样的发展顺序,可以采用正常儿童一样的学习方式,只是时间长短的区别。发展性课程将教育内容逐级划分,由易到难,保证教学内容不超过特殊儿童的认知发展水平。课程内容一般包括语文、数学、体育、美术等。但发展性课程内容也存在一定的弊端,只适合一些轻度障碍的特殊儿童,不适合重度障碍的特殊儿童;并且课程内容缺乏生活意义,忽视了学生未来发展(盛永进,2011)。

可见，单一的课程理念无法满足转衔教育的实施，特殊儿童的教育不仅要满足孩子当下的发展，也要考虑到孩子的未来发展。因此，幼小转衔教育的课程理念应该将补偿性课程与发展性课程整合实施，让两者相互渗透、和谐发展。如聋盲儿童需要着重发展性课程，兼顾补偿性课程；低智儿童需要着重补偿性课程，兼顾发展性课程。

2. 落实"五化"课程衔接理念

"五化"是对"目标、知识、能力、过程、评价"等的课堂教学结构的形象化概括，"五化"有序教学强调"目标的锐化、知识的精化、能力的强化、过程的优化、评价的段化"（王强，2017）。幼儿园实施的课程以游戏为基本形式，课程内容以五大领域为主，包括健康、语言、社会、科学、艺术，并将其融入一日生活的各个环节之中，注重幼儿的全面培养；而小学的课程以分科教学为主，包括语文、数学、音乐、美术、体育等内容，通过课堂教学对学生实施全面发展的素质教育。想要落实对特殊儿童的"五化"课程衔接理念，就需针对幼儿园与小学这两个阶段的差异之处，将"课程目标小步子化、课程内容生活化、课程组织统整化、课程实施活动化、课程评价多元化"（杨晓萍 等，2004）。

其中，课程目标小步子化即将目标聚焦并细化，降低课程衔接的坡度。课程目标对课程方向起着引领作用，如若缺乏统筹性的课程目标，没有对特殊儿童幼小转衔阶段的课程目标进行细致分析，就无法帮助幼儿平滑地度过幼小衔接阶段。因此，在课程目标方面，要针对特殊儿童的基本情况，将幼儿园的目标与小学教育的目标联系起来考虑，着眼于特殊儿童的年龄特点以及身心发展规律，将目标由易到难呈现，以小步子化的形式逐步地实现课程的衔接。课程内容生活化即促进理论与实践相结合，让课程内容来源于生活，也能够回归、服务于生活。针对特殊儿童的具体情况，课程内容应贴近特殊儿童的一日生活，能够让特殊儿童达到最基本的生活自理、社会适应等目的。课程组织统整化即将多学科内容有效融合，形成有机联系的课程形态。同时，要改善因学科分化而产生的隔离，让幼儿获得完整的学习经验（李子建 等，2004）。课程实施活动化即在幼小转衔课程的实施过程中，教学形式的活动化、游戏化，改变传统的机械式灌输方法，采用灵活的组织形式，如集体活动、小组活动与个别活动相结合的形式，增添游戏内容，让特殊儿童在实践操作中学习，在游戏中学习，充分发挥特殊儿童的主体性，动静结合，寓教于乐。课程评价多元化即将课程评价贯穿整个过程，形成持续性的、发展性的评价，其体现在：评价主体多元化，即让教师、幼儿家长都参与到评价过程中来，通过教师评价、家长评价、幼儿自评或互评，客观公正地对特殊儿童进行考察；评价内容多元化，即同时包括理论与实践两个方面，着重对特殊儿童的实践操作能力进行评价；评价方式的多元化，即不仅要注重幼儿的最终结果，也要重视幼儿的平时发展，将过程性评价与总结性评价结合起来。

📖 **延伸阅读**

上海市辅读学校转衔服务研究

黄小妹采用访谈法对上海市辅读学校的转衔服务进行研究后发现,接受采访的7所学校,仅有2所学校采用了个别化服务工作,且仍在起步阶段。7所学校的转衔服务内容包括居家服务(100%)、升学服务(71.43%)、阳光之家服务(14.28%)、家长支持服务(100%)、评估服务(28.57%)、追踪服务(57.14%)。其中,仅仅只有居家服务(自我服务与家庭服务)是从低年级开展的。可见,大多数学校对于幼小衔接不重视,准备不足,课程缺失(黄小妹,2017)。

三、幼小转衔实施注意事项

有效的幼小转衔实施有构建家园共育体系、加大对幼小转衔的支持这两方面事项值得我们关注。

(一)构建家园共育体系

家长是特殊儿童最为亲密的人,在幼小转衔教育实施中的作用不可忽视。良好的家园共育能够帮助幼儿减少幼小转衔的不适感,使其更快地适应小学生活。但在目前幼小转衔教育中,存在部分家长的参与率较低的现象。这是由于:首先,部分家长没有意识到自我的重要性,并存在消极的观念。家长将教育职责完全推给学校或医护人员,不愿意参与到幼小转衔过程中。其次,部分家长想要参与到幼小转衔过程中,但却由于自身专业性不足,对于转衔计划及其内容知之甚少,不了解该怎么去参与到计划中。因而,家校之间难以配合,不能形成合力。

1.增强特殊儿童家长心理支持

大多家长还是希望参与到孩子教育中的,比较重视孩子的入学准备工作(赵秀梅,2022),但由于自身的专业性不足,对孩子的问题行为感到焦虑。因而,政府部门应加大对特殊儿童家庭的支持,并由教育部门、妇联协会等做好相关工作,缓解家长的焦虑感。学校可以开展有关特殊教育方面的知识讲座,通过线上或线下的方式对家长进行培训,让家长学习一些专业性的知识,帮助家长了解特殊教育以及幼小转衔专业性内容。最重要的是,教师及其他专业人员要重视家长的想法,在计划制订初期主动去充分了解家长对孩子的期望与意愿,认真倾听家长的想法。在特殊儿童幼小转衔计划实施过程中,教师及其他相关人员应为家长提供通俗易懂的指导方案或手册,共同帮助家长参与幼小转衔等全过程(秦铭欢 等,2020),从而缓解家长的心理焦虑。

2.强化家长责任意识

家长的教育观念对特殊儿童的发展有很大的影响,强化家长的责任意识也十分重要。然而,部分特殊儿童家长将孩子交给学校或机构,将养育责任推给了学校或相关机构,缺乏最基本的责任意识。因此,要鼓励家长做好特殊儿童幼小转衔的准备工作,转变家长"冷漠"教育的思想观念,帮助家长树立正确的转衔教育观念,不仅要让特殊儿童家长意识到幼小转衔工作的重要性,也能意识到自己的参与对特殊儿童的重要意义,从而改变部分家长思想观念,使其能够主动支持与配合幼小转衔工作。

(二)加大对幼小转衔的支持

1.政策方面的指导

党的二十大报告中明确提出要强化特殊教育普惠发展[①],而我国针对特殊儿童幼小转衔教育有关的政策仍不完善,基础总体较为薄弱,特殊儿童幼小转衔教育实施过程中缺乏指导性。因此,国家需要从政策方面,进一步完善相关的法律法规制度,通过细化具体工作流程以及操作规范,为个别化转衔计划以及教育提供根本的制度保障以及资金支持,给予学校、家庭、医院等层面支持性的指导方案。

2.增加教师、医护人员的参与

在当前幼小转衔实施过程中,依旧缺乏教师以及医护人员的参与。因此,政府及其相关部门首先要通过加强对幼小转衔相关知识的宣传,开展一些线上或线下的知识讲座或张贴相关活动的海报,让更多的人了解特殊儿童幼小转衔的重要性。其次要通过政策方面的引导,对相关人员建立相应的激励机制。如制定奖惩制度,提高专项资金的支持,鼓励更多的教师以及医护人员参与到特殊儿童幼小转衔的实施过程中。

第三节 西安市特殊儿童幼小转衔的具体案例

一、西安市幼小转衔的现实背景

2022年9月《陕西省"十四五"特殊教育发展提升行动计划实施方案》[②]中提出,要努力提高残疾儿童义务教育普及水平、健全完善非义务教育阶段特殊教育。不仅要鼓励普通幼儿园接收具有接受普通教育能力的残疾儿童就近入园随班就读,并且要做好适龄残疾儿童义务教育招生入学工作,采取普通学校随班就读、特殊教育学校就读和送教上门的方式,适宜安置每一名适龄残疾儿童。可以看出,特殊儿童的入学问题受到了重视。

但是,从幼儿园到小学的变化,不仅仅是学习内容的变化,而且幼儿的学习环境、学习方式、一日生活安排等都发生了不小的变化。2019年陕西省教育厅为推动学前教育与小学教育

---

① 习近平:高举中国特色社会主义伟大旗帜 为全面建设社会主义现代化国家而团结奋斗——在中国共产党第二十次全国代表大会上的报告[EB/OL].(2022-10-25)[2023-09-05]. http://www.qstheory.cn/yaowen/2022-10/25/c_1129079926.htm

② 陕西省教育厅等七部门关于印发《陕西省"十四五"特殊教育发展提升行动计划实施方案》的通知[EB/OL].(2022-09-09)[2023-09-05]. http://jyt.shaanxi.gov.cn/news/jiaoyutingwenjian/202209/09/21102.html.

的有机衔接,就已下发《关于规范"幼小衔接"工作的指导意见》,提出要树立科学衔接理念,幼儿园与小学要密切联系,共同做好双向衔接,进一步加强了省内幼小衔接的发展①。但是,对于特殊儿童来说,不论是普通学校随班就读,还是学校就读等形式,特殊儿童怎么样从学前时期顺利过渡到小学时期,依旧缺乏相应的政策以及指导文件。

二、特殊儿童的具体情况

(一)特殊儿童

案例中主人公多多(一岁)是一名即将进入小学的听觉障碍儿童,出生后被确诊为重度耳聋,目前已植入人工耳蜗。多多学前时期就读于普通幼儿园,同时在聋儿特教机构接受康复训练。多多初期为半天在普通幼儿园学习,半天在特教机构接受康复训练,为进入普通小学做充足的准备。

在康复训练初期,多多戒心较重,不愿意配合老师。同时也比较羞涩,不喜欢与人互动交流。由于本身的特殊性,多多语言发展比较迟缓,最初只能用简单的语气词如"啊"与他人互动交流。

(二)家庭情况

多多的母亲正在读博,父亲已经参加工作,家庭较为富裕。父母对多多很用心,尤其是母亲,在多多的教育路上费尽心血,几乎全程陪着多多进行康复训练,对其进行了全方位的准备。其中,包括自身的学习准备(学习融合教育的相关理念)、为多多的择校准备、对多多的学习准备,以及在后续过程中面对许多突发状况能够自己解决或联系专业人员不断缓解矛盾,积极主动进行家校沟通等。

(三)学校情况

多多学前时期就读于普通幼儿园,同时在聋儿特教机构接受康复训练。父母将多多送入普通幼儿园时,和学校以及教师说明了多多的情况,明确告诉了老师多多的优劣势,并将自己对多多的期望进行了转达。普通幼儿园了解到多多的情况后很好地接纳了多多,教师在日常教学过程中能够给予多多关怀。在特殊教育机构中,特教教师能根据多多的基本情况进行持续康复训练,是多多康复路上的较大助力者,最终帮助多多成功转衔。

三、个别化转衔计划

(一)前期准备阶段

根据提供的信息,可以看出整个转衔历程中,转衔小组的成员有以下几位,见表7-1。

---

① 关于规范"幼小衔接"工作的指导意见[EB/OL].(2019-04-01)[2023-09-05].http://jyt. shaanxi.gov.cn/news/jiaoyutingwenjian/201904/01/15422.html.

表 7-1　转衔小组成员

参与人员	专业背景	年龄/岁	教育水平	职业
多多	无	6	即将读一年级	学生
家长	文科类	35	博士	教师
学前教师	教育学类	40	学士	教师
特教机构	教育学类	42	硕士	教师
小学教师	教育学类	38	硕士	教师

(二)计划制订阶段

研究者通过访谈法、观察法对多多进行了转衔教育前的评估(见7-2),再加上特教机构提供的转衔计划等相关资料,对多多进行了全方位的了解,为多多制订了一份个别化转衔计划,计划目标与内容包括独立生活能力、社会交往能力、学习能力、规则意识四个方面(见表7-3),以期促进多多早日融入正常的生活和学习之中。

表 7-2　多多的基本情况分析

独立生活能力	初步掌握穿衣、吃饭、如厕的技能;不会整理自己的物品;害怕单独出门
社会交往能力	只愿意接受家人的帮助;抗拒陌生人,不会主动与他人打招呼,喜欢独处,集体生活适应能力较差
学习能力	词汇贫乏,发音不标准;短时记忆广度狭窄;注意力不集中,有意注意发展缓慢
规则意识	缺乏自控能力;喜欢按照自己的意愿处理问题;难以控制自己情绪

表 7-3　转衔教育计划具体内容

独立生活能力	1.能够整理自己的物品,如书包等;保持着装整洁;
	2.能够独立在小学中生活;
	3.能够做一些力所能及的事情,如扫地、擦桌子等
社会交往能力	1.学会与人交流,培养交往意识;
	2.具备一定的语言表达能力,能够进行日常交往;
	3.能够适应集体生活
学习能力	1.能够主动向老师提问;
	2.能够掌握大部分拼音,能够区分四声并能拼读;
	3.注意力集中,认真听讲
规则意识	1.养成良好的课堂规则意识,如上课不随意下座位,回答问题先举手等;
	2.遵守纪律,学会控制自己的情绪,如不随便动手打人,损坏东西等

(三)计划实施阶段

阶段一:半天特教机构、半天普通幼儿园阶段,对多多听觉的察知、听觉的分辨、听觉的识别和理解进行了康复训练与教学。家长通过与特教机构的老师进行配合,对多多的学习以及生活习惯进行调整,帮助多多做好进入小学的前期准备,锻炼多多的规则意识。

阶段二:半天特教机构、半天普通小学阶段,特教机构教师对多多的听觉理解能力、抽象思维能力进行巩固与训练;小学教师通过与多多进行对话交流,启发多多去思考问题,并充实多多的语言,进一步提高多多的社会交往能力。同时,小学集体教学发展了多多的集体课堂的适应能力。家长在日常生活中,对多多的生活自理能力进行培养与发展,如让孩子自己穿脱衣服和整理衣物、书包等物品,鼓励孩子扫地、洗碗、擦桌子等,让多多参与到日常的家务劳动中。

阶段三:普通小学阶段,这一阶段没有特教机构的教学配合,主要由家长对多多进行日常的语言训练,在家对多多进行讲故事训练,提高多多的语言表达能力,进一步巩固多多的词汇。小学教师也通过积极配合,努力为多多创造生活化的语言和听觉环境,且由于多多的听力恢复较好,因此对多多进行了听写训练。

通过三个阶段的计划实施,并结合对计划的实施状况以及观察的记录情况,最终对多多的幼小转衔效果进行评估,发现多多在独立生活能力、社会交往能力、学习能力、规则意识这几个方面取得了较好的效果,基本完成了计划目标。

(四)计划结束阶段

研究者通过回访发现多多的适应能力、自理能力、认知方式等不同程度的增强,能够顺利地融入小学生活中,多多最终成功转衔。

课后练习

1.请阐述转衔服务的四种理论模式。

2.请在当地融合教育幼儿园寻找一名特殊儿童,对其进行评估,并在此基础上制订一份个别化转衔计划。

第八章
建构学前融合教育的支持体系

学习目标

1. 了解学前融合教育的支持体系。

2. 理解学前融合教育师资培养的途径。

3. 掌握无障碍环境建设的相关内容。

知识导图

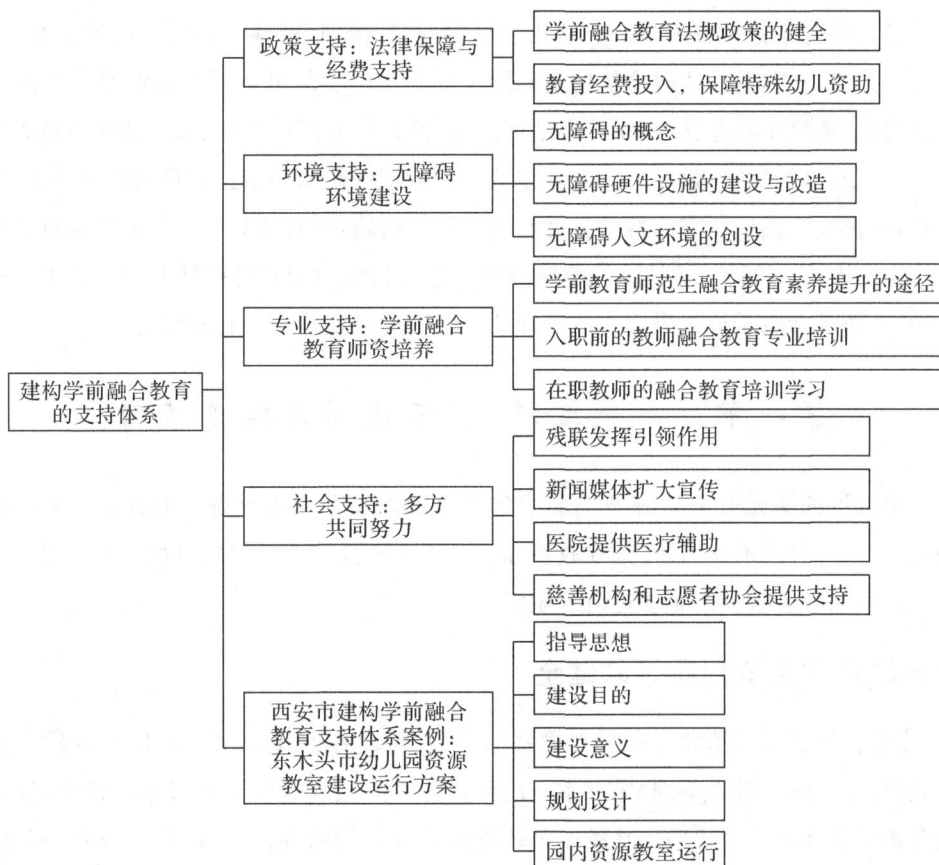

建构学前融合教育的支持体系

- 政策支持：法律保障与经费支持
  - 学前融合教育法规政策的健全
  - 教育经费投入，保障特殊幼儿资助
- 环境支持：无障碍环境建设
  - 无障碍的概念
  - 无障碍硬件设施的建设与改造
  - 无障碍人文环境的创设
- 专业支持：学前融合教育师资培养
  - 学前教育师范生融合教育素养提升的途径
  - 入职前的教师融合教育专业培训
  - 在职教师的融合教育培训学习
- 社会支持：多方共同努力
  - 残联发挥引领作用
  - 新闻媒体扩大宣传
  - 医院提供医疗辅助
  - 慈善机构和志愿者协会提供支持
- 西安市建构学前融合教育支持体系案例：东木头市幼儿园资源教室建设运行方案
  - 指导思想
  - 建设目的
  - 建设意义
  - 规划设计
  - 园内资源教室运行

导读

近年来,全国政协委员在两会期间都建议普及特殊需要儿童的学前融合教育,国家层面也出台了相关政策,支持学前融合教育的发展。但是,特殊儿童具有个体差异,对教育有着多样化的需求。目前的学前教育教师未在其所在院校学习过融合教育相关课程,教师专业能力不足成了阻碍普通幼儿园接收残疾儿童的一个重要原因。

西安市东木头市幼儿园在实践过程中,构建了学前融合教育的管理支持体系、课程支持体系和教师支持体系,形成了一套较为科学规范的制度体系和学前融合幼儿园日常运作流程,为深入推进学前融合教育高质量发展提供了坚实基础和保障。

思考

1.你认为可以从哪些方面建构学前融合教育的支持体系?

2.请谈谈你对融合教育支持体系的理解。

学前融合教育主张所有的学龄前幼儿,无论他们的性别、种族、身体条件、智力水平、社会地位如何,都应该在普通幼儿教育机构中共同接受教育。学前融合教育强调有效掌握特殊幼儿的特殊需求,依照个别差异,及早施行适当的教育服务,并提供医疗、教育及社会资源等各方面的协助(石茂林,2012)。学前融合教育强调提供给特殊幼儿一个正常化的教学环境,而非隔离的环境,在班级中提供所需的特殊教育和相关服务措施,使特殊教育与普通教育融合为一个系统(Buysse et al.,1993)。因此,学前融合教育不仅仅致力于将特殊幼儿接纳到主流社会或者学校中来,而且着眼于最大限度扫清特殊幼儿全面参与过程中的各种阻力。

第一节　政策支持:法律保障与经费支撑

从历史发展的情况来看,学前融合教育的理念越来越受到世界各国的推崇。无论是西方发达国家,还是部分发展中国家,都在政策和实践层面积极推动学前融合教育的发展。我国也在政策上对学前融合教育的做法进行了规定。

一、学前融合教育法规政策的健全

《国家中长期教育改革和发展规划纲要(2010—2020年)》中规定:"因地制宜发展残疾儿童学前教育。"《残疾人教育条例》第三十一规定:"各级人民政府应当积极采取措施,逐步提高残疾幼儿接受学前教育的比例。县级人民政府及其教育行政部门、民政部门等有关部门应当支持普通幼儿园创造条件招收残疾幼儿"。《第二期特殊教育提升计划(2017—2020年)》指出，"支持普通幼儿园接收残疾儿童。""为学前教育机构中符合条件的残疾儿童提供功能评估、训练、康复辅助器具等基本康复服务。"《"十四五"特殊教育发展提升行动计划》中要求，"融合教育全面推进""积极发展学前特殊教育，鼓励普通幼儿园接收具有接受普通教育能力的残疾儿童就近入园随班就读，推动特殊教育学校和有条件的儿童福利机构、残疾儿童康复机构普遍增设学前部或附设幼儿园，鼓励设置专门招收残疾儿童的特殊教育幼儿园（班），尽早为残疾儿童提供适宜的保育、教育、康复、干预服务"。《陕西省"十四五"特殊教育发展提升行动计划实施方案》提出，"推进融合教育，全面提高特殊教育质量。"同时，也针对陕西省特殊教育发展提出了具体的规定，如"鼓励普通幼儿园接收具有接受普通教育能力的残疾儿童就近入园随班就读，推动特殊教育学校和有条件的儿童福利机构、残疾儿童康复机构普遍增设学前部或附设幼儿园"，"省级示范特殊教育学校应于2025年前设立学前部和中职部（高中部）"，"实施辅助器具进校园工程，将在公办特教机构学前部或幼儿园就读的残疾幼儿及其家庭，纳入各市残联0～6岁残疾儿童免费康复项目"。陕西省通过促进普通教育与特殊教育融合，医疗康复、信息技术与特殊教育融合，并且通过建设融合幼儿园、特殊教育学校学前部、机构附设幼儿园的形式，实实在在推动学前融合教育的深入发展。西安市除了贯彻国家和省级文件政策，也通过"西安市教师基本功大赛""康复技能大赛""融合幼儿园验收"等活动推动学前融合教育发展。

王大泉（2017）认为，从我国现有的法律以及政策来看，我国已经具备了全面实施学前融合教育的基础和条件。也就是说，我国的学前融合教育已经在政策上得到了支持和保证。

二、教育经费投入，保障特殊幼儿资助

《中国教育统计年鉴》数据报告，2001年我国学前教育经费总投入是60.28亿元，2009年则达到244.79亿元；特别是自2010年我国颁布实施《国家中长期教育改革和发展规划纲要（2010—2020年）》和《学前教育三年行动计划》以来，各级政府加大对学前教育经费的投入。2010年学前教育经费投入达到728.01亿元，2011年学前教育经费投入总量突破1000亿，达到1018.58亿元，约是2001年的17倍（董艳艳，2015）。政府预算内学前教育经费无论是学前教育经费的投入总量的绝对值，还是学前教育经费投入的相对量，都呈现出大幅度增长趋势（郭燕芬 等，2017）。对于特殊幼儿经费保障方面，教育部和陕西省"十四五"特殊教育提升计划都明确要求，要落实并提高义务教育阶段特殊教育学校或随班就读残疾学生生均公用经费补助标准，即到2025年，每生每年7000元以上，有条件的地区可适当提高补助水平。

第二节　环境支持：无障碍环境建设

融合教育理念倡导建构无障碍的校园环境，校园整体环境的无障碍应包括有形的物理环境与无形的心理环境、学习环境、社会环境的无障碍（石茂林，2012）。

一、无障碍的概念

2012 年国务院颁布《无障碍环境建设条例》,将"无障碍环境建设"界定为"为便于残疾人等社会成员自主安全地通行道路、出入相关建筑物、搭乘公共交通工具、交流信息、获得社区服务进行的建设活动"。这是中国关于"无障碍"的法定定义,对无障碍理论研讨和实践领域产生了很大影响。

国际方面,2014 年,国际标准化组织修订了《在标准中界定无障碍的指南》(第二版),正式将"无障碍"(accessibility,"可及性""可使用性")定义为"指产品、服务、环境和设施能在多大程度上被最大范围的不同特征和能力的人群使用,以在特定使用环境中实现特定目标"。这是迄今为止我们见到的关于无障碍概念最权威,也最规范的定义。它既强调普通服务,又重视特别支持,与近年来残障领域所倡导的通用设计、合理便利的要求完全契合,也印证了从包容的角度理解无障碍通常有益于每个人这一概念。国际社会关于无障碍概念的最新成果,是在联合国《2030 年可持续发展议程》的框架下经过讨论和研究取得的。无障碍环境是"指提供无论是虚拟还是实体的灵活的设施和环境,以满足每个用户的需求和偏好。这可以是容易接近、到达、进出、与之交互、理解或者以其他方式使用的任何地方、空间、项目或服务"。

无障碍概念是发展领域的概念,是权利领域的概念,同时也是文化领域的概念。现代中国已经接受无障碍"平等、融合、共享"的价值理念,逐渐从传统社会转向现代文明,无障碍环境构成了独特而重要的社会文化形态,促进了社会包容、多元和可持续发展(厉才茂,2019)。

《中华人民共和国残疾人保障法》第五十二条规定:"国家和社会应当采取措施,逐步完善无障碍设施,推进信息交流无障碍,为残疾人平等参与社会生活创造无障碍环境。"无障碍环境从狭义上讲是方便残疾人,从广义上讲,是为所有人创造更为安全、更为方便地平等参与社会生活的整体环境。

二、无障碍硬件设施的建设与改造

(一)无障碍硬件设施的建设

残疾幼儿参与学校生活遇到的问题,在建设无障碍环境时应注意以下几个设计要点:①班级里有障碍学生的教室位置安排,尽量以学校中心为宜。②无障碍环境建设与改造,除了针对有肢体障碍的学生,同时要兼顾听力障碍、视力障碍、智力障碍、情绪障碍等学生的需求。③学校建筑要设计斜坡道或升降电梯、在道路上铺设导盲砖、在危险的地带装有听觉警示系统、给视力障碍学生设置点字或语音辅助系统等。④对于听障学生要考虑有一定隔音效果的教室,而对于智能障碍者应考虑其行动上的安全性,可以设置各种图案,使他们容易分辨公共空间,如最常使用到的厕所,可以用图案的形式标示男、女,而不要单以文字的方式呈现(石茂林,2012)。

(二)无障碍硬件设施的改造

总体而言,学前融合应注重产品使用上的公平性,对使用人群没有歧视,在环境或产品设计上,以残障者的能力或尺度为标准,同时为残障人与普通健康人所使用,且合理便利和通用设计二者兼顾,从基础上提供融合的可能性和产生更大的效果。

三、无障碍人文环境的创设

(一)创设的途径

融合教育的目的是给有特殊需求的学生一个适合个别差异的教育方式与环境,以培养其未来独立自主的能力(杨龙祥 等,2022)。要想帮助有特殊需求的学生公平地就学,必须要有无障碍的心理环境予以配合,因为校园无障碍的硬件环境,并不能让有特殊需求的学生在校园环境中得到公平的教学资源与学习机会,甚至会造成其孤立无助的状态和心理的痛苦并影响学习愿望(厉才茂,2019)。为达到"零拒绝"的最佳效果,建设无障碍校园环境时必须考虑心理层面的无障碍支持,心理层面的无障碍是融合教育成功的关键。普通师生及社会人士对有特殊需求学生的关怀与接纳程度,也是影响有特殊需求的学生在校园内学习成就与生活表现的关键。教师要多给有特殊需求学生提供表现的机会,逐渐消除健全学生对有特殊需求学生的歧视、偏见。

(二)注意事项

在校园里创设无障碍人文环境时要注意以下几点:①给有特殊需求的学生提供参与各种校园活动的机会;②普通师生避免取笑有特殊需求的学生以及谈论其障碍问题;③举办关怀有特殊需求的学生的活动,积极倡导融合教育的理念;④举办特殊教育通俗讲座,促进普通教师对有特殊需求学生的关注。

第三节　专业支持:学前融合教育师资培养

近年来,我国加快了推行融合教育的发展步伐,在发展过程中,学前融合教育的紧迫性和重要性不断凸显,学前融合教育需要大量具有融合教育素质的专业人才(张世英,2018)。特殊儿童能否在幼儿园中获得合适、有效的教育和指导,与作为教育教学活动主导者和实施者的幼儿园教师密切相关,其融合素养直接影响学前融合教育的质量(余晓 等,2023)。这就要求幼儿园教师要具备幼教和特教知识和技能,以满足学前融合教育发展的需要。

作为一种与时俱进的教育理念和文化价值,融合教育也是普通教育深度改革的一种动力。为了让更多的残障幼儿都能接受平等的教育并得到早期的康复支持和服务,需要更加专业的幼儿教师。实施学前融合教育的幼儿教师,可以分为两类,一是为满足残障幼儿身心发展的特殊需求,提供早期康复支持和服务的专业人员,如康复师、治疗师等;二是为满足残障幼儿身心发展的共性需求,在集体教学中对残障幼儿进行保育与教学的融合教育教师(张世英,2018)。

一、学前教育师范生融合教育素养提升的途径

(一)加强融合教育专业知识培养

建立针对学前融合教育的专业标准和认证制度,完善课程和教材体系,提高师资水平,扩大交流和合作。这有助于师范生系统地、全面地掌握学前融合教育相关理论知识和政策知识。学前教育师范生融合教育专业知识培养可以借鉴南京特殊教育师范学院学前教育学院探索的"三三结合"的人才培养模式。所谓"三三结合"就是指专业课程体系中幼儿教育课程、儿童康复课程、特殊教育课程的"三模块结合"和课程实践中高校、幼儿园、社会"三课堂结合"。根据"三模块结合"课程的特点、性质、任务和内容,需要构建"三课堂结合"的一体化育人机制,引导学前教育专业的学生按照认知学习、服务实践体验和专业实践的路径,更好地了解、理解和接纳特殊儿童,实现理论知识与理念学习、专业技能训练和服务体验的协调发展,更加合理地分配教育资源和时间,形成阶梯式的融合教育师资培养体系,以帮助学前教育专业学生建立科学的儿童观与教育观,掌握幼儿教育与特殊教育知识与技能,深入学前融合教育实践,形成学前融合教育能力;需要积极搭建校园合作的实践平台,为学生提供场地、经费和项目,从而实现学中有做、做中有学和学练结合的实践教学目的(张世英,2018)。

(二)加强融合教育专业技能培训

建立融合专业培训计划和指导体系,完善培训材料和方法,增强培训效果,增加培训机会,扩大培训范围和覆盖面。这有助于师范生灵活地、有效地运用学前融合教育相关实践技能和人际技能。加强学前教育师范生融合教育专业技能培训的方法主要包括以下五个方面:第一,专业课程和培训的增设。在高校和师范院校的学前教育专业中,有针对性地增设融合教育课程,支持职前教师掌握融合教育的基本理念、专业知识和技能。通过这种方式,可以提升职前教师的专业素养与综合能力。第二,建立协同联动机制。幼儿园与特殊教育机构之间建立协同联动机制,例如从特教机构引进专业人才,为有需要的班级配备专门的心理教师,提供有质量的心理辅导和康复训练。在特教师资力量薄弱地区,可以通过实施特教学区负责制,选派特教机构优秀教师巡回入园指导,支持幼儿园最大限度地满足特殊儿童的发展需求。第三,提供专业成长机会。教育主管部门可以支持普通教师到特殊教育学校进行跟岗学习,并为教师提供模块化、系统化的教育培训,支持教师提升专业水平。第四,完善相关政策,优化顶层设计。建议出台支持学前融合教育发展的专项政策,为特殊儿童的学习与发展提供政策保障,加快实现教育公平。第五,借助舆论宣传,营造社会氛围。通过网络、媒体、信息技术等多种宣传方式和手段,对学前融合教育做好正面宣传与舆论引导工作,传递公平公正的价值观,营造和谐包容的社会氛围。上述措施的实施将有助于提升学前教育专业师范生的融合教育素养,从而更好地服务于学前融合教育的发展。

(三)加强融合教育专业态度引导

建立融合教育专业态度测量和分析机制,完善激励和奖励机制,提高影响力和传播力,扩

大共识和认同感。这有助于师范生积极地、主动地树立包容平等、关注需求、关心成长、追求发展等正向的融合教育理念。学前教育师范生融合教育专业态度的引导可以通过以下六个方面进行加强：

（1）价值观教育。在师范教育中强调包容平等、关注需求、关心成长、追求发展的价值观，使师范生理解融合教育的社会意义和价值。

（2）职业伦理教育。培养师范生尊重每个孩子的人格，建立平等的师幼关系，理解并尊重不同孩子的差异。

（3）案例教学和实地体验。通过案例分析和实地参观特殊教育机构，让师范生亲身体验融合教育的实践，增强对融合教育理念的理解和认同。

（4）角色扮演和模拟教学。通过角色扮演和模拟教学活动，让师范生更好地理解特殊儿童的需求，培养他们的同理心和适应能力。

（5）持续的专业发展。鼓励师范生参与持续的专业发展活动，如研讨会、工作坊等，以不断更新他们对融合教育的认识和提高相关技能。

（6）家庭和社区参与。鼓励师范生与特殊儿童的家庭和社区建立联系，了解他们在融合教育中的角色和需求，增强师范生的社会责任感和合作意识。

通过这些方法，可以有效地加强对学前教育师范生融合教育专业态度的引导，使他们成为更有能力的未来教育工作者。

（四）加强融合教育专业价值观塑造

加强融合教育专业价值观的教育和引导，完善评价和反馈机制，促进传承和发展，增加师范生的共识和认同感。这有助于师范生明确坚定地认同融合教育的社会意义和价值，使其以促进每个孩子的全面发展为己任。加强对学前教育专业学生的价值观塑造，可以采取以下五方面策略：第一，加强职业价值观教育。增强学前教育专业学生的专业认同感，通过各种不同的方式和途径促使其与社会文化接触，使其学习一名幼儿教师所需具备的专业知识与专业技巧。这有助于学生更加热爱自己的专业，并在此基础上形成正确的职业价值观。第二，加强职业指导。从入学开始，为学生提供有条不紊的就业指导，帮助学生对未来的职业有更为清晰的认识，对职业价值观有更正确的理解。例如，可以举办职业生涯规划活动，帮助学生更早消除对未来工作的迷茫和恐慌心理。第三，增加实践教学环节。例如，增强艺术类课程的教学，提高学生在毕业时的就业竞争力；通过增加实习时间，为学生提供更多的实践机会，以及组织学前教育教师技能大赛等活动，来调动学生积极性，并检测学生的学习成果。第四，拓宽实习与就业模式。建立和健全与学前教育专业学生对口的实习与就业基地，有效解决学前教育专业学生的就业问题，扩大学前教育专业学生就业的范围和视野，给予毕业生更大的职业选择空间。第五，融入社会主义核心价值观。将社会主义核心价值观融入专业人才培养体系，通过转变育人理念、改变课程设置、创建文化校园等方式，培育学生的社会主义核心价值观，使其成为优秀的幼教工作者，献身中国特色社会主义学前教育事业。通过这些策略，学前教育师范生可以更好地提升他们的融合教育素养,为未来的教育工作做好准备,并为特殊儿童提供适宜的帮助和支持,使得特殊儿童能够与健全儿童真正融合。

二、入职前的教师融合教育专业培训

教师培训是提高幼儿园教师质量的重要途径之一,特别是重点突出、反思性强、持续性久的培训活动,在提升幼儿园教师质量上效果显著。

(一)扎实推进基础培训,形成科学的知识观

幼儿园应结合自身融合教育发展特点,从打牢基础出发,设置系列融合教育基础培训课程,如学前融合教育中特殊儿童的行为管理和矫正方面的培训,制定实施个别化教育计划、融合教育教学方法方面的培训等。这些基础培训能帮助幼儿园教师获得融合教育中最直接、最基础的理论知识,从而以更科学的知识观引领其自身融合教育素养的发展(崔志月,2016)。

(二)以问题为导向,建立分层培训体系

不同的幼儿园教师的融合教育素养存在一定差异,因此在培训中需要以实践问题为导向,以满足不同幼儿园教师的培训需求为目标,并结合不同的培训内容,针对不同幼儿园教师的培训方式、内容等进行分层设计、分层培训,以帮助幼儿园教师能够快速获得符合自身专业水平的有效培训(余晓 等,2023)。

三、在职教师的融合教育培训学习

(一)构建教研学共同体,推动在职教师融合教育知识纵深发展

沿着"发现问题—分析问题—解决问题—经验总结"的思路,通过定期组织幼儿园教师针对融合教育实践中的问题进行交流、研讨和反思,形成科学有效的教育实施方案并加以实践改进,以此增加幼儿园教师融合教育知识的深度(王琳琳,2017)。

(二)引入特殊教育支持力量,形成融合教育实践合力

巡回指导模式是我国学前特殊教育的主要服务形式之一,通过提供特殊教育专业支持与服务,弥补幼儿园教师专业能力不足,以提升班级保教人员的融合教育能力,形成融合教育合力,共同助力融合教育质量的提升(唐子涵,2021)。

(三)积极吸纳外部资源,整合融合教育资源

在传统教育组织形式下,特殊学校和普通幼儿园都各自掌握着教育资源,这些资源很难实现共享。随着融合教育的推进,这种状态需要被打破和重塑。幼儿园可积极整合省、市、区、县等各方特殊教育资源,全域联动搭建幼儿园教师融合教育素养专业发展基地,建立融合教育示范园所等,从而有效整合资源,实现学前融合教育高质量协同发展。

第四节 社会支持:多方共同发力

特殊幼儿全人的培养一定是建立在积极的社会支持背景基础上的(郭文斌 等,2022)。办好特殊教育,不仅需要政府政策,也需要社会多方共同发力。因此,社会各界应建立完善的社会支持系统,让特殊幼儿能名正言顺地长久获取各种社会支持(徐德荣,2012)。

一、残联发挥引领作用

(一)残联工作的宏观要求

在中国残联第六次全国代表大会上,相关领导人指出,作为残联和残疾人工作者,要做好健全残疾人社会保障制度、努力推动全社会公平正义和共同富裕的工作,同时还要做好解放和发展蕴含在广大残疾人中的社会生产力、增强和提升残疾人及残疾人组织社会活力的工作,更充分地展示残疾人坚持和发展中国特色社会主义的重要作用。残联及残疾人工作者要更加充分地依靠残疾人、发挥残疾人的聪明才智,密切和残疾人群众的血肉联系,深入残疾人中去,踏踏实实地把工作做到残疾人身边,切实为残疾人解难题、办实事、谋福祉,把残疾人高兴不高兴、满意不满意、赞成不赞成、答应不答应作为想问题办事情的出发点和归宿。中国残联关于贯彻落实《"十四五"特殊教育发展提升行动计划》的通知中明确要求,各省、自治区、直辖市残联,以及新疆生产建设兵团残联要主动担当,积极作为,要以主人翁的态度积极参与特殊教育工作,积极配合当地教育部门,共同制定好《"十四五"特殊教育发展提升行动计划》实施方案;要借助动态更新和巩固脱贫监测机制,全面摸查当地残疾儿童少年受教育真实情况,依托与教育部门的数据比对,精准掌握残疾儿童学前教育和残疾青少年职业教育的具体情况,有针对性地向当地教育行政等部门共享数据、沟通信息;要坚持问题导向和目标导向,深刻理解新时代新发展理念要求和"十四五"特殊教育发展提升总体要求,从维护残疾儿童青少年平等接受有质量的教育权利出发,因地制宜争取更加有利政策措施,推动残疾人受教育水平持续提升[1]。

(二)基层残联具体工作

就基层残联具体工作而言,应该充分考虑本地经济产业结构状况以及残疾人福利状况、年龄结构、残疾种类等,并深入社区了解残疾人就业需求,开展针对性培训,帮助残疾人积极就业,自力更生,更好地服务于残疾人;市级残联拥有较大的场地和较为充足的人才,可将专业化要求高、占地面积人的服务项目安排在此类综合性或专业性服务机构进行(宋宝安,2019)。同时,要完善残疾人基本信息数据库,为政府提供精准的残疾人信息,为政策制定提供可靠的数据支撑,共同促进完善基层残联运行机制。另外,要积极发挥残联的协调作用,积极促进政府

---

[1] 中国残联教就部.中国残联关于贯彻落实《"十四五"特殊教育发展提升行动计划》的通知[EB/OL].(2022−01−28)[2023−09−25].https://www.cdpf.org.cn/zwgk/zcwj/wjfb/0c8dce941c5a4d04b3b2a41b04dc1b7e.htm.

与企业之间的合作,建立公开透明的网络信息化平台,倾听民众的声音,确切了解资源供需情况,从而做到按残疾人不同需求来分配资源。

二、新闻媒体扩大宣传

科普宣传工作是实施全民科学素质行动的重要手段,而利用新闻媒体促进科普工作发展具有至关重要的作用(韩雪峰,2015)。如何利用新闻媒体的优势,扩大并创新学前融合教育的宣传教育渠道,为学前融合教育工作助力,具有重要意义。

(一)行政部门广泛宣传

特殊教育学校、教育行政主管部门、残联等政府有关部门应动员社会各界,加强学前融合教育的宣传,大力宣传普及学前融合的知识和方法,为普通学校和家长提供科学指导和专业咨询服务。同时,广泛宣传学前融合教育改革发展成就和优秀典型事迹,引导学生和家长充分认识学前融合教育对促进残疾儿童青少年成长和终身发展的重要作用,在全社会营造关心支持特殊教育改革发展的良好氛围[1]。

(二)新媒体持续建设

家长应通过相关渠道获取专业信息,同时家长也可以利用平台资源提供的信息、咨询和辅导等帮助,因此,利用新闻媒体可以构建专业的网络共享信息资源,既可加强家庭之间的互助及参与,又使得每个家庭之间形成互助支持的社会网络。但是,现下特殊教育在此方面开展的工作相对缺乏,相关的媒体平台也缺乏传播力度的持久和专业知识的普及能力。所以,特殊教育专业平台依然需要广大教育者和社会的积极参与,以推进社交媒体、新媒体的传播,促进特殊教育的发展(王菲,2020)。

三、医院提供医疗辅助

(一)全面开展教康医结合

幼儿园应将康复时间列入幼儿园一日活动安排表,康复中心应把特殊幼儿康复纳入日程安排。特殊儿童可以根据需要选择到康复中心康复或者到幼儿园接受教育,保障特殊儿童及时便利地"一站式"接受教育和康复,从根本上改变特殊儿童家长带着孩子"两头跑"的弊端,实现专业康复机构和学校之间、专业康复人员与教师之间的有机合作,做到特殊儿童发现、诊断、评估、康复、教育全方位和无缝隙的有机衔接,并通过集体康复、个别训练及家庭辅导等多形式、个性化地满足特殊儿童教育和康复需要(孔静,2022)。

(二)医院派出专业康复师驻校

医院在学前融合教育工作中具有不可替代的作用。因此,当地有条件的医院应积极参与

---

[1] 深圳市人民政府办公厅关于印发《深圳市特殊教育发展提升行动计划(2023—2025年)》的通知[EB/OL].(2023-04-12)[2023-09-25].http://www.sz.gov.cn/gkmlpt/content/10/10537/post_10537589.html#20044.

到医疗、康复与特殊教育相结合的服务体系中,派出医院有爱心、有专业能力、有坚持精神的康复医生,促进残疾幼儿发现、诊断、评估、康复、教育等工作的有机衔接,为学校医教结合服务提供稳定的专业支撑。

四、慈善机构和志愿者协会提供支持

(一)慈善机构和志愿者协会不断扩大

目前,我国慈善机构和志愿服务的范围不断扩大,慈善机构和志愿者协会的人员也在不断扩大,慈善捐助和志愿服务正在成为一个有效促进学前融合发展的新途径。各地各类慈善机构和志愿者协会积极投身特殊教育事业,为"办好特殊教育"贡献了巨大的力量。通过对近年来学校志愿服务活动的梳理和总结,肖宇(2019)认为,志愿者是"办好特殊教育"的重要参与者,是特殊教育学校办学的巨大资源宝库。

(二)慈善机构和志愿者协会积极支持

慈善和志愿服务平台拥有丰富的教育资源、优质的科学知识资源,能为家长和学生提供较好的理论支持。此外,慈善机构和志愿者协会参与到融合教育中,积极与特殊幼儿交流互动,对学生发展而言也是开展了必要的社会适应训练。同时,慈善志愿活动的开展也有助于促进社会正确看待特殊需要群体,了解他们真实的学习生活和心理诉求,为他们未来在社会中得到充分接纳创造有利的社会环境。

(三)特殊教育学校和慈善机构、志愿者协会深入合作

学校应积极打造专业、优质、高效的志愿者服务平台,定期开展"慈善机构和志愿者协会培训交流会",邀请相关慈善人员、志愿者走进校园参加培训,其内容主要包括了解校史校情、关爱学生心理健康、了解学前融合教育等方面。志愿者在培训中对学校办学和学生发展有了更多的了解,就能够更深入地体会"普特融合、平等成长"的重要内涵与意义。学校通过与社会各界的慈善机构和志愿者协会沟通和交流,向社会传递"平等互融"的理念和诉求,为特殊儿童未来的发展创造了更加优良的社会环境(肖宇,2019)。

第五节　西安市建构学前融合教育支持体系案例：东木头市幼儿园资源教室建设运行方案

为深入贯彻全国、省、市教育大会精神,落实市委、市政府颁布的《西安市基础教育提升三年行动计划(2019—2021年)》关于建设融合幼儿园的具体要求,进一步提升西安市学前特殊儿童的教育质量,保障教育公平,碑林区教育局设立东木头市幼儿园为全区首所融合幼儿园。为有效保障东木头市幼儿园创建融合幼儿园,参照《特殊教育学校建设标准》《普通学校特殊教育资源教室建设指南》,特制定本方案。

东木头市幼儿园资源教室(以下简称资源教室)是设立在东木头市幼儿园内的学龄前特殊

需要儿童专用服务教室,配备专业资源教师,主要为园内有特殊教育需求的学龄前特殊需要儿童提供教育评估、教育安置、转衔服务、家长咨询等特殊教育服务,同时也为区域内有学龄前特殊需要儿童的幼儿园提供专业咨询、技术支持、师资培训等教师专业化发展服务。

一、指导思想

《国家中长期教育改革和发展规划纲要(2010—2020 年)》中规定:"因地制宜发展残疾儿童学前教育。"《残疾人教育条例》第三十一规定:"各级人民政府应当积极采取措施,逐步提高残疾幼儿接受学前教育的比例。县级人民政府及其教育行政部门、民政部门等有关部门应当支持普通幼儿园创造条件招收残疾幼儿"。《第二期特殊教育提升计划(2017—2020 年)》指出,"支持普通幼儿园接收残疾儿童。""为学前教育机构中符合条件的残疾儿童提供功能评估、训练、康复辅助器具等基本康复服务。"《"十四五"特殊教育发展提升行动计划》中要求,"融合教育全面推进""积极发展学前特殊教育,鼓励普通幼儿园接收具有接受普通教育能力的残疾儿童就近入园随班就读,推动特殊教育学校和有条件的儿童福利机构、残疾儿童康复机构普遍增设学前部或附设幼儿园,鼓励设置专门招收残疾儿童的特殊教育幼儿园(班),尽早为残疾儿童提供适宜的保育、教育、康复、干预服务"。《陕西省"十四五"特殊教育发展提升行动计划实施方案》提出,"推进融合教育,全面提高特殊教育质量。"同时,也针对陕西省特殊教育发展提出了具体的规定,如"鼓励普通幼儿园接收具有接受普通教育能力的残疾儿童就近入园随班就读,推动特殊教育学校和有条件的儿童福利机构、残疾儿童康复机构普遍增设学前部或附设幼儿园","省级示范特殊教育学校应于 2025 年前设立学前部和中职部(高中部)","实施辅助器具进校园工程,将在公办特教机构学前部或幼儿园就读的残疾幼儿及其家庭,纳入各市残联 0—6 岁残疾儿童免费康复项目"。东木头市幼儿园本着"支持儿童"的学前融合教育理念,结合儿童的实际教育康复需求,积极建设能够支持儿童接受早期教育、进行潜能开发和缺陷补偿的专用资源教室。

二、建设目的

以现代特殊教育理念为引领,东木头市幼儿园资源教室主要为园内接收的智力障碍儿童、孤独症谱系障碍儿童、情绪行为障碍儿童、学习困难儿童提供融合教育的教学服务、用具、场所,同时也为特殊需要儿童家长提供教育咨询与服务。资源教室也为区域开展融合教育活动的幼儿园教师提供融合教育教学研讨、康复技能提升、课题研究的场所与空间。资源教室配置有专业资源教师岗位,以专业教师为引领,培养区域融合教育骨干,制订个别化教育计划,开展融合教育活动。

三、建设意义

资源教室的建设有助于融合幼儿园的创建,促进区域内学前特殊需要儿童身心发展和与社会的融合;提供健全学生与特殊需要学生共同学习、互相理解的机会,使健全学生养成接纳、关心和帮助弱势群体的良好品德;促进人们教育观念转变,使人们重新认识和思考学校教育的功能和价值,推进教育改革;也使更多的人深入理解并支持残疾人这一弱势群体,提高全社会文明程度,促进残疾人与普通人的共同发展。此外,融合教育提高了对现有教育资源的利用,节约了国家和各级政府的投入,也减轻了残疾学生家长的经济负担,提升了我们与特殊教育发达国家和地区交流合作的层次,促进了相关法律法规、教育安置形式、教学方法和教学评价等的研究和实践。

四、规划设计

1.规划理念

资源教室的设计总体秉持无障碍化设计的基本理念,坚持以儿童为主的学前融合教育理念,且充分考虑现有特殊幼儿中孤独症谱系障碍儿童越来越多、幼儿障碍程度不断加重的现实,采用结构化教学的基本方法规划设计资源教室的基本配置和功能区划。

结构化教学的空间设计旨在通过合理布局教室内的设备、教具和情境,从而提升环境的组织性和教育意义。有效的空间结构可以减少孤独症学生在听觉与视觉上的干扰。空间的界限对孤独症儿童尤为重要,让其分清休息和学习的空间,可以帮助他们更好地专注眼前的活动。缺乏结构化的空间建设,常导致学生的不良行为。师生共同发展的协同设计理念即是在中心中提供能够有效支持教师开展干预和研究的教育教学工具,有效提升教育教学的实效,促进资源教师的职业效能感提升。

2.教室功能

东木头市幼儿园资源教室主要实现以下功能:

(1)为园内特殊需要幼儿开展教育评估,建立个别化教育计划,形成学生教育康复档案。

(2)为园内特殊需要幼儿开展学科辅导、康复训练、学业支持等融合教育康复支持服务,为学生提供专用学习用具及康复用具。

(3)为资源教师、园内行政人员及相关专业人士开展支援服务,是教师获取学前融合教育知识的重要途径,促进园内领导、教师、普通幼儿、家长接纳特殊幼儿。

(4)作为融合教育学生家长接待场所,为家庭教育提供帮助和支持,提供家长专业咨询服务。

(5)是开展学前融合教育教学科研研究,进行学前融合教育探索实践的重要场所。

3.区域划分

在充分利用园内儿童阅读室、木工坊、科学探究坊、运动场地等区划的重要功能基础上,按照《普通学校特殊教育资源教室建设指南》中的具体要求,中心教室区域主要设置学习训练区、资源评估区、学生支持区、学生展示区、办公接待区。对应区域的建设说明如下:

(1)学习训练区:该区域为园内为特殊需要学生开展个别化小组或一对一早期教育康复训练的专用区域,区域内可根据学生个别化教育计划中的课表安排组织学生开展言语语言、感知觉、动作、生活适应等领域的早期教育康复活动。该区域为开放式空间,空间边界由地标、课桌椅等进行划分,配备学生桌椅、康复设备、移动式小黑板等学生使用的基本设备。

（2）资源评估区：该区域为学前特殊需要儿童进行教育检核评估的专用区域，按照一对一的基本评估形式配置评估桌椅，搭载感觉统合、早期语言、言语训练、PEP-3孤独症儿童心理教育评核等专用评估工具。教师在该区域进行学生评估后，进入办公接待区进行信息录入和分析工作。

（3）学生支持区：该区域主要存储、摆放学生开展早期教育、康复训练的玩教具、康复用具等，按照指南推荐的装备目录以及园内特殊需要幼儿的实际需求选择各类工具进行储备，支持学生缺陷补偿和潜能开发。

（4）学生展示区：该区域存储、展示特殊需要幼儿在园内融合发展过程中的成果及作品，引导幼儿发展自身优势增强自信，促进家长提升自我效能感，强化教师之间的交流与合作。

（5）办公接待区：该区域主要提供教师办公、科研、接待等功能，该区域应配备专用教师办公设备、科研会议专用会议桌，方便教师在该区域中为学生进行个别化教育计划的制订。除上述功能外，该区域还可以用于教师与家长、融合教育教师的沟通交流及咨询活动。

结合区域功能划分，资源教室区域布局如图8-1所示。

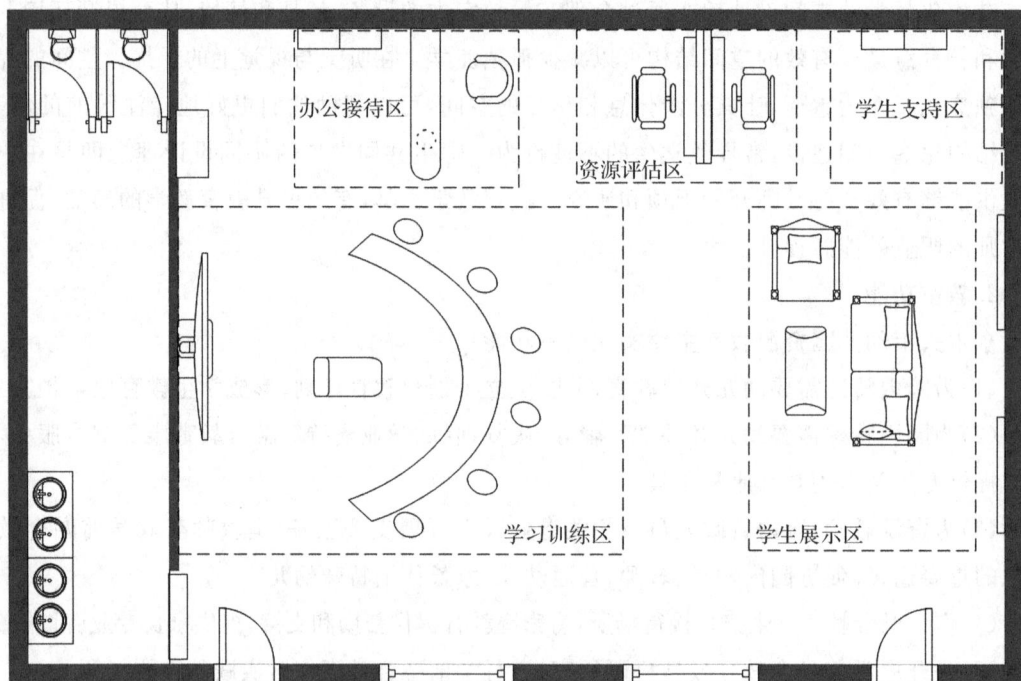

图8-1　资源教室区域布局图

4.区域配置

结合总体设计理念，资源教室内部环境配置除基本的幼儿园环境配置要求外，重点应当结合无障碍化和结构化的理念，进行资源教室的整体环境处理。

（1）无障碍处理：进出资源教室位置使用坡道、进出卫生间门口使用坡道，在涉及学生能够行走的位置配备对应扶手。窗户角以及桌椅角等有明显直角易产生危险处使用海绵胶进行软包处理，置物架进行固定同时进行护角处理。园内整体环境上，积极创建无障碍环境。

(2)结构化处理:资源教室内部环境整体呈开放式,各区域之间不建立实体墙面进行隔离,区域之间使用已有的各类置物架、地表线进行视觉提示分割。不同区域使用视觉提示加文字的形式进行标记,教师在接收特殊需要幼儿后带领学生辨认、识别不同区域。

本资源教室的主要功能区域配置如下:

学习训练区,主要配备教师开展相关早期教育干预及康复训练活动的设备。相关配置如表8-1所示。

表8-1　学习训练区配备目录

序号	名称	规格功能	单位	配备数量		备注
				必配	选配	
1	书写板	移动式,磁性	块	1		
2	桌椅	学生用。高度符合学生身高,桌面、椅面四周为圆角	套	适量		
3	楔形椅	孤独症学生专用	套	适量		
4	多媒体设备	显示设备、计算机、视频展台	套	1		
5	玩教具收纳架	用于收集和存放玩教具	个	适量		
6	教具		件	适量		根据实际需要配备
7	康复设备		件		适量	根据实际需要配备

办公接待区,主要配备资源教师办公设备,为其制定整理相关资料,开展家长接待及咨询活动提供场地。相关配置如表8-2所示。

表8-2　办公接待区配备目录

序号	名称	规格功能	单位	配备数量		备注
				必配	选配	
1	办公桌椅	教师用	套	1		
2	橱柜	陈列图书、资料、学生作品等	个	适量		
3	计算机	教师用	台	1		
4	彩色打印机		台	1		
5	数码摄像机		台	1		
6	数码照相机		台		1	
7	图书音像资源		套	适量		根据实际需要配备
8	沙发套装	接待区咨询使用	套	1		
9	茶几		套	1		

资源评估区,主要配备桌椅、评估工具,用以开展学生的教育评估活动。相关配置如表8-3所示。

表8-3 资源评估区配备目录

序号	名称	规格功能	单位	配备数量		备注
				必配	选配	
1	桌椅	学生用。高度符合学生身高,桌面、椅面四周为圆角	套	适量		
2	康复用具收纳架	用于收集和存放康复用具	个	适量		
3	儿童感觉统合能力评估系统	利用儿童感觉统合能力评估量表,可进行全年龄段儿童感觉统合能力的评估,出具感觉统合能力诊断报告,形成儿童感觉统合评估报告	套		1	软件
4	"一人一案"评估系统	以检核评估的理念为依据,以人本主义理论为指导,结合特殊儿童身心发展的特点以及随班就读班级、学校这一环境因素进行设计,进行学生各领域的综合评估	套		1	软件
5	教室资源管理系统	资源教室内产品设备信息的无纸化管理:名称、图片、使用方法、数量等及设备借用记录功能	套		1	软件
6	康复评估工具套装	资源教师进行各领域评估的专用工具套装	套	1		

学生支持区,主要配备学生早期干预教育和康复训练相关用具。根据园内已有配置,重点倾向配置康复训练相关工具,相关配置如表8-4所示。

表8-4 学生支持区配备目录

序号	名称	规格功能	单位	配备数量		备注
				必配	选配	
1	蒙台梭利教具	蒙氏教具,包括感官教具、数学教育教具等88件套,也可选择更多配置的套装	套		1	
2	感觉统合训练套装	团队协力板、滚筒、视力环、滑板车、平衡触觉板、摇摆跷跷板、阳光隧道、袋鼠跳布袋、脚步器、独脚椅、拐杖、球类、矫形背带(S码)	套		1	

续表

序号	名称	规格功能	单位	配备数量		备注
				必配	选配	
3	视功能训练套装	普通画册和图片、低视力训练图谱、手电筒、光箱、发光球体、发光小灯组合、长串彩灯、有声图卡学习机	套		1	根据园内有无低视力学生情况进行选配
4	听觉及言语训练套装	听觉辅助辅助设备(助听器、助听器收纳盒、发射机、接收机)、言语训练图卡、口部运动训练工具、语言训练图卡、言语语言训练仪器	套		1	根据园内有无听力障碍学生情况选配
5	运动训练套装	楔形垫、梯椅、手指训练系统、精细运动训练工具套装等	套		1	根据园内有无脑瘫儿童情况选配
6	语言类玩具	各类事物的图片、各类图书、手偶/指偶、沟通板、沟通贴、电子书、声像读物等	套		1	
7	认知类玩具	记忆玩具、数字卡片、配对和接龙玩具、几何图形玩具、玩具天平、套塔/套筒、几何形积木、接插积木、螺旋结构积木、各类拼板拼图、绘画工具、手工工具、泥工工具、印章、滚筒、彩色颜料、海绵刷	套		1	根据园内已有配置情况进行选配
8	社会性发展玩具	穿衣服系列/多功能工具板,各种夹子,仿真水果和蔬菜,厨房、超市、理发、医疗玩具等,衣服、袜子、手套等	套		1	

五、园内资源教室运行

资源教室的管理工作包括:资源教室的设备管理、资源管理、档案管理、学生管理、业务工作管理等。

资源教室在运行时,要明确学校领导班子中的责任人,规定其主要责任;制定明确、详细、责任分明、严格的管理制度;选择责任心强,有工作能力,身体健康的管理人员;经常检查管理工作的情况,查漏补缺,完善管理工作。

资源教室内部制度建设举例：①资源教室的工作流程制度；②资源教室的使用规范；③资源教室的资源管理制度；④资源教室的图书、器材、软件的借阅、借用制度；⑤资源教室的设备添置、保管、维修、报废制度；⑥资源教师的服务；⑦其他。

课后练习

1.请对周边融合教育幼儿园开展调研，了解他们是如何建设学前融合教育支持体系的，并在此基础上制定一份调查报告，并进行小组讨论。

2.你觉得目前的支持体系还有哪些需要改进完善的地方？

3.请对周边配备有资源教室的融合幼儿园进行走访和调查，明确其配备的设备，说出其存在的不足，并提出改进方案。

第九章
构建有效的家庭与幼儿园合作模式

学习目标

1. 理解家庭和幼儿园教育在特殊儿童成长过程中的重要性。
2. 了解特殊儿童家长在家园合作中的角色和参与意义。
3. 掌握促进特殊儿童家长参与的有效策略。
4. 探讨特殊儿童家长话语权的重要性及其价值。

知识导图

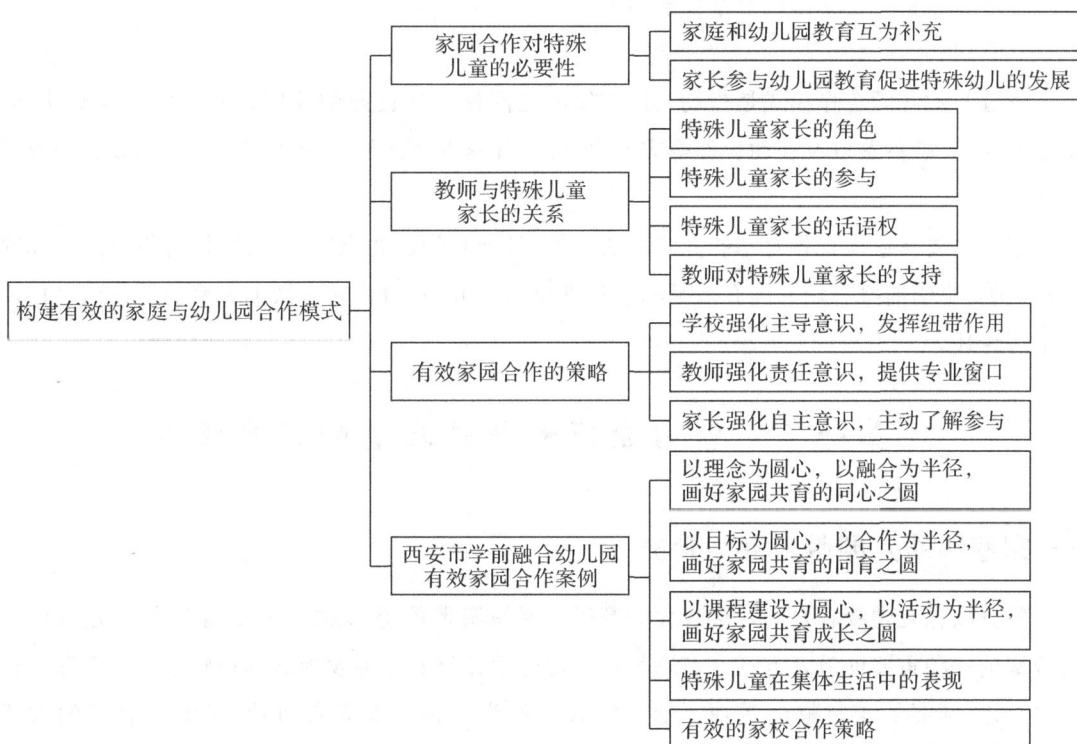

导读

小明是一个特殊儿童,他的语言和运动能力发育稍有滞后。为了让小明得到更好的照顾和教育,幼儿园与他的家长紧密协作,共同制订了一份详细的教育计划。教师们经常与家长交流,了解小明的兴趣爱好、性格特点以及在家庭中的表现,家长也积极参与到幼儿园的各项活动中,如亲子游戏、家长座谈会等,与教师一起为小明营造一个良好的教育环境。家长在家中积极引导小明参与家务劳动,以培养他的生活技能。同时,家长还向幼儿园提供了小明在家庭中的表现、生活技能等方面的信息,与教师共同关注小明的成长。经过家长和幼儿园的共同努力,小明的自理能力得到了很大的提高,语言表达能力也有了明显的进步。家庭和幼儿园的具体做法是什么呢?小明接下来的成长将会如何呢?他能否在家长和教师的关爱下克服障碍,实现全面发展呢?

思考

1.家庭和幼儿园教育在特殊儿童成长过程中各自扮演了什么角色?
2.特殊儿童家长在幼儿园教育中应承担哪些责任?
3.如何有效促进特殊儿童家长参与幼儿园教育?
4.特殊儿童家长话语权对家校合作有何意义?

家庭与幼儿园合作模式是指幼儿园与家庭之间建立起良好的互信、共同协作、资源共享、信息交流、经验借鉴以及互动合作等方式,使幼儿在家庭和园所两个环境中得到全方位的教育和培养。

本章主要从家园合作对特殊儿童的必要性、教师与特殊儿童家长的关系、有效家园合作的策略、西安市学前融合幼儿园有效家园合作案例四个方面,对构建有效的家庭与幼儿园合作模式展开论述。

第一节　家园合作对特殊儿童的必要性

一、家庭和幼儿园教育互为补充

家庭教育是学校教育和社会教育的基础。要想实现孩子的健康成长,家庭教育是其中不可或缺的一种重要的教育方式。家庭教育对促进幼儿身心全面发展和人格塑造产生着深远影响,家长必须要给予足够的重视。幼儿园教育作为一种专业教育机构,是家庭教育的重要补充。

（一）家园共育的必然趋势

随着经济社会的发展以及人们对教育重视程度的加强，一方面，社会要求幼儿园教育要不断提升教学水平，为广大幼儿提供更高水平的教育服务；另一方面，家长越来越重视幼儿教育，主动参与到幼儿教育教学中来，为幼儿教育的发展注入了强大力量。基于此，如何构建一个高效的家庭与幼儿园合作模式已然成为各地教育机构亟待解决的问题。家园合作是一种新型的教学模式，它能够有效地在家庭和幼儿园两个主体之间建立联系，利用学校和家庭两种教育资源，提高家校合作的有效性。家庭与幼儿园合作模式的建立，能够有效地满足当下社会对幼儿园教育的需求。因此，在当下教育环境中，家长参与到幼儿园教育活动中是必然的趋势，园方和家长都应该重视家园合作，一方面幼儿园要鼓励和指导家长积极参与，另一方面家长要与幼儿园进行良好的协作，积极地参与到幼儿园教育活动中。

（二）家庭与幼儿园教育的区别和联系

家庭和幼儿园是幼儿两个重要的成长环境。婴儿出生后，接触的第一个持久的教育环境是家庭，家庭能够使幼儿获得亲密感和安全感，父母是幼儿的第一任老师。家庭教育就是个体所接受的最基础、最开始的教育，对个体的影响深刻、长远，并影响着个体今后身心各方面的发展。幼儿园是幼儿开始接受教育的第一个正式场所，是幼儿脱离家庭走入社会的开始。相对于家庭教育，幼儿园教育是有目的、有组织、有计划地发展幼儿的社会化的教育活动，并且幼儿园教育环境是可控的，幼儿教师可以根据幼儿实际发展需要，有意识地创设一系列特定的环境，让幼儿在其中学习相关的知识、行为，并激发幼儿的学习欲望和社会意识，促进幼儿的身心发展（王其龙，1994）。特殊儿童相较于其他健全儿童来说，在身体某一方面的能力受限，会直接影响其各领域的均衡发展，甚至出现某一领域严重障碍的情况，这就更需要幼儿园教育之外的家庭教育作为补充。

家园共育能够将幼儿园教育和家庭教育两者联系起来，互相配合，在教育目标和行为上达成一致，在教育内容和教育方法上相互延续和借鉴，实现家庭和幼儿园教育的优势互补，促进幼儿身心的全面健康发展。

二、家长参与幼儿园教育促进特殊幼儿的发展

从国内已有研究中发现，家长参与幼儿园教育对幼儿园、教师、家长以及幼儿都具有正面的意义。家长参与幼儿园教育能使家长更好地认识到自己在幼儿教育中的责任和义务，也可以提高幼儿教师的专业知识和能力水平，且加强家园之间的沟通，还可以增进家长对幼儿园教育的了解，提高家长的育儿水平。家长参与幼儿园教育的程度越高，幼儿发展水平越高。

（一）促进良好亲子关系的形成

良好亲子关系的形成必不可少家长的主动参与、积极参与。家长的积极参与可以使幼儿获得充足的信任感和安全感，使儿童更愿意表达自己的需求。家长的积极参与还可以让幼儿体会到家长对自己的爱意，使家长与幼儿的情感更加深厚，提高亲子间的亲密度，促进良好

亲子关系的形成。家长可利用节日活动或参加亲子活动等形式,参与幼儿教育活动,了解孩子的性格、兴趣和特长,培养与孩子的感情,满足孩子的情感需要,逐渐加深与孩子的信任和了解。如此,家长和幼儿之间的交流沟通就会更加顺畅,家长也能够更好地帮助孩子成长。

(二)使幼儿的社会性得到发展

家长参与幼儿园教育有助于促进特殊幼儿社会性的发展。一方面,家长是幼儿社会化的情感基础,家长的积极参与更有利于促进幼儿的个体精神和社会意义上的成长。另一方面,幼儿园教育是专门培养幼儿的有目的的社会性活动,它通过开展具体的教育教学活动将一些社会规则传达给幼儿,进一步扩大了幼儿的社会化范畴。即,家庭是幼儿教育的起始,幼儿园教育是不断拓展幼儿社会化的有效途径,两者互为补充,形成教育合力促进幼儿的社会化发展。同时,在成长过程中,幼儿会表现出不同的性格特点。家长要针对幼儿的个性特征,更新自己的家庭教育理念,采取不同的教育方式和引导方式,并与幼儿园教师多沟通、多交流,了解幼儿在幼儿园的表现,根据幼儿的具体情况选择适宜的教育方法。家长与教师之间形成的良好互动合作关系也会为幼儿提供教育和情感上的支持,从而促进幼儿社会能力的提升(李晓巍,2015)。

(三)使幼儿的自理能力得到发展

家长参与幼儿园教育,能使幼儿自理能力的发展得到有效促进,特别是父母为主要教育者的幼儿生活自理能力发展更好(何非,2006)。学前阶段是培养孩子自理能力的关键时期,当孩子已经意识到自己长大了之后,家长应当告诉孩子自己的事情可以自己独立去完成。当孩子面临难以解决的困难时,家长可以慢慢引导孩子学会自主思考和解决问题。作为家长,可以在旁边进行指导和监督,适当给孩子分配家务劳动,切忌对孩子大包大揽,也不要过分苛求和抱怨。发现孩子自理能力有进步时,家长应及时进行表扬,加以强化,这样能提升孩子的成就感以及动手操作能力。

(四)减少幼儿的行为问题

在幼儿性格、行为的形成上,家长的积极参与也具有正面影响。研究表明,家长参与到幼儿教育活动中的程度越高,幼儿的行为问题就越少。幼儿阶段是孩子成长的重要阶段,此阶段过渡不好,会引起孩子诸多的行为问题。例如,孤独倾向、暴力倾向等。此外,幼儿表达自己的需求常常基于自我需要,他们的行为问题源于其内在的需求。家长只有参与到孩子的教育中来,才能了解孩子的真实心理和行为,才能够更好地帮助和教育孩子。对于有行为问题的孩子,家长应注意引导,及时给予孩子认可和鼓励。每当孩子表现好的时候,家长需要及时给予积极的反馈和奖励。

(五)共享幼儿园教育资源

不同的家长还可以成为幼儿园开发与运用的教育资源,比如家长的职业、教育背景以及人生阅历等都具有教育价值,可以给幼儿带来不一样的学习体验。家长是幼儿宝贵的教育资源,家长来自各行各业,具有不同职业或不同文化背景的家长可以为幼儿教育需要提供多种支持和服务,丰富教育教学内容。一方面,幼儿对家长具有先天的情感依赖和获得安全感的需要,因此家长可以利用自身优势为幼儿教育的发展提供帮助,促进教育资源整合。另一方面,幼儿园作为专门的教育机构,掌握着更为专业、系统的教育资源,它通过科学的教育教学方法向幼儿传输专业知识,促进幼儿个体的发展。因此,两者可以共享教育资源,形成教育合力,共同促进幼儿教育的发展。

第二节　教师与特殊儿童家长的关系

一、特殊儿童家长的角色

特殊儿童家长是特殊儿童教育的重要力量,为特殊儿童的生活和成长提供长期而稳定的支持。特殊儿童家长作为特殊教育中的重要人力资源,在特殊儿童的评估、安置、教育训练等方面也起着不可替代的作用。家长的参与是家园合作教育工作中重要的一环。

(一)特殊儿童家长是监护者和维权者

特殊儿童家长既承担着保护特殊儿童人身安全、人身抚养等多种监护责任,同时也承担着维护儿童教育权益的责任。特殊儿童家长依法维护儿童基本的受教育权,拥有对儿童教育的知情权、选择权、决策权和监督权,对于特殊儿童在教育中遭受的不公正待遇和侵权行为,家长有权要求依法处理,维护公平权益。

(二)特殊儿童家长是教育参与者和决策者

家长有权参与特殊儿童的评估、教育安置、重要教育计划的制定与决策。例如,家长参与儿童的评估,为学校提供特殊儿童身心发展的全面信息,对评估结果有权质疑、否定并确认、署名,对儿童的安置或转衔计划进行讨论、解释、分析,对结果进行表态和认定等。

(三)特殊儿童家长是家庭照料者与教育者

家庭照料和家庭教育是特殊儿童家长的关键职责。对于低龄或严重残疾的儿童,家庭照料尤为重要,甚至可能成为家长的终身职责。特殊儿童的可持续发展更需要良好的家庭教育,家长需承担多种家庭教育任务。

(四)特殊儿童家长是特殊儿童教育资源的重要筹措者

家长需根据儿童的个别化需求主动向相关部门和组织机构争取教育资源支持,以满足儿童独特的发展需求,促进儿童的最大化发展。

(五)特殊儿童家长是家校合作中的重要组成部分

特殊儿童家长具有辅助和配合学校开展各种工作的重要职责。例如,家长与学校合作进行宣传教育活动、参加相关政策法规制定的听证会、协助组织家庭联谊活动、为学校争取建设资源等。

二、特殊儿童家长的参与

(一)特殊儿童家长参与的意义

家长是儿童最初的教师,特殊教育必须从家庭开始,为儿童搭桥的第一人只能是家长。特殊儿童家长参与子女早期教育能够促进家庭健康发展。家长同教师一起参与到子女的早期教育中,会有力地鼓舞教师的工作热情,有助于特殊儿童的发展,有助于家园共育效果的提高。家长如能采取合适的方法参与,就有机会获得精神上、资讯上、专业上的支持,进而改善亲子关系、调节自己的情绪、促进家庭各种功能得到最大限度的发挥。

(二)特殊儿童家长参与的不足及表现

特殊儿童家长参与儿童早期教育存在的问题主要表现在:不论是家长还是教师或园方,对特殊儿童家长参与教育的认识尚不到位。家长参与计划和活动的重点主要在于配合教师开展教育活动,很多具体的决定都由教师来确定,很多情况下家长只有服从和配合的权利。教师和家长之间的交流沟通,很大程度上将关注点放在孩子身上,而很少去关注家长的想法和需求。教师和学校忽略了家长参与学校行政方面的作用,家长放弃了参与学校行政的权利。总体上,家长参与活动流于形式,家长的参与深度不够。

(三)特殊儿童家长参与的促进

首先,要采取有效的措施吸引家长参与、调动家长的参与热情。深入开展多样化的活动,使特殊儿童家长能够更广泛、更深入地参与到子女的早期教育中。在组织活动时,教师要把握住家长关心自己子女的心情和家长自身的需求。其次,要增加家长参与的主动权。特殊儿童家长参与子女的早期教育是家长的义务,也是家长的权利。家长不仅有参与学校和教师所策划活动的权利,也应拥有为活动出谋划策的权利。再次,要加强对家长的培训,为家长提供亲子教育,给家长补习关于障碍儿童的特点和教育的知识,为他们疏导心理压力,及时地鼓励、支持他们。最后,要帮助家长建立社会自助网络,帮助家长寻找可以利用的社区资源。

三、特殊儿童家长的话语权

话语权是个体通过话语表达意见、维护自身利益、实现自身权益的权力。话语权展示出特殊儿童家长在家园合作关系中的地位,家长话语影响力越大,在合作中受到重视的程度越高,在家校合作中的引导与支配力量越强。特殊儿童家长在话语影响力和话语表达方面的作用对提升家校合作的质量,促进融合教育进步有重要意义。

(一)特殊儿童家长话语权的价值

对于特殊儿童家长而言,话语权是他们谋求资源的重要工具,他们的话语权需求比教师和其他幼儿家长更为迫切。话语的平衡有助于维护资源的平衡。特殊儿童家长拥有话语权就拥有了更多表达诉求的机会,可以发表自己的观点,对资源分配不合理的现象据理力争,进而促进资源的均衡分配。家园合作过程中,特殊儿童家长的关注点为特殊儿童,教师的关注点是全班幼儿。教育制度赋予教师话语权,教师话语权拥有制度性的根基,而家长的话语权则是有限的。特殊儿童家长享有更多的话语权就在家园合作中拥有了更强的权力地位,可以与教师进行平等对话,减少教师话语垄断和支配现象的产生,进而提升家园合作的质量。此外,部分特殊儿童家长的特殊教育知识雄厚、特教资源充足,通过家园共享经验,能够弥补任课教师在特殊教育教学知识、专业技能方面的不足,促进家园教育的共同进步,提高融合教育教学质量和水平。

(二)特殊儿童家长话语权的困境

一方面,特殊儿童家长很少有机会充分地表达想法,话语行为受到了教师话语的影响和制约,家长产生的话语影响力不及教师。教师在家园合作中拥有更强的话语权,产生了更大的话语影响力,在合作中处于支配地位。话语渠道有限也束缚了特殊儿童家长话语权。从家园活动类型来看,家长话语权的使用主要集中在家长会、面谈等低层次的家园活动中,家长很少甚至没有参与过高层次活动。另一方面,特殊儿童家长在表达话语时角色定位不清晰、表达方式有误导致话语权使用效果不佳,容易引起家校冲突。一些家长在使用话语权的过程中单纯地表达自己的观点,希望为特殊儿童争取更多的资源,但是没有充分分析自己在使用话语时的角色。

(三)特殊儿童家长话语权的提升

有限的话语影响力和错误的话语表达不利于特殊儿童家长在家校合作中发表观点、维护权益,阻碍了融合教育的开展和家校合作的顺利进行。完善话语赋权机制、丰富话语渠道、厘清话语角色和训练话语表达,有利于重构家校合作中特殊儿童家长话语权。首先,要完善话语赋权机制,提升特殊儿童家长话语影响力。制度赋权依赖于融合教育规章制度,因此,要厘定家长权力范围,给予特殊儿童家长更多的话语权力,提升话语影响力。制度的保障是实现"赋权"的基石,理念的渗透能够提升制度赋权的效果,达到维持"赋权"效果的目的。其次,要丰富话语渠道,扩宽特殊儿童家长话语权的影响范围。要构建相互尊重、信任、真诚、轻松的沟通环境,这种环境鼓励特殊儿童家长在平台中发表自己的言论,提出自己的建议,促进家园合作的开展。再次,要厘清话语角色,构建适当的话语关系。特殊儿童家长是普通学校教师开展融合教育工作的信息提供者,也是弥补教师在特殊教育领域专业素养不足的教学支持者,家长的养育和教育经验是教师宝贵的资源。在家园合作过程中,家长要厘清自己的话语角色,与教师形成适当的话语关系,以达到家园教育的互利共赢。最后,要训练话语表达,提升特殊儿童家长话语驾驭能力。在尊重合作者的基础上,家长要加强话语的分析判断能力,增强话语的亲和力,用恰当的话语表达方式表明自己的观点立场。

四、教师对特殊儿童家长的支持

教师是支援特殊儿童家长最重要的个人资源。研究表明,教师是家长公认的对自己帮助最多的人,他们希望得到教师更大的帮助。家长参与特殊儿童教育,仅有家长的一腔热情还不够,仅有学校创造的氛围还不够,要想使家园合作的作用得到很好体现,就要充分发挥教师对特殊儿童家长的支持作用。

(一)向家长提供资讯

首先,帮助特殊儿童家长了解有关特殊儿童及其家长的法律、方针、政策和文件,增强特殊儿童家长的法律意识。其次,让家长熟悉教师的工作程序、园方的管理机制、日常活动、学科安排、课程设置等,如此,家长才能了解参与家园共育的途径。最后,让家长知道孩子目前的身心状况、孩子在园的情况、园方对孩子的教育计划,并推荐一些帮助孩子的机构、帮助家长的机构、适合孩子的一些书籍和音像读物等。

(二)帮助家长掌握特教基本知识技能

随着特殊儿童的成长,会不断地涌现出很多新的难题。家长应该在抚养、教育、管理、研究孩子的过程中不断地学习,明确学习是教育好孩子的基本条件。教师应当帮助家长掌握护理、教育训练、辅导特殊儿童的基本知识和技能技巧。

(三)帮助家长树立正确的教育观念

教师要根据每个家长的不同情况,引导其树立正确的教育观念。首先,帮助家长树立科学的儿童观。要帮助家长认识到残疾是人类社会中的客观存在,且随着特殊教育由慈善型向权益型发展,家长要尊重孩子的基本权益,让他们具有独立人格;要和家长一起协助孩子走出自我封闭的圈子,走向社会,让他们享有与同龄人相同的一切基本权益。其次,帮助家长树立正确的教育观。要让家长知道特殊儿童有与健全儿童平等的教育权,特殊儿童虽然有缺陷但也有他们的潜能,通过教育也能促进其潜能的发展。

(四)引导家长树立正确的参与态度

教师要引导特殊儿童家长树立正确地对待特殊儿童的态度。教师要引导特殊儿童家长树立正确地对待园方的态度,要让家长感觉到教师和家长是处于平等的地位。教师要尊重家长们的情感变化,积极主动地建立起和家长之间的沟通桥梁,尽力消除家长和学校沟通过程中的障碍。教师要给予家长恰当的帮助,并对不同的家长提出不同的要求,以便让家长都能以自己认可并能胜任的方式来参与家园共育活动。

第三节 有效家园合作的策略

在特殊教育领域,家校合作在特殊儿童的教育中起着至关重要的作用。特殊教育家校合作是家长、学校、社区协同合作,以促进特殊儿童健康发展为目的的互动活动。然而,大量研究指出,在当前社会背景下,在开展特殊教育家园合作过程中,学校主导地位缺失或不足、教师对家园共育缺乏重视、家长参与意识淡薄或不知如何参与等问题逐渐显露出来(林云强 等,2010)。

一、学校强化主导意识，发挥纽带作用

（一）发挥主导作用，健全完善家校合作共育机制

学校作为教育教学活动主体，在家校合作中起着主导作用。要提升家校合作功能，学校应强化主导意识，并通过有效方式发挥其在家园合作中的主导作用（刘佰桥，2013）。

1.建设家校合作制度

学校可从加强家校合作制度建设，规范家校合作的内容、形式与途径等方面入手，组建特殊儿童家庭组织，并举荐特殊家庭家长代表进入校家委会，明确家长委员会的职责、角色、目的、运行方式等，并积极调动家长委员会成员的领导力和积极性，定期汇总、分析家校合作的工作。学校要明文规定家长参与学校教育的细则，规定家长参与的形式和时间，并争取社区和其他社会力量的积极配合，有效开展全方位的合作，实现特殊教育家校合作效果的最大化。

2.尊重家长的各项权利

随着社会经济的发展，家长对幼儿教育的重视程度也不断提高。越来越多的家长自愿参与到幼儿园的保育、教学活动中来，成为学校幼儿教育坚实的支持者。家长作为孩子的主要监护人，在幼儿的成长历程中发挥着重要作用。因此，幼儿园应充分尊重并保障家长在特殊儿童教育中的各项权利，并畅通面向家长和社会的监督渠道，如开通校长热线、定期进行家长工作回访、开展家长满意度调查等，强化其教育监督作用。

3.提升教师的专业能力

对学校自身来说，要提高教师有关特殊教育方面的专业知识与技能，多开展有关特殊教育的专业知识培训；制定一系列家园合作要求及标准，严格、负责地对班级教师开展的家园合作工作进行管理落实；将家园合作的工作情况纳入教师的考核，引起教师对开展家园合作工作的重视，真正把家园合作工作落到实处。

（二）开展家长培训，组织家园活动，构建丰富的资源共享平台

1.家长培训

对家长进行培训是一种提升家园合作质量的有效方式。学校作为专业的教育机构，具有更为专业的培养方案和计划，对促进幼儿发展起着关键作用。学校可开放教学资源，向家长普及幼儿相关知识。例如，如何与幼儿建立良好的亲子关系，如何更好了解幼儿的需求和问题，如何与幼儿建立信任等。一方面，促进家长对学校教育理念和教育方式的了解；另一方面，提高家长对幼儿培养的专业性，以便形成教育合力，共同促进幼儿教育的发展。

2.组织家园活动

良性的家园活动有助于增强教师与家长、家长与幼儿情感交流，它是幼儿园与家庭沟通的重要渠道。幼儿园可以利用特殊节日或定期组织特色主题活动，主动邀请家长参与，增加家长与幼儿情感交流的机会。例如，五一劳动节，可组织家长和幼儿进行采摘活动，使幼儿在家长

的陪同下体验劳动,培养幼儿的劳动意识和对劳动的热爱。春天,万物复苏,学校可组织春游活动,让幼儿在家长的陪同下去亲近和了解大自然。一方面,良性的家园活动有助于幼儿健全人格、健康心理的形成。另一方面,良性的家园活动对强化家长的责任意识和合作意识具有重要意义。

3.构建丰富的资源共享平台

在特殊教育家校合作中,家长普遍面临着对儿童异常发展的认识欠缺、教育能力不足、相关资源与支持获取困难等诸多困境,因此,学校应该向家长提供学习教育技能知识、维护相关权益的渠道和机会,如学校积极组织开展具有客观现实性和实用性的家长培训,帮助家长认知权利与责任,获取专业的家庭教育技能及知识,疏解家长心理压力及不良情绪;与专业的特殊教育机构互助合作,为家长主动提供法律、评估诊断、安置、学校师资状况、学校教育活动与服务、康复训练机构、公共资源等信息(王艳,2020)。

(三)搭好家长与学校、社会之间联系沟通的纽带

学校是联系特殊家庭家长与社会的重要纽带,应结合当前现代化信息传媒设备,开启线上线下多种合作形式,创设多样化交流平台和沟通途径,加强家长与学校、学校与社会、家长与社会之间的信息交流与共享。

对内,学校应该做好老师与家长、家长与家长之间的沟通联系工作,建立线上家长交流群、班级管理群;定期举办家长会、家长参观日、家访、家长咨询会、儿童学习成果展示会以及亲子活动,让家长真切感受到特殊儿童的进步,增进亲子感情。对外,通过新媒体积极宣传特殊教育,积极调动社会各方的教育力量,寻求残联等政府部门的帮助,建立互助帮扶网络,为特殊儿童家长提供社会支持。

社区应依据学生障碍类型成立不同形式的家庭组织,使特殊儿童家庭有所归属,相互支持、相互学习,形成一个巨大的家庭自助网络。学校和社区对该类组织的运行应给予全面的指导、培训及物质、资源等方面的支持,帮助其形成一个自然支持和专业支持有效结合的支持系统(刘洋,2018)。

二、教师强化责任意识,提供专业窗口

(一)明确教师职责

1.明确教师角色定位

幼儿园教师在家园合作中扮演着重要角色。幼儿园教师作为开展幼儿教育的主要教育工作者,拥有更为专业的教育知识和教育能力。作为家园合作的实践主体之一,他们是家园合作的主要推动者和执行者,教师的态度与能力对家校合作的效果有重要影响;作为教育工作者,他们是教育知识的传授者和幼儿健康成长的引路人。同时,幼儿教师也是学校和家长进行良性双向沟通的桥梁,其教育教学水平会直接影响家园合作的质量和效果。面对诸多角色,教师应做好角色定位,发挥自身优势,确保家园合作的有效性。

2.提升教师专业水平

幼儿园教师是幼儿园教育教学、家园合作的主要实施者,也是家园共育活动的主要组织者和参与者。幼儿园教师的素质直接影响着幼儿园各种活动的开展与实施,也影响着幼儿的身心发展。教师应积极主动参加各类培训学习,提升相关专业知识及技能,加强自身专业素养,用科学专业的方式教养幼儿,向有教育问题的家长及时提供专业的分析与建议。例如,学校可定期组织幼儿教师参加专题讲座、经验交流和观摩活动,提高教师开展家园共育的能力。

3.善于与家长进行合作

家长是幼儿成长阶段的重要他人,也是促进家园合作有效落实的推动者。家长对幼儿的影响最为直接,也是教师了解幼儿的最佳渠道。不同的家长有着不同的文化背景,教师可以主动邀请家长参与到幼儿教育中,利用家长自身职业特点,为幼儿带来丰富的教育内容。例如,教师把当导游的家长请进课堂,为幼儿介绍祖国的大好河山;把当医生的家长请进课堂,为幼儿普及基本的卫生常识;把当作家的家长请进幼儿园,请他们给幼儿讲授诗歌,培养幼儿对文学的热爱;等等。如此,不仅充分利用了家长的专业和资源优势,使家长和幼儿园之间的联系更为密切,还助于巩固家园合作的情感基础。

(二)提升教师素养

1.提升教师职业道德

教师的职业道德要求教师爱国敬业、关爱学生、教书育人、为人师表、终身学习。一名合格的教师必须要做到热爱教育事业、热爱学生,这不仅是成为一名教师的前提条件,更是幼儿园教师的基本道德准则(王林,2015)。为保障幼儿身心健康成长,幼儿教师不仅需要专业的教学知识和技能,更重要的是教师要具有高尚的道德情操。当前,虐童事件层出不穷,为避免此类事件的发生,教育主管部门可开展专门的教师培训,对幼儿园的教师进行制度化、体系化的幼儿园职业道德教育以及家园共育的指导。此外,还可建立教师交流平台,邀请每位幼儿教师讲述幼儿教育故事,增强幼儿教师职业幸福感和成就感。

2.扎实专业育儿知识

幼儿教师作为传播幼儿知识的专门教育工作者,接受了专门的技能培训,具有系统、全面的幼儿知识。幼儿教师掌握着扎实的育儿知识,是促进家园合作的基础。幼儿园教师可以参加相关学术交流活动,或到院校参加进修,了解其他幼儿园、其他学校的家园共育活动的开展情况,学习他们的优秀经验,做到扬长避短,多方面、多元化、多渠道获取专业育儿知识。

3.提高教师职业能力

幼儿教师不仅要具备扎实、丰富的幼儿专业知识和技能,还应具备优秀的幼儿园教师职业能力,才能真正胜任幼儿教育工作,同时,还要增强其对家园合作的运用能力。幼儿的身心发展和认知发展尚不成熟,对其教育更具复杂性。幼儿教师如何做到从内心热爱每一位同学,如何充分了解幼儿的真正需求,如何与家长进行有效沟通,如何组织家园合作活动等,都是幼儿教师必须面对的问题。同时,教师要多了解特殊儿童家长的需求与困难,给予关心与帮助,用心负责地引导家长积极开展家园共育活动。另外,教师要定期通过家访、口头谈话、观察记录、视频记录等方式与家长沟通交流反馈幼儿表现,关注幼儿发展,了解特殊幼儿及家庭情况,促进家长对家校合作的积极性。

三、家长强化自主意识,主动了解参与

特殊儿童家长是特殊儿童教育的重要力量,为特殊儿童的生活和成长提供长期而稳定的支持。特殊儿童家长作为特殊教育中的重要人力资源,在特殊儿童的评估、安置、教育训练等方面也起着不可替代的作用,其参与是学校教育教学工作中重要的一环(刘晓燕,2020)。关于家长方面,可以通过以下几点来提高家校合作有效性。

(一)主动学习、了解相关育儿知识

首先,家长要调整心态,正视并接受特殊儿童的缺陷,只有这样才能更好地促进特殊儿童的教育与康复。其次,家长应该具有主动学习的意识,积极了解、掌握特殊儿童家庭教育的相关知识,利用互联网资源和学校搭建的平台,更新教育观念,学习育儿方法,提高自己参与家校合作的能力,做到积极、有效参与特殊儿童的教育。

(二)加强与老师、学校沟通联系,积极配合学校的相关工作

学校是家长教育资源与支持的重要来源,家长应该树立正确的家校合作观,积极参与到学校教育中,学会与学校进行有效合作,形成教育合力。同时,家长应主动向教师提供儿童在家表现及近期发展的信息,加强与教师的交流沟通,努力提高自身综合素质,提升有效合作意识与行动执行能力,学会运用合法的途径、合理的方式争取儿童的教育权益,并支持和配合学校的教育工作,积极建言献策。

第四节 西安市学前融合幼儿园有效家园合作案例

西安市莲湖区第八幼儿园位于莲湖区大兴新区永安路,成立于2018年9月,2020年7月创建为"西安市一级幼儿园"。其办园规模为12个教学班。幼儿园以"同心润童年,共绘同心圆"为办园理念,以"同心"文化为园所文化定位,确立"园所同心齐奋进,家园同心育幼儿,师幼同心共成长"的发展目标。

作为"陕西省2020年度学前教育家园共育示范基地",西安市莲湖区第八幼儿园将家园共育工作列入园所发展规划,以多种形式的互动营造信任信赖的家园同心共育氛围,确立"同心、同育、同成长"的合作型家园关系,以幼儿发展为圆心,以信任信赖为半径,最大限度画好家园共育同心圆。

一、以理念为圆心,以融合为半径,画好家园共育的同心之圆

(一)拓宽家园沟通渠道

有效的沟通平台的搭建,会极大地影响教师与家长进行交流的效果。教师和家长两个主

体之间要建立双向联系,家长委员会是一个很好的平台。教师可通过家长委员会,获悉家长们当前最迫切、最头疼、最需要解决的幼儿问题,利用自己的专业知识,帮助家长解决这些难题。家长可以借助家长委员会这一平台,解决自己在幼儿教育中遇到的难题,从而促进家校双向良性沟通。通过传统的家园沟通与现代"互联网＋"模式,如家长会、家访、电访、微博、微信、QQ群、微视频、微信公众号等,拓宽家园沟通渠道,帮助家长随时了解幼儿园信息。

(二)加强家园深度互动

随着信息化的发展,传统的家长会、电话联系等方式已然满足不了家长与教师沟通的需要。因此,幼儿园要定期通过家访、口头谈话、观察记录、视频记录等方式,与家长沟通交流反馈幼儿表现,关注幼儿发展,了解特殊幼儿及其家庭情况,促进家长对家校合作的积极性。幼儿教师也可充分利用信息化资源,如学校官网、微信公众号、QQ群等信息化平台,进行双向的互动联络,扩大沟通渠道。

此外,幼儿园设立园长信箱和园长接待日,成立家委会、伙委会,邀请家长参与幼儿园管理。通过家长进课堂、半日活动开放、家长志愿者服务、家长护卫队等,帮助家长了解幼儿园教育模式。同时,幼儿园让更多家长增加与园所的沟通,让家长在深度参与中给予幼儿园发展更多好的建议。

二、以目标为圆心,以合作为半径,画好家园共育的同育之圆

(一)群体导向,针对家长需求抓好特色

1.隔代教育——祖辈课程

当下,许多家庭由祖辈帮助照顾孩子,隔代教育成为一种现象。因此,幼儿园开发了祖辈教养课程。首先,邀请家庭教育专家以"隔代教育"为主题对祖辈们进行专题讲座,努力让祖辈与年轻父母在教育理念上达成一致;其次,组建了爷爷奶奶护绿队,邀请老人们走进幼儿园,参与幼儿园环境建设,在协同打造种植园过程中,爷爷奶奶们用自身丰富的农耕经验带领幼儿探索植物生长和大自然的秘密。同时,开展"重阳节——听奶奶讲过去的故事""国庆节——老红军的回忆""春节——做花馍、剪窗花"等活动,充分发掘祖辈的优势和特长,让祖辈和幼儿在亲子活动中体会亲情。

2.父爱缺失——爸爸联盟

针对教养过程中父亲参与率低的情况,幼儿园展开调查及访谈,帮助家长意识到父亲角色缺失对幼儿个性形成、心理健康等方面发展的影响,并制定了"爸爸联盟"家园共育计划。通过爸爸自荐、幼儿推荐的方式组建"爸爸联盟",充分贴合园所特色,利用社区资源与人文资源商讨每次活动的方案,先后开展了亲子运动会、传统体育游戏游园会、亲子故事比赛、爸爸建构比赛等活动。2019年,幼儿园入选全国足球特色幼儿园,每学期的"好爸爸足球赛"更是将幼儿园足球活动推向一个新的高度。同时,一年一度的"智慧爸爸、爱玩爸爸、强壮爸爸、耐心爸爸、能干爸爸"的评选活动,让"爸爸联盟"活动更有动力。

3.特殊教育——家园融合

2020年6月,幼儿园成为莲湖区首批融合项目试点园,2022年3月,挂牌陕西省首个听障儿童康复教育融合基地园。目前,已有十余名听障儿童在幼儿园随班就读。学前融合教育为"不一样"的生命形态创造更多的可能,对听障儿童家庭而言,感受到的是社会的公平和善意,他们的孩子在普通幼儿园中可以获得更多互动交流与语言发展的机会,社会性发展得到很大提高。同时,融合教育受惠的不仅仅是特殊儿童,普通儿童在大环境中,也能真实地体会生命的多样性,更懂得关心和尊重他人,更有爱心、包容心和同理心。家长们对这种融合教育的模式从最初的排斥和不理解,到现在的接纳,更是对幼儿园同心共情理念的认可。

(二)课题导向,加强家园共育实践研究

幼儿园申报了陕西省教育科学规划课题——《中华人民共和国家庭教育促进法》背景下幼儿园"互联网＋"家园共育的实践研究,期望以课题研究为导向,加强幼儿园家园共育实践研究,为家园工作提供新思路。目前,幼儿园已摸索开发了"阳光宝贝"家长学堂App,此应用程序以各年龄段幼儿学习与发展目标为核心,尝试家长学分制管理,"父母执照"认证,引导家长将自我成长作为陪伴幼儿成长的主要任务,真正为实现高质量家园共育贡献有效力量。

三、以课程建设为圆心,以活动为半径,画好家园共育成长之圆

幼儿园以六节两季为线索,积极构建生活化园本课程。同时,幼儿园充分发挥家长在课程建设中的重要作用,让家长成为幼儿园课程材料的提供者、活动的参与者和支持者、课程的审议者与课程的评价者。

(一)家园互动,创新活动形式

幼儿园以主题活动为载体,充分利用节庆和主题活动,邀请家长积极策划、参与。如开展小葵花爱心义卖、新城广场看升旗、新春慰问环卫工人、走进儿童福利院、参观科技馆和印刷厂活动等,既对幼儿进行了德育教育,又在活动中增进了亲子关系,也使幼儿园活动从园所走向社会。同时,幼儿园依托传统节日持续开展母亲节、父亲节、重阳节等亲子半日开放活动,让家长和孩子有充分的时间和空间享受美好的高质量亲子时光,拉近家长与幼儿园之间的距离。

(二)社区联动,丰富课程资源

幼儿园努力挖掘社区文化内涵,并将社会化教育理念融入其中,注重加强幼儿的社会文化生活建设,为幼儿的成长提供发展平台。幼儿园充分尊重幼儿的身心发展规律,利用社区中丰富的人力资源优势对幼儿进行开放式教育,如开展消防车进校园、地震局科普知识宣讲、交通安全小课堂、反恐防暴演练、走进敬老院等活动,同时幼儿园与社区文化站进行合作,开展"节约水资源""清理垃圾小能手"相关实践活动,与社区的紧密协作极大地丰富了孩子们的课程资源。

四、特殊儿童在集体生活中的表现

（一）个案基本情况介绍

小鹏（化名），男，5岁。由于爸爸在外地务工，平时主要由妈妈照顾，妈妈文化程度不高，家庭生活比较拮据。小鹏从小被诊断为先天性听力障碍，经过手术戴上了人工耳蜗，听力水平有所恢复但仍较弱。由于听不清，导致小鹏的语言表达能力远远低于同龄人，发音时口齿不清，需要说得很慢才能听懂。进入融合班级前，小鹏曾在特殊教育机构接受听说康复训练。

（二）案例：集体生活适应能力方面

午餐时间到了，小朋友们在排队洗手，老师提醒小朋友们把袖子挽起来，小鹏站在队伍里，也在仔细听。到小鹏洗手时，小鹏没有挽袖子直接开始洗，水把袖子都打湿了。老师弯腰凑到小鹏面前再次提醒小鹏，小鹏瞪着眼睛不知所措，好像没有听懂，接着老师指了指旁边的小朋友挽好的袖子，再次对他说道："像他这样把袖子挽起来"，并帮助小鹏挽了一只，这下小鹏才点了点头，学着旁边小朋友的样子挽起袖子来。

（三）案例：社会交往方面

区域活动时间，其他小朋友都是与好朋友一起进行操作活动，教室里充满欢声笑语。没人邀请小鹏一起，小鹏在椅子上坐了一会儿，观察了一会其他人之后，独自拿着椅子去了益智区，挑了一盒拼图摆弄了起来，全程没有张嘴发出声音。过了一会儿，小鹏觉得无聊，想和旁边的小朋友交换玩具，他试着和小朋友交流，但由于发音不清楚，对方没有听清楚小鹏说什么，并没有理睬小鹏，于是小鹏便作罢，独自发呆。

（四）听力障碍儿童情况分析

通过对小鹏的观察，我们发现听力障碍幼儿在融入正常教学集体生活中还存在一些问题。由于听力问题，小鹏经常听不懂同伴或老师表达的意思，在别人发出一些指令时无法及时给予反应，导致小鹏很少与他人产生沟通交流。由于小鹏的发音不清楚，只会说一些短句或借助动作辅助表达，同伴经常听不清小鹏说什么，导致小鹏交不到朋友，社会交往遇到阻碍。

五、有效的家校合作策略

（一）科学、客观的态度，正确认识听力障碍

与专业的听力康复训练机构合作，听取专业意见，根据听障儿童的特点制定科学有效的观察记录表、能力分析表，观察幼儿的在园表现，并根据其发展情况，及时调整教育措施，实施最适合特殊幼儿的教育活动。例如，老师与小鹏讲话时尽量对着小鹏的听力优势耳，音量放大，语速放缓，多重复几次；集体活动时，将小鹏的位置调整至第一排。

（二）接纳的态度，给特殊儿童和家庭以人文关怀

1.针对儿童的特点，在条件允许的情况下，进行个别化教学，降低活动目标和要求

鉴于小鹏的情况，给予其适宜的教育和训练。例如，一节语言课，健全小朋友需要念出完整的儿歌，我们只要求小鹏在教师的提示下，发音基本正确且说出部分儿歌即可；学习一首新的律动，健全小朋友能够跟着节拍愉快地练习，小鹏只要愿意积极参与，能够跟着小朋友一起做就好。

2.重视同伴的作用，通过与同伴的相处互动，提高社会交往能力

良好的同伴关系有利于儿童形成自尊、自信、活泼开朗的性格，有利于促进其社会化和心智的发展。幼儿园教师经常告诉小朋友们：每个小朋友都是不一样的，都有闪光点和不足，我们要互相帮助；和小鹏讲话时要慢慢讲，耐心听小鹏讲完，还要保护好小鹏的"小耳朵"。

后来，小朋友们都主动和小鹏交流，友好地提醒小鹏，帮助小鹏。逐渐地，小鹏有了很多好朋友，也更乐于用语言交流表达了。

3.接纳家长，建立真诚、信任的关系

特殊儿童的家长承受着社会和精神的双重压力，他们需要我们的理解与帮助。老师们要怀着认真负责、关切友好的态度走近特殊儿童家庭。小鹏的老师经常主动给小鹏妈妈分享反馈小鹏在幼儿园的表现，了解小鹏在家的情况。在得知小鹏家庭困难后，老师及时反映给学校，为小鹏申请了贫困补助。在"爱耳日"活动时，老师邀请小鹏妈妈来园参加活动，看到站在台上落落大方表演节目的小鹏，她激动又欣慰，非常认可和感谢学校的工作。

课后练习

1.请列举三个家庭和幼儿园教育互补的例子。

2.请简述特殊儿童家长在幼儿园教育中的角色。

3.请提出两个促进特殊儿童家长参与的有效策略。

4.请解释特殊儿童家长话语权对家校合作的重要性。

附 录

附录1 残疾人教育条例

残疾人教育条例

（1994年8月23日中华人民共和国国务院令第161号发布 根据2011年1月8日《国务院关于废止和修改部分行政法规的决定》修订 2017年1月11日国务院第161次常务会议修订通过 2017年2月1日中华人民共和国国务院令第674号公布 自2017年5月1日起施行）

第一章 总则

第一条 为了保障残疾人受教育的权利，发展残疾人教育事业，根据《中华人民共和国教育法》和《中华人民共和国残疾人保障法》，制定本条例。

第二条 国家保障残疾人享有平等接受教育的权利，禁止任何基于残疾的教育歧视。

残疾人教育应当贯彻国家的教育方针，并根据残疾人的身心特性和需要，全面提高其素质，为残疾人平等地参与社会生活创造条件。

第三条 残疾人教育是国家教育事业的组成部分。

发展残疾人教育事业，实行普及与提高相结合、以普及为重点的方针，保障义务教育，着重发展职业教育，积极开展学前教育，逐步发展高级中等以上教育。

残疾人教育应当提高教育质量，积极推进融合教育，根据残疾人的残疾类别和接受能力，采取普通教育方式或者特殊教育方式，优先采取普通教育方式。

第四条 县级以上人民政府应当加强对残疾人教育事业的领导，将残疾人教育纳入教育事业发展规划，统筹安排实施，合理配置资源，保障残疾人教育经费投入，改善办学条件。

第五条 国务院教育行政部门主管全国的残疾人教育工作，统筹规划、协调管理全国的残疾人教育事业；国务院其他有关部门在国务院规定的职责范围内负责有关的残疾人教育工作。

县级以上地方人民政府教育行政部门主管本行政区域内的残疾人教育工作；县级以上地方人民政府其他有关部门在各自的职责范围内负责有关的残疾人教育工作。

第六条 中国残疾人联合会及其地方组织应当积极促进和开展残疾人教育工作，协助相关部门实施残疾人教育，为残疾人接受教育提供支持和帮助。

第七条　学前教育机构、各级各类学校及其他教育机构应当依照本条例以及国家有关法律、法规的规定,实施残疾人教育;对符合法律、法规规定条件的残疾人申请入学,不得拒绝招收。

第八条　残疾人家庭应当帮助残疾人接受教育。

残疾儿童、少年的父母或者其他监护人应当尊重和保障残疾儿童、少年接受教育的权利,积极开展家庭教育,使残疾儿童、少年及时接受康复训练和教育,并协助、参与有关教育机构的教育教学活动,为残疾儿童、少年接受教育提供支持。

第九条　社会各界应当关心和支持残疾人教育事业。残疾人所在社区、相关社会组织和企事业单位,应当支持和帮助残疾人平等接受教育、融入社会。

第十条　国家对为残疾人教育事业作出突出贡献的组织和个人,按照有关规定给予表彰、奖励。

第十一条　县级以上人民政府负责教育督导的机构应当将残疾人教育实施情况纳入督导范围,并可以就执行残疾人教育法律法规情况、残疾人教育教学质量以及经费管理和使用情况等实施专项督导。

第二章　义务教育

第十二条　各级人民政府应当依法履行职责,保障适龄残疾儿童、少年接受义务教育的权利。

县级以上人民政府对实施义务教育的工作进行监督、指导、检查,应当包括对残疾儿童、少年实施义务教育工作的监督、指导、检查。

第十三条　适龄残疾儿童、少年的父母或者其他监护人,应当依法保证其残疾子女或者被监护人入学接受并完成义务教育。

第十四条　残疾儿童、少年接受义务教育的入学年龄和年限,应当与当地儿童、少年接受义务教育的入学年龄和年限相同;必要时,其入学年龄和在校年龄可以适当提高。

第十五条　县级人民政府教育行政部门应当会同卫生行政部门、民政部门、残疾人联合会,根据新生儿疾病筛查和学龄前儿童残疾筛查、残疾人统计等信息,对义务教育适龄残疾儿童、少年进行入学前登记,全面掌握本行政区域内义务教育适龄残疾儿童、少年的数量和残疾情况。

第十六条　县级人民政府应当根据本行政区域内残疾儿童、少年的数量、类别和分布情况,统筹规划,优先在部分普通学校中建立特殊教育资源教室,配备必要的设备和专门从事残疾人教育的教师及专业人员,指定其招收残疾儿童、少年接受义务教育;并支持其他普通学校根据需要建立特殊教育资源教室,或者安排具备相应资源、条件的学校为招收残疾学生的其他普通学校提供必要的支持。

县级人民政府应当为实施义务教育的特殊教育学校配备必要的残疾人教育教学、康复评估和康复训练等仪器设备,并加强九年一贯制义务教育特殊教育学校建设。

第十七条　适龄残疾儿童、少年能够适应普通学校学习生活、接受普通教育的,依照《中华人民共和国义务教育法》的规定就近到普通学校入学接受义务教育。

适龄残疾儿童、少年能够接受普通教育,但是学习生活需要特别支持的,根据身体状况就近到县级人民政府教育行政部门在一定区域内指定的具备相应资源、条件的普通学校入学接受义务教育。

适龄残疾儿童、少年不能接受普通教育的,由县级人民政府教育行政部门统筹安排进入特殊教育学校接受义务教育。

适龄残疾儿童、少年需要专人护理,不能到学校就读的,由县级人民政府教育行政部门统筹安排,通过提供送教上门或者远程教育等方式实施义务教育,并纳入学籍管理。

第十八条　在特殊教育学校学习的残疾儿童、少年,经教育、康复训练,能够接受普通教育的,学校可以建议残疾儿童、少年的父母或者其他监护人将其转入或者升入普通学校接受义务教育。

在普通学校学习的残疾儿童、少年,难以适应普通学校学习生活的,学校可以建议残疾儿童、少年的父母或者其他监护人将其转入指定的普通学校或者特殊教育学校接受义务教育。

第十九条　适龄残疾儿童、少年接受教育的能力和适应学校学习生活的能力应当根据其残疾类别、残疾程度、补偿程度以及学校办学条件等因素判断。

第二十条　县级人民政府教育行政部门应当会同卫生行政部门、民政部门、残疾人联合会,建立由教育、心理、康复、社会工作等方面专家组成的残疾人教育专家委员会。

残疾人教育专家委员会可以接受教育行政部门的委托,对适龄残疾儿童、少年的身体状况、接受教育的能力和适应学校学习生活的能力进行评估,提出入学、转学建议;对残疾人义务教育问题提供咨询,提出建议。

依照前款规定作出的评估结果属于残疾儿童、少年的隐私,仅可被用于对残疾儿童、少年实施教育、康复。教育行政部门、残疾人教育专家委员会、学校及其工作人员对在工作中了解的残疾儿童、少年评估结果及其他个人信息负有保密义务。

第二十一条　残疾儿童、少年的父母或者其他监护人与学校就入学、转学安排发生争议的,可以申请县级人民政府教育行政部门处理。

接到申请的县级人民政府教育行政部门应当委托残疾人教育专家委员会对残疾儿童、少年的身体状况、接受教育的能力和适应学校学习生活的能力进行评估并提出入学、转学建议,并根据残疾人教育专家委员会的评估结果和提出的入学、转学建议,综合考虑学校的办学条件和残疾儿童、少年及其父母或者其他监护人的意愿,对残疾儿童、少年的入学、转学安排作出决定。

第二十二条　招收残疾学生的普通学校应当将残疾学生合理编入班级;残疾学生较多的,可以设置专门的特殊教育班级。

招收残疾学生的普通学校应当安排专门从事残疾人教育的教师或者经验丰富的教师承担

随班就读或者特殊教育班级的教育教学工作,并适当缩减班级学生数额,为残疾学生入学后的学习、生活提供便利和条件,保障残疾学生平等参与教育教学和学校组织的各项活动。

第二十三条 在普通学校随班就读残疾学生的义务教育,可以适用普通义务教育的课程设置方案、课程标准和教材,但是对其学习要求可以有适度弹性。

第二十四条 残疾儿童、少年特殊教育学校(班)应当坚持思想教育、文化教育、劳动技能教育与身心补偿相结合,并根据学生残疾状况和补偿程度,实施分类教学;必要时,应当听取残疾学生父母或者其他监护人的意见,制定符合残疾学生身心特性和需要的个别化教育计划,实施个别教学。

第二十五条 残疾儿童、少年特殊教育学校(班)的课程设置方案、课程标准和教材,应当适合残疾儿童、少年的身心特性和需要。

残疾儿童、少年特殊教育学校(班)的课程设置方案、课程标准由国务院教育行政部门制订;教材由省级以上人民政府教育行政部门按照国家有关规定审定。

第二十六条 县级人民政府教育行政部门应当加强对本行政区域内的残疾儿童、少年实施义务教育工作的指导。

县级以上地方人民政府教育行政部门应当统筹安排支持特殊教育学校建立特殊教育资源中心,在一定区域内提供特殊教育指导和支持服务。特殊教育资源中心可以受教育行政部门的委托承担以下工作:

(一)指导、评价区域内的随班就读工作;

(二)为区域内承担随班就读教育教学任务的教师提供培训;

(三)派出教师和相关专业服务人员支持随班就读,为接受送教上门和远程教育的残疾儿童、少年提供辅导和支持;

(四)为残疾学生父母或者其他监护人提供咨询;

(五)其他特殊教育相关工作。

第三章 职业教育

第二十七条 残疾人职业教育应当大力发展中等职业教育,加快发展高等职业教育,积极开展以实用技术为主的中期、短期培训,以提高就业能力为主,培养技术技能人才,并加强对残疾学生的就业指导。

第二十八条 残疾人职业教育由普通职业教育机构和特殊职业教育机构实施,以普通职业教育机构为主。

县级以上地方人民政府应当根据需要,合理设置特殊职业教育机构,改善办学条件,扩大残疾人中等职业学校招生规模。

第二十九条 普通职业学校不得拒绝招收符合国家规定的录取标准的残疾人入学,普通职业培训机构应当积极招收残疾人入学。

县级以上地方人民政府应当采取措施,鼓励和支持普通职业教育机构积极招收残疾学生。

第三十条　实施残疾人职业教育的学校和培训机构,应当根据社会需要和残疾人的身心特性合理设置专业,并与企业合作设立实习实训基地,或者根据教学需要和条件办好实习基地。

第四章　学前教育

第三十一条　各级人民政府应当积极采取措施,逐步提高残疾幼儿接受学前教育的比例。

县级人民政府及其教育行政部门、民政部门等有关部门应当支持普通幼儿园创造条件招收残疾幼儿;支持特殊教育学校和具备办学条件的残疾儿童福利机构、残疾儿童康复机构等实施学前教育。

第三十二条　残疾幼儿的教育应当与保育、康复结合实施。

招收残疾幼儿的学前教育机构应当根据自身条件配备必要的康复设施、设备和专业康复人员,或者与其他具有康复设施、设备和专业康复人员的特殊教育机构、康复机构合作对残疾幼儿实施康复训练。

第三十三条　卫生保健机构、残疾幼儿的学前教育机构、儿童福利机构和家庭,应当注重对残疾幼儿的早期发现、早期康复和早期教育。

卫生保健机构、残疾幼儿的学前教育机构、残疾儿童康复机构应当就残疾幼儿的早期发现、早期康复和早期教育为残疾幼儿家庭提供咨询、指导。

第五章　普通高级中等以上教育及继续教育

第三十四条　普通高级中等学校、高等学校、继续教育机构应当招收符合国家规定的录取标准的残疾考生入学,不得因其残疾而拒绝招收。

第三十五条　设区的市级以上地方人民政府可以根据实际情况举办实施高级中等以上教育的特殊教育学校,支持高等学校设置特殊教育学院或者相关专业,提高残疾人的受教育水平。

第三十六条　县级以上人民政府教育行政部门以及其他有关部门、学校应当充分利用现代信息技术,以远程教育等方式为残疾人接受成人高等教育、高等教育自学考试等提供便利和帮助,根据实际情况开设适合残疾人学习的专业、课程,采取灵活开放的教学和管理模式,支持残疾人顺利完成学业。

第三十七条　残疾人所在单位应当对本单位的残疾人开展文化知识教育和技术培训。

第三十八条　扫除文盲教育应当包括对年满15周岁以上的未丧失学习能力的文盲、半文盲残疾人实施的扫盲教育。

第三十九条　国家、社会鼓励和帮助残疾人自学成才。

第六章　教师

第四十条　县级以上人民政府应当重视从事残疾人教育的教师培养、培训工作,并采取措施逐步提高他们的地位和待遇,改善他们的工作环境和条件,鼓励教师终身从事残疾人教育事业。

县级以上人民政府可以采取免费教育、学费减免、助学贷款代偿等措施,鼓励具备条件的高等学校毕业生到特殊教育学校或者其他特殊教育机构任教。

第四十一条 从事残疾人教育的教师,应当热爱残疾人教育事业,具有社会主义的人道主义精神,尊重和关爱残疾学生,并掌握残疾人教育的专业知识和技能。

第四十二条 专门从事残疾人教育工作的教师(以下称特殊教育教师)应当符合下列条件:

(一)依照《中华人民共和国教师法》的规定取得教师资格;

(二)特殊教育专业毕业或者经省、自治区、直辖市人民政府教育行政部门组织的特殊教育专业培训并考核合格。

从事听力残疾人教育的特殊教育教师应当达到国家规定的手语等级标准,从事视力残疾人教育的特殊教育教师应当达到国家规定的盲文等级标准。

第四十三条 省、自治区、直辖市人民政府可以根据残疾人教育发展的需求,结合当地实际为特殊教育学校和指定招收残疾学生的普通学校制定教职工编制标准。

县级以上地方人民政府教育行政部门应当会同其他有关部门,在核定的编制总额内,为特殊教育学校配备承担教学、康复等工作的特殊教育教师和相关专业人员;在指定招收残疾学生的普通学校设置特殊教育教师等专职岗位。

第四十四条 国务院教育行政部门和省、自治区、直辖市人民政府应当根据残疾人教育发展的需要有计划地举办特殊教育师范院校,支持普通师范院校和综合性院校设置相关院系或者专业,培养特殊教育教师。

普通师范院校和综合性院校的师范专业应当设置特殊教育课程,使学生掌握必要的特殊教育的基本知识和技能,以适应对随班就读的残疾学生的教育教学需要。

第四十五条 县级以上地方人民政府教育行政部门应当将特殊教育教师的培训纳入教师培训计划,以多种形式组织在职特殊教育教师进修提高专业水平;在普通教师培训中增加一定比例的特殊教育内容和相关知识,提高普通教师的特殊教育能力。

第四十六条 特殊教育教师和其他从事特殊教育的相关专业人员根据国家有关规定享受特殊岗位补助津贴及其他待遇;普通学校的教师承担残疾学生随班就读教学、管理工作的,应当将其承担的残疾学生教学、管理工作纳入其绩效考核内容,并作为核定工资待遇和职务评聘的重要依据。

县级以上人民政府教育行政部门、人力资源社会保障部门在职务评聘、培训进修、表彰奖励等方面,应当为特殊教育教师制定优惠政策、提供专门机会。

第七章 条件保障

第四十七条 省、自治区、直辖市人民政府应当根据残疾人教育的特殊情况,依据国务院有关行政主管部门的指导性标准,制定本行政区域内特殊教育学校的建设标准、经费开支标准、教学仪器设备配备标准等。

义务教育阶段普通学校招收残疾学生,县级人民政府财政部门及教育行政部门应当按照特殊教育学校生均预算内公用经费标准足额拨付费用。

第四十八条　各级人民政府应当按照有关规定安排残疾人教育经费,并将所需经费纳入本级政府预算。

县级以上人民政府根据需要可以设立专项补助款,用于发展残疾人教育。

地方各级人民政府用于义务教育的财政拨款和征收的教育费附加,应当有一定比例用于发展残疾儿童、少年义务教育。

地方各级人民政府可以按照有关规定将依法征收的残疾人就业保障金用于特殊教育学校开展各种残疾人职业教育。

第四十九条　县级以上地方人民政府应当根据残疾人教育发展的需要统筹规划、合理布局,设置特殊教育学校,并按照国家有关规定配备必要的残疾人教育教学、康复评估和康复训练等仪器设备。

特殊教育学校的设置,由教育行政部门按照国家有关规定审批。

第五十条　新建、改建、扩建各级各类学校应当符合《无障碍环境建设条例》的要求。

县级以上地方人民政府及其教育行政部门应当逐步推进各级各类学校无障碍校园环境建设。

第五十一条　招收残疾学生的学校对经济困难的残疾学生,应当按照国家有关规定减免学费和其他费用,并按照国家资助政策优先给予补助。

国家鼓励有条件的地方优先为经济困难的残疾学生提供免费的学前教育和高中教育,逐步实施残疾学生高中阶段免费教育。

第五十二条　残疾人参加国家教育考试,需要提供必要支持条件和合理便利的,可以提出申请。教育考试机构、学校应当按照国家有关规定予以提供。

第五十三条　国家鼓励社会力量举办特殊教育机构或者捐资助学;鼓励和支持民办学校或者其他教育机构招收残疾学生。

县级以上地方人民政府及其有关部门对民办特殊教育机构、招收残疾学生的民办学校,应当按照国家有关规定予以支持。

第五十四条　国家鼓励开展残疾人教育的科学研究,组织和扶持盲文、手语的研究和应用,支持特殊教育教材的编写和出版。

第五十五条　县级以上人民政府及其有关部门应当采取优惠政策和措施,支持研究、生产残疾人教育教学专用仪器设备、教具、学具、软件及其他辅助用品,扶持特殊教育机构兴办和发展福利企业和辅助性就业机构。

第八章　法律责任

第五十六条　地方各级人民政府及其有关部门违反本条例规定,未履行残疾人教育相关职责的,由上一级人民政府或者其有关部门责令限期改正;情节严重的,予以通报批评,并对直接负责的主管人员和其他直接责任人员依法给予处分。

第五十七条　学前教育机构、学校、其他教育机构及其工作人员违反本条例规定,有下列情形之一的,由其主管行政部门责令改正,对直接负责的主管人员和其他直接责任人员依法给予处分;构成违反治安管理行为的,由公安机关依法给予治安管理处罚;构成犯罪的,依法追究刑事责任:

(一)拒绝招收符合法律、法规规定条件的残疾学生入学的;

(二)歧视、侮辱、体罚残疾学生,或者放任对残疾学生的歧视言行,对残疾学生造成身心伤害的;

(三)未按照国家有关规定对经济困难的残疾学生减免学费或者其他费用的。

第九章　附则

第五十八条　本条例下列用语的含义:

融合教育是指将对残疾学生的教育最大程度地融入普通教育。

特殊教育资源教室是指在普通学校设置的装备有特殊教育和康复训练设施设备的专用教室。

第五十九条　本条例自 2017 年 5 月 1 日起施行。

附录2 陕西省实施《中华人民共和国残疾人保障法》办法(部分)

第三章 教育

第十八条 县级以上人民政府应当将残疾人教育纳入全民教育总体规划,安排专项补助资金,开展学前教育,保障平等接受教育的权利,发展残疾人特殊教育。

第十九条 各级人民政府对接受学前教育、义务教育的残疾学生,贫困残疾家庭的学生,提供免费教科书,并给予寄宿生活费等费用补助。普通高等学校、普通高级中学、中等职业学校、特殊教育机构职业高中班(部)就读的残疾学生,学校和特殊教育机构应当减少或者免除其学费和其他费用,并给予生活资助。县级以上人民政府根据免除费用的数额对学校和特殊教育机构给予补贴。

第二十条 设区的市人民政府根据残疾人的数量、分布状况和残疾类别等因素,合理设置残疾人教育机构,建立残疾人特殊教育学校。县(市、区)人民政府应当采取普通学校附设特殊教育班或者合作建校等形式,保证适龄残疾人就学。鼓励社会力量通过办学、捐资助学支持残疾人特殊教育,县级以上人民政府对民办残疾人特殊教育机构给予补贴。

第二十一条 普通幼儿教育机构应当接收能适应其生活的残疾幼儿;普通小学、初级中学必须招收能适应其学习生活的残疾儿童、少年入学;普通高级中学、中等职业学校、高等院校必须招收符合国家规定录取标准的残疾考生入学,不得因其残疾而拒绝招收;拒绝招收的,当事人或者其亲属、监护人可以要求有关部门处理,有关部门应当责令该学校招收。

第二十二条 政府有关部门、残疾职工所在单位或者有关社会组织应当对残疾人开展扫除文盲、职业教育、创业培训和成人教育。鼓励残疾人自学成才。教育、人力资源和社会保障部门应当重点发展残疾人初等和中等职业教育,开展以实用技术为主的中期、短期培训;特殊教育机构应当对残疾学生进行职业技术教育。

第二十三条 特殊教育教师和手语翻译享受特殊教育津贴,从事残疾人特殊教育和手语翻译满二十年工龄退休的,其特殊教育津贴计入退休工资基数。对从事残疾人教育的教师,单独进行职称评定和晋级。

第二十四条 特殊教育经费在教育经费中专项列支,随着教育经费的增加而相应增加,专款专用。教育费附加收入应当按一定比例用于义务教育阶段的特殊教育。发展改革、财政部门对特殊教育事业的基础设施建设投资给予支持。

附录3　教育部-联合国儿童基金会合作项目落地雁塔区[①]

近日,教育部教师工作司发布《关于做好教育部-联合国儿童基金会2021—2025年合作项目实施工作的通知》,我区正式入选教育部-联合国儿童基金会2021—2025年合作项目,成为"中国融合教育推进:教师专业能力提升项目"试点区。

融合教育和特殊教育紧密相连。特殊教育指使用一般的或经过特别设计的课程、教材、教法和教学组织形式及教学设备,对有特殊需要的儿童进行旨在达到一般和特殊培养目标的教育。它的目的和任务是最大限度地满足社会的要求和特殊儿童的教育需要,发展他们的潜能,使他们增长知识、获得技能、完善人格,增强社会适应能力,成为对社会有用的人才。融合教育的理念是承继回归主流教育的基本理论,让包括有特殊需要儿童在内的所有学生都能享受到高品质的教育,让特殊儿童在有支持的情况下回归到普通班级,和普通学生一起学习,并且以经过精心设计的课程和教学方法来适应每个学生的成长。

2021年,区教育、残联、民政、卫健等多部门联合发力,用99天时间将原雁塔区职业高级中学校园改造成公办九年一贯制特殊教育学校——雁塔区雁祥学校。学校位于丈八东路东段,占地9514平方米,两栋教学楼可容纳18个教学班,配有专业的感统训练教室、律动教室、康复训练室、美工室、个训室、评估室、情景教室、心理辅导室等,为我区特殊教育资源中心工作的开展提供了优质资源和良好环境。该中心通过为融合教育提供咨询服务、诊断评估、巡回指导、教研科研、培训交流等,推动全区融合教育的高质量发展。

"每年6月,我们会对有特殊教育需求的儿童进行评估,对符合条件的孩子,会将他们安置到普通中小学随班就读,帮助他们尽快融入普通孩子的学习和生活中。"区特殊教育资源中心副主任介绍,他们通过送教上门、特校就读、随班就读等方式,积极推进特殊教育和融合教育发展。

下一步,我区将以此次项目落地为契机,开发普通中小学和幼儿园教师融合教育专业发展课程与资源,编制融合教育实施工作手册,开展教师和管理者培训,建设一批融合教育示范学校,着力创建全国融合教育示范区,让融合教育理念根植于课堂,成长于学校,探索出符合地方特色的融合教育路径。

---

①　资料来源:西安市雁塔区政府办公室.教育部-联合国儿童基金会合作项目落地雁塔区[EB/OL].(2022-05-10)[2023-09-25]. http://www.yanta.gov.cn/xwzx/ytyw/6279b708f8fd1c0b dc963c0f.html.

附录4　西安市特殊教育提升计划实施方案

为加快全市特殊教育事业发展,完善特殊教育服务体系,切实保障残疾人受教育权利,根据省政府办公厅《关于转发省特殊教育提升计划(2014—2016年)实施方案的通知》(陕政办发〔2015〕7号)精神,结合我市实际,特制订本方案。

一、重要意义

发展特殊教育是推进教育公平、实现教育现代化的重要内容,是坚持以人为本理念、弘扬人道主义精神的重要举措,是保障和改善民生,构建社会主义和谐社会的重要任务。近年来,市委、市政府高度重视特殊教育发展,不断加大财政投入,全面改善办学条件,残疾儿童义务教育入学率有了显著提高,但还存在残疾人教育服务体系不健全、残疾儿童少年义务教育不能全覆盖、特殊教育服务保障机制不完善等问题,难以满足残疾人日益增长的教育需求。因此,要加快实施特殊教育提升计划,全面推进特殊教育发展,进一步保障残疾人受教育的权利,帮助残疾人全面发展和更好地融入社会,使广大残疾人共享改革开放成果,实现幸福人生。

二、总体目标

全面推进全纳教育,切实保障残疾儿童少年受教育的权利。到2016年底,建立财政投入为主、社会广泛支持、服务体系全面覆盖、就学条件通畅便利的特殊教育服务格局;切实完善政府主导、部门协同、各方参与的特殊教育工作机制;形成布局合理、义务和非义务教育相衔接、普职融通、教育与康复并重、医教结合的特殊教育办学体系;视力、听力、智力残疾儿童少年义务教育入学率达到90％以上,其他残疾人能接受到合适的教育。

三、重点任务

(一)提高普及水平。针对实名登记的未入学残疾儿童少年残疾状况和教育需求,采取多种形式安排其接受义务教育;积极发展残疾儿童学前教育;发展以职业教育为主的残疾人高中阶段教育。

(二)健全保障体系。提高特殊教育学校生均预算内公用经费标准;实施覆盖学前一年教育阶段和义务教育阶段视力、听力、智力残疾儿童少年的免费教育,积极推进学前两年、学前三年和高中阶段残疾学生免费教育;制定特殊教育学校教师编制标准,配齐配足特殊教育学校、普通学校附设的特教班、乡镇及街道的资源教室和随班就读的特教专任教师。

(三)改善办学条件。新建1所特殊教育学校;依托市级特殊教育学校建设市级特殊教育指导中心,各区县设立特殊教育资源中心,在残疾儿童少年较多的乡镇、街道设立特殊教育资源教室;加大特殊教育学校设施设备配备,加强残疾学生学习、生活无障碍设施建设和校园文化建设。

(四)提升教育教学质量。扩大特殊教育教师培训规模,提升教师专业化水平;加强教育教学管理,落实国家视力、听力、智力障碍三类特殊教育课程实施方案和课程标准,鼓励特殊教育学校研发校本课程和适合残疾学生特点的教材体系;扩大随班就读规模,开展送教上门个别化教育试点和医教结合实验。

四、主要措施

(一)扩大特殊教育规模。

1.扩大残疾学生随班就读规模。各区县指定 3—5 所幼儿园、小学、初中及高中学校接收残疾儿童少年随班就读;进一步完善特殊教育布局,高陵区新建 1 所特殊教育学校,蓝田县特殊教育学校 2016 年 9 月投入使用,启动市盲哑学校、市第二聋哑学校、长安区特殊教育学校、周至县特殊教育学校改扩建项目。

2.完善特殊教育服务体系。市属三所特殊教育学校(市盲哑学校、市第二聋哑学校、市启智学校)分别建立视力、听力、智力残疾特殊教育资源指导中心;各区县依托特殊教育学校或设立特教班的普通学校,成立区县特殊教育资源中心;残疾儿童少年较多的乡镇、街道选择中心学校设立特殊教育资源教室,配备专任教师,配置必要的设施设备和教具学具、图书等教学资源,满足残疾学生个别化教育需求。依托市第二聋哑学校成立 1 所融合幼儿园,市盲哑学校、市启智学校设立学前教育部;现有特殊教育学校设立招收孤独症学生的特教班,有条件的儿童福利机构和残疾人托养机构可设立特教班。

3.提高义务教育阶段特殊教育服务能力。由各区、县教育部门牵头,医疗、康复、心理、特殊教育专家和教师、家长代表共同参与,成立残疾儿童少年入学鉴定委员会,按照视力、听力、智力残疾儿童少年轻度随班就读、中重度集中教育、重度无法就学的送教服务的原则进行分类,依据鉴定结果及学生实际表现对残疾学生进行评估,提出安置和个别化教育建议。全市符合随班就读条件的听力、视力、智力残疾儿童少年,要按照学区服务范围到普通学校随班就读;新城、碑林、莲湖、雁塔、灞桥、未央、阎良等区各指定 3—5 所普通中、小学校附设接收智力残疾学生的特教班;确实不能到校就读的重度残疾儿童少年可采取送教上门或远程教育服务,并将其纳入学籍管理。

4.积极实施残疾儿童学前教育。普通幼儿园要积极接收轻度残疾儿童随班就读;特殊教育学校要设立幼儿园或学前教育部,接收中度残疾儿童就读;未设立特殊教育学校的区县,要指定 3—5 所市一级以上公办幼儿园为定点幼儿园,建立学前特殊教育资源教室,为本辖区 3—6 岁残疾儿童随班就读提供服务。

5.加快发展残疾人高中、职中阶段教育。市属职业学校、各区县职教中心要建立接收残疾学生就读的工作机制,结合社会需要和残疾人特点合理设置专业,为残疾学生接受高中职业教育提供便利;市属三所特殊教育学校要设立职业教育实习实训基地;普通高中学校、职业学校不得拒绝符合条件的残疾人入学。

（二）健全特殊教育保障体系。

1.加大特殊教育投入力度。提高生均预算内公用经费标准,到2015年秋季入学,全市义务教育阶段特殊教育学校生均预算内公用经费按6000元标准执行。随班就读、特教班和送教上门的义务教育阶段生均预算内公用经费按上述标准执行。特殊教育学校学前部（班）、高中部（班）及幼儿园、高中阶段随班就读的视力、听力、智力残疾学生的生均预算内公用经费标准到2016年底前达到每年3000元标准。

2.设立特殊教育专项资金。到2016年底前,根据项目规划、实施计划、可支配残疾人保障金和中、省特殊教育专项资金支持情况等,市级财政安排一定的特殊教育专项资金,主要用于特殊教育学校办学条件改善、教育教学和康复设备配备、市级特殊教育资源指导中心建设、区县特殊教育资源中心和资源教室建设、特殊教育科学研究、校园文化建设等,各区县也要设立特殊教育专项资金;市级财政对区县新建特殊教育学校和改扩建特殊教育学校项目按照所需资金的70％予以补助;市级可支配残疾人保障金的10％用于支持特殊教育学校发展残疾人职业教育,具体项目由市教育局商市残联制定,报市财政局审核;民政部门要做好福利机构孤残儿童抚育、康复、教育工作,将彩票公益金的10％专项用于支持特殊教育事业发展。

3.特殊教育学校要配足配齐教育教学、康复训练等仪器设备,与卫计部门合作开展"医教结合"实验,积极探索教育与康复相结合的特殊教育模式。

（三）提高残疾学生资助水平。

1.将特殊教育学校义务教育阶段残疾学生全部纳入营养改善计划实施范围。

2.2016年对全市特殊教育学校义务教育阶段在校残疾学生给予一次性200元交通补助。

（四）加强特殊教育管理人员和教师队伍建设。

1.配齐配好特殊教育教师及管理人员。编制部门根据实施特殊教育提升计划需要,对特殊教育学校、普通学校附设特教班、区县特殊教育资源中心、资源教室和普通学校随班就读指导教师编制进行细化核定,并按照编制标准配齐配足教师及教辅人员;特殊教育资源中心和资源教室要配备专任教师;市级教科研部门配备专职特殊教育教研员,区县级教科研部门配备专（兼）职特殊教育教研员;市、区县的教育部门要指定专人负责特殊教育行政管理工作。

2.提高特殊教育教师专业水平。加强师德师风建设,增强教师奉献精神和敬业精神,普通学校教师不得歧视随班就读学生,主动配合使用康复设施设备,确保残疾学生正常学习;定期组织特殊教育学校校长培训,特殊教育学校在职教师、特殊教育资源中心教师、资源教室专兼职教师和随班就读指导教师三年内轮流培训一次;市级特殊教育资源指导中心要加强对区县特殊教育资源中心和乡镇、街道资源教室教师的培训,提高特殊教育教师对各类残疾学生,特别是重度和多重残障学生的综合指导能力;特殊教育转岗和新任教师要进行为期半年的专业培训,转岗教师年龄原则上男性不得超过45周岁,女性不得超过40周岁。

3.加强特殊教育教师骨干体系建设。将随班就读特教专职教师、巡回指导教师和学前特教教师纳入特殊教育骨干教师培养范围,丰富培养培训方式,促进教师了解国际、国内特殊教育发展新趋势,掌握先进理念、方法和技能,提高实践及研究能力,建立特殊教育骨干教师队伍。

4.成立特殊教育专家咨询委员会。由市教育局牵头,市卫计委、市残联共同参与,组建专家库,聘请儿童医学、康复心理、特殊教育等领域的专家组成特殊教育专家咨询委员会,对我市特殊教育重大政策进行咨询和指导。

5.提高特殊教育教师待遇。在教师职称评审中对特殊教育教师给予倾斜,在同等情况下优先考虑特殊教育教师;将儿童福利机构特教班和残联系统举办的残疾儿童康复教育机构特教教师职称(职务)评审按照属地原则统一纳入当地教师职称评审;从2015年1月起,将从事特殊教育的教职工特教津贴提高至其基本工资的50%,市、区县特教专职教研员享受特殊教育岗位津贴。

(五)提高教育教学质量。

1.推进特殊教育课程教学改革。认真实施国家特殊教育课程改革方案和课程标准,根据残疾学生身心特点和特殊需求,研发特殊教育校本课程,探索国家课程、校本课程相融合的课程体系;加强个别化教育,注重学生潜能开发和缺陷补偿,培养残疾学生乐观面对人生、全面融入社会的意识和自尊、自信、自立、自强精神,增强教育的针对性和有效性;开展"医教结合"试验,积极探索教育与康复相结合的特殊教育模式,提升残疾学生康复水平和知识接受能力;加快特殊教育学校网络教学资源建设,实现优质资源共享。

2.加强教育教学管理。明确市属三所特殊教育学校的专业化分工,鼓励增加智力残疾学生学位,优化资源配置,提高管理效能;区县特殊教育学校完善招生类别,办好学前教育及义务教育;加强特殊教育常规管理,完善相关规章制度,建立科学的质量监测评价体系,提高教育教学管理水平。

3.建立特殊教育"大学区"管理制。市属三所特殊教育学校与区县特殊教育学校、随班就读学生较多的普通学校建立"大学区";区县特殊教育学校与本辖区随班就读学生较多的普通学校建立"大学区",推动特殊教育与普通教育的交流与融合。

4.加强校园文化建设。以"尊重生命、弘扬人道、传播大爱"为方向,以建设优良的校风、教风、学风为核心,开展学校理念文化、形象文化、环境文化、行为文化等建设活动,促进特殊教育学校内涵发展,提高办学品质。

五、加强组织领导

(一)成立领导机构。成立由市政府分管领导牵头,市教育局、市编办、市发改委、市财政局、市人社局、市卫计委、市民政局、市残联等部门组成的特殊教育提升计划协调议事机构,解决特殊教育提升工作中的重大问题。

（二）加强统筹规划。各区、县政府要加强对特殊教育事业的领导，将发展特殊教育作为落实教育规划纲要和"办人民满意教育"的重要任务，结合实际制订具体的工作方案，明确路线图、时间表和任务书。要本着特教特办、重点扶持的原则，统筹安排资金，合理配置资源，切实解决制约特殊教育事业发展的瓶颈问题。

（三）建立合作机制。各区、县政府要建立领导负责、部门协同推进的工作机制，落实目标任务和主要措施，确保各项任务如期完成。教育部门要统筹推进提升计划的实施，加强对承担特殊教育工作学校的指导和监督，开展特殊教育师资培养培训，依托中小学生学籍信息管理系统平台，加强对残疾儿童少年教育信息监测服务和动态管理；编制部门要根据特殊教育事业发展需要，核定特殊教育专任教师及教辅人员编制；发改部门要把特殊教育纳入本地区经济社会发展规划，支持特殊教育学校建设；财政部门要完善特殊教育投入政策，支持改善特殊教育办学条件，加大对残疾学生资助力度；人社部门要按照国家有关规定，负责完善和落实特教教师工资待遇、职务（职称）评定等方面政策，按照提升计划和特殊教育事业发展需要，采取公开招聘方式，配齐配足特殊教育教师；卫计部门要做好残疾儿童少年的医疗、康复、鉴定评估等工作；民政部门要做好儿童福利机构抚养和教育孤残儿童工作；残联要维护残疾儿童少年平等接受教育的合法权益，建立残疾儿童少年接受义务教育监测指标体系，做好持证学龄残疾儿童少年入学情况、残疾情况实名制调查统计和信息通报工作，做好残疾儿童少年康复训练和辅具配发等工作。

（四）加强督导评估。市、区县政府教育督导部门要将特殊教育工作列为教育督导的重要内容，纳入义务教育发展基本均衡县（市、区）和教育现代化县（市、区）评估；组织开展对特殊教育提升计划实施情况的专项督导检查，将残疾儿童少年入学率、特殊教育教师队伍建设和特殊教育保障水平等作为评估的主要指标，残疾儿童少年入学率不达标的区县不得申报"双高双普""国家级义务教育均衡发展区县"。2016 年底，省政府将对全省特殊教育提升计划实施情况进行全面检查和总结，市政府也将对工作成效显著的市级部门和区县政府，以及做出突出贡献的集体和个人给予表彰奖励。

参考文献

一、中文参考资料

（一）中文专著

邓猛,2014.融合教育理论反思与本土化探索[M].北京:北京大学出版社.

邓猛,2017.融合教育理论指南[M].北京:北京大学出版社.

冯忠良,伍新春,姚海林,等,2010.教育心理学[M].北京:人民教育出版社.

凤华,钟仪洁,蔡馨惠,等,2015.应用行为分析导论[M].台北:心理出版社.

顾明远,1999.教育大辞典[M].上海:上海教育出版社.

哈米尔,埃弗林顿,2005.中重度障碍学生的教学:在全纳性教育环境中的应用[M].昝飞,译.
上海:华东师范大学出版社.

胡晓毅,刘艳虹,2016.孤独症谱系障碍儿童的教育[M].北京:北京师范大学出版社.

华国栋,2011.特殊需要儿童心理与教育[M].北京:高等教育出版社.

黄人颂,1997.学前教育学[M].北京:人民教育出版社.

黄伟合,2003.儿童自闭症及其发展性障碍的行为干预[M].上海:华东师范大学出版社.

雷江华,刘慧丽,2015.学前融合教育[M].北京:北京大学出版社.

雷江华,2012.融合教育导论[M].北京:北京大学出版社.

雷江华,2008.学前特殊儿童教育[M].武汉:华中师范大学出版社.

钮文英,2013.迈向优质、个别化的特殊教育服务[M].台北:心理出版社.

钮文英,2016.身心障碍者的正向行为支持[M].台湾:心理出版社.

彭兴蓬,2017.随班就读的发展与社会支持[M].南京:南京师范大学出版社.

朴永馨,2006.特殊教育辞典[M].北京:华夏出版社.

孙颖,朱振云,2021.遇见特殊需要学生每位教师都应该知道的事[M].北京:华夏出版社.

王辉,2018.特殊儿童教育诊断与评估[M].3版.南京:南京大学出版社.

杨逢铬,嵇晓婴,2013.随班就读教学手册[M].天津:天津教育出版社.

于帆,2019.0—6岁儿童注意力训练[M].北京:中国纺织出版社.

昝飞,2013.积极行为支持:基于功能评估的问题行为干预[M].北京:中国轻工业出版社.

昝飞,2016.融合教育理想与实践[M].上海:华东师范大学出版社.

张家健,高振敏,1989.儿童智能检验与培养[M].北京:科学出版社.

中国残疾人康复协会,2019.孤独症康复教育人员上岗培训教材[M].北京:华夏出版社.

周念丽,2008.学前融合教育的比较与实证研究[M].上海:华东师范大学出版社.

周念丽,2013.自闭症谱系障碍儿童的发展与教育[M].北京:北京大学出版社.

左志宏,2020.0—3岁婴幼儿认知发展与教育[M].上海:华东师范大学出版社.

(二)中文期刊

白秀杰,2010.小学入学适应性的问题及应对策略[J].经济研究导刊(31):323-326.

曹漱芹,宋璐伶,2017.乐高治疗提升自闭症儿童社交能力的研究综述[J].现代特殊教育(14):
48-53.

曹跃进,纳新,孙光,2012.0—6岁特殊儿童康复研究[J].残疾人研究(2):30-34.

陈慧星,邓猛,2021.教育现代化背景下融合教育质量评估框架与发展策略[J].绥化学院学报,
41(1):18-24.

陈佳,邹婉莹,2017.音乐治疗对自闭症儿童情绪障碍的个案研究[J].赤峰学院学报(自然科学
版),33(6):168-170.

陈娇,张瑶,汪甜甜,等,2022.我国学前融合教育的社会支持现状及其影响因素:基于教师知觉
的视角[J].学前教育研究(8):27-36.

陈久奎,阮李全,2006.特殊教育立法问题研究:人文关怀的视角[J].中国特殊教育(6):47-52.

陈茜,张燕红,王利丽,2021.学前融合教育的支持策略[J].江苏教育(87):10-12.

程硕,2017.特殊儿童家长在特殊教育中的角色困境及对策研究[J].现代特殊教育(9):134.

邓猛,朱志勇,2007.随班就读与融合教育:中西方特殊教育模式的比较[J].华中师范大学学报
(人文社会科学版)(4):125-129.

董艳艳,2015.近十年我国学前教育经费投入及其主要成效与困境[J].当代教育科学(1):34-38.

冯帮,陈影,2015.美国特殊教育就业转衔服务解读及启示[J].中国特殊教育(8):9-16.

高宏,郭志云,2020.对我国学前融合教育发展困境的文化反思[J].学前教育研究(5):80-84.

勾柏频,李镇译,田晶,2017.积极行为支持干预聋生攻击行为的研究[J].现代特殊教育(18):
27-31.

郭文斌,王心靓,2022.学前融合教育高质量发展的内涵及实现路径[J].现代特殊教育(22):
26-33.

郭燕芬,柏维春,2017.我国学前教育经费投入-产出效率分析及政策建议[J].学前教育研究
(2):3-16.

郭志云,邓猛,赵勇帅,2021.我国特殊教育专业40年发展回顾与展望[J].中国特殊教育(6):
7-13.

韩文娟,邓猛,2019.融合教育课程调整的内涵及实施研究[J].残疾人研究(2):70-76.

韩雪峰,2015.发挥新闻媒体优势,促进科普宣传工作发展[J].科技传播(16):108-109.

郝德永,1997.关于课程本质内涵的探讨[J].课程·教材·教法(8):6-11.

何萍,2014.自闭症儿童课堂不专注行为个案研究[J].现代特殊教育(1):51-52.

侯婷婷,杨福义,2016.家长执行的自闭症谱系障碍儿童攻击行为干预研究综述[J].现代特殊
教育(10):43-50.

胡青兰,辜思佳,石灿,等,2020.关于学前融合教育课程建设的思考[J].湖北师范大学学报(哲
学社会科学版),40(3):112-115.

胡少华,2020.融合教育中的课程调整:目的、内容及路径[J].当代教育理论与实践,12(1):
42-47.

胡晓毅,范文静,2014.运用图片交换沟通系统改善自闭症儿童需求表达及攻击行为的个案研
究[J].中国特殊教育(10):40-45.

胡梓滟,2016.美国学前融合教育课程解析:以乔沃尼奥课程为例[J].教育导刊(下半月)(9):
90-93.

华国栋,2003.特殊儿童随班就读现状及发展趋势[J].教育研究(2):65-69.

贾枫,张文帅,吕楚瑶,2022.融合教育背景下普通高校无障碍环境建构的多维路径选择与思考
[J].绥化学院学报(10):12-15.

金黎明,刘巧云,刘敏,2023.自闭症儿童自伤行为问题的干预个案研究[J].中国听力语言康复
科学杂志,21(1):79-82.

金野,2011.可视音乐对自闭症儿童情绪与行为干预的个案研究[J].现代特殊教育(1):
81-84.

琚圆圆,2007.动态评估及其在特殊教育中的应用[J].中国特殊教育(2):55-59.

孔静,2022.拓展"医教结合"服务职能,提升特教学校办学能力:山东省曲阜市特殊教育学校的
实践探索[J].现代特殊教育(17):59-60.

雷淑贤,2019.透视台湾地区融合教育,发展大陆地区特色融合教育:台湾地区推进学前融合教
育的经验与启示[J].现代特殊教育(3):77-80.

李晓芳,谢琴,2019.多重障碍儿童共同注意能力训练的个案研究[J].现代特殊教育(13):
65-68.

李晓巍,2015.父母参与的现状及其对幼儿社会能力的预测[J].学前教育研究(6):41.

李秀,张文京,2005.学前特殊儿童转衔教育研究综述[J].中国特殊教育(1):38-42.

李一茗,杨上琦,黎坚,2021.基于游戏的评估:特殊儿童心理评估的新方向[J].中国特殊教育
(12):90-96.

李媛媛,赵巧云,2019.我国学前融合教育师资培养探析[J].现代特殊教育(22):48-53.

李召存,2012.论基于儿童视角的幼小衔接研究[J].全球教育展望,41(11):57-62.

李子建,杨晓萍,柴赛飞,等,2004.幼儿园与小学数学课程衔接的研究[J].当代教育科学(23):
30-35.

厉才茂,2019.无障碍概念辨析[J].残疾人研究(4):64-72.

林云强,张福娟,聂影,2010.美国特殊教育立法中的家长参与[J].中国特殊教育(5):47-51.

林云强,张福娟,2012.自闭症儿童攻击行为功能评估及干预策略研究进展[J].中国特殊教育(11):47-52.

刘佰桥,2013.特殊儿童家长团体的功能及其运作[J].教育探索(2):158-159.

刘继同,2012.中国儿童福利时代的战略构想[J].学海(2):50-58.

刘敏,2012.近年来我国学前融合教育研究综述[J].重庆文理学院学报(社会科学版),31(4):153-157.

刘晓美,许家成,2015.融合教育实施中的动态评估与干预系统[J].绥化学院学报,35(1):25-27.

刘晓燕,2020."互联网+"时代培智学校家校合作探索[J].绥化学院学报(4):144-146.

刘洋,2018.特殊教育家校合作中的问题及其对策[J].现代特殊教育(2):70-74.

陆勤,魏佩君,2016.轻中度自闭症儿童学前融合教育的实践研究[J].现代特殊教育(21):68-70.

马丽,郭颖,2022.多元评估方式在学龄期听障学生融合教育的应用研究[J].中国听力语言康复科学杂志,20(4):260-262.

孟莎莎,2019.我国学前融合教育发展的现实困境与路径选择[J].当代教育理论与实践,11(3):18-22.

缪学超,2015.瑞典发展学前融合教育的新举措及其启示[J].学前教育研究(8):14-20.

欧玉玲,邢强,2022.基于功能性行为评估的自闭症儿童情绪问题行为干预的案例研究[J].卫生职业教育,40(22):146-149.

彭兴蓬,雷江华,2013.论融合教育的困境:基于四维视角的分析[J].教育学报,9(6):59-66.

秦铭欢,刘恩康,2020.国外特殊人群个别化转衔计划研究综述与启示[J].绥化学院学报,40(4):155-160.

秦婉,肖非,2019.美国学前融合教育发展概况、特点及其对我国的启示[J].现代特殊教育(11):75-80.

盛永进,2011.特殊教育课程范式的演进及其转向[J].中国特殊教育(12):21-25.

石茂林,2012.学前融合教育的内涵、困境和策略[J].教育与教学研究,26(12):123-127.

宋宝安,2019.社会治理视角下基层残联组织建设研究[J].社会科学战线(5):230-236.

宋国语,王雁,张琪瑶,2021.我国特殊儿童学前教育相关政策分析[J].特殊人研究(1):70-78.

田艳萍,2014.美国障碍学生的个别化转衔计划[J].绥化学院学报,34(4):146-150.

汪海萍,2007.论加强特殊教育立法的必要性与可行性[J].中国特殊教育(7):3-6.

王纯纯,陈建军,刘洋,等,2021.自我管理策略改善自闭症谱系障碍者重复刻板行为研究综述[J].中国特殊教育(2):61-66.

223

王大泉,2017.新修订《残疾人教育条例》的理念与制度创新[J].中国特殊教育(6):60-66.

王菲,2020.新媒体平台在特殊教育上的传播与运用[J].中国报业(10):96-97.

王红霞,2017.特教中心对促进区域融合教育发展的作用研究:以海淀区特教中心为例[J].中国特殊教育(4):41-45.

王琳琳,2017.推进学前融合教育教师专业化发展的困境与建议[J].现代特殊教育(20):71-76.

王其龙,1994.让家长参与幼儿园教育[J].学前教育研究(1):48-49.

王薇,程春,具孝珍,等,2019.学前融合教育经历时长对普通幼儿自尊感和自我效能感的影响[J].学前教育研究(6):58-68.

王艳,2020.特殊教育学校如何构建"家校合作共育"机制[J].教育教学论坛(1):13-14.

王雁,朱楠,2019.70年的跨越:特殊教育学学科发展[J].教育研究(10):27-40.

王雁,2000.早期干预的理论依据探析[J].中国特殊教育(4):3-5.

王月润,范林,2020.儿童福利院社工与大学生志愿者协同发展新模式研究:以B市儿童福利院为例[J].国际援助(6):144.

王周专,2015.新型互动教学法干预自闭症学生情绪行为问题的个案研究[J].现代特殊教育(16):44-48.

魏寿洪,2015.促进普通儿童认识自闭症儿童身心特征与互动策略的干预研究[J].学前教育研究(9):44-52.

魏勇刚,杨明月,雷雅娴,等,2022.我国学前融合教育师资队伍建设的实践样态与改善路径[J].学前教育研究(8):13-26.

吴扬,2020.美国特殊儿童早期学习与发展评估研究:以DEC发布的指导文件为例[J].中国特殊教育(6):18-24.

肖艳林,文娜,2018.自闭症儿童攻击行为积极干预个案研究[J].绥化学院学报,38(10):72-76.

肖宇,2019.积极发挥志愿者平台作用,壮大"办好特殊教育"队伍[J].现代特殊教育(21):11-19.

谢正立,邓猛,2020.中国融合教育本土化发展与反思[J].现代特殊教育(22):3-8.

修云辉,2019.自闭症儿童自伤行为干预的个案研究[J].贵州工程应用技术学院学报,37(2):106-112.

徐德荣,2012.特殊教育社会支持系统的建立和运作[J].现代特殊教育(1):11-13.

徐芳,2011.高功能自闭症儿童注意力训练的个案研究[J].绥化学院学报,31(5):7-9.

徐小亲,2005.结构化教学在单元主题教学中的合理使用[J].中国特殊教育(3):68-72.

许小燕,2022.区域普特融合教育关键节点"科学转衔"的实践探索[J].辽宁教育(16):45-48.

严仲连,邓涛,琳达,2014.应用全纳教育环境促进教师的专业成长[J].黑龙江高教研究(1):

77-79.

杨广学,2010.推进幼儿特殊教育综合服务体系建设[J].现代特殊教育(6):1.

杨建科,2022.西安市融合教育发展现状研究[J].陕西教育(教学版)(Z1):38-39.

杨丽君,2018a.3—6岁幼儿乐高教育的课程开发研究[J].科教导刊(上旬刊)(1):136-137.

杨丽君,2018b.幼儿乐高教育课程设置的现状研究[J].教育教学论坛(8):203-204.

杨龙祥,张丽莉,2022.加快学前融合教育支持体系建设的思考[J].现代特殊教育(24):8-12.

杨瑞平,2003.互动教学法探讨[J].山西财经大学学报(高等教育版)(1):35-37.

杨希洁,2005.关于学前全纳教育有效性的思考[J].中国特殊教育(9):3-7.

杨晓萍,李子建,陈楷红,等,2004.幼儿园与小学语文课程衔接的研究[J].学前教育研究(9):
    42-44.

杨云秀,苏珠,2016.学前融合教育健康课程的建构与实施:以新津县幼儿园为例[J].教育与教
    学研究,30(12):117-123.

余晓,王玲,2023.幼儿园教师融合教育素养提升路径探索[J].成都师范学院学报,39(1):
    102-107.

庾晓萌,马瑞敏,唐敏,2022.质量评价视角下我国学前融合教育的发展现状及提升策略[J].学
    前教育研究(8):1-12.

悦中山,杜海峰,李树茁,等,2009.当代西方社会融合研究的概念、理论及应用[J].公共管理学
    报,6(2):114-121.

昝飞,谢奥琳,2007.自闭症儿童行为功能评估的个案分析[J].中国特殊教育(5):62-67.

张丹丹,孙钠,2011.成都市幼儿园融合教育现状调查研究[J].教育与教学研究,25(12):
    114-118.

张高丽,2013.在实现中国梦的伟大实践中创造残疾人更加幸福美好的新生活[J].残疾人研究
    (4):3-4.

张国栋,曹漱芹,朱宗顺,2015.国外学前融合教育质量:界定、评价和启示[J].中国特殊教育
    (4):3 8.

张静,杨广学,2015.美国学前融合教育的发展研究[J].绥化学院学报,35(7):4-8.

张凯,蒋惠妃,2020.英国融合教育政策与实践评述:对我国早期教育的启示[J].早期教育(教
    育科研)(2):12-16.

张丽莉,刘新学,2022.学前融合教育教师专业素养调查研究[J].教育理论与实践,42(8):
    32-35.

张世英,2018.我国学前融合教育师资培养现状的分析与思考[J].现代特殊教育(22):44-47.

张薇,张正琴,黄牧君,2014.特殊儿童医、家、校幼小转衔会议的实践探索[J].现代特殊教育
    (12):8-9.

张洋,2013.自闭症儿童自伤性行为干预的个案研究报告[J].绥化学院学报,33(7):103-107.

张瑶,汪甜甜,朱涵,2022.美国高质量学前融合教育指标体系的解读及启示[J].残疾人研究 (1):56-62.

赵斌,张瀚文,2022.特殊教育影子教师的角色定位与改进路:基于特殊教育变革的国际经验 [J].教师教育学报,9(5):106-113.

赵康,罗泮,刘林,2008.农村残疾人社会融合研究[J].安徽农业科学(13):5624-5625.

赵秀梅,2022.特殊儿童家长的入学准备态度研究[J].广西教育(31):13-15.

（三）中文报纸

赖德胜,2008.教育均衡发展是社会和谐的基石[N].科技日报,2008-06-03.

孙玉梅,2012.芬兰的幼儿融合教育[N].中国教育报,2012-12-02(4).

（四）学位论文

安晓燕,2021.嵌入式教学策略在学前融合教育教学调整中的应用研究:以在 A 幼儿园的应用 研究[D].兰州:西北师范大学.

崔志月,2016.幼儿园教师融合教育素养的研究[D].武汉:华中师范大学.

丁芳玉,2011.感觉统合训练对学龄前自闭症儿童刻板行为的干预研究[D].上海:华东师范 大学.

郭亚静,2019.音乐治疗对自闭症儿童情绪行为的干预研究[D].重庆:重庆师范大学.

韩冬梅,2013.幼儿园常规教育的现状研究[D].重庆:西南大学.

何非,2006.中小学"家校合作"的现状与发展研究[D].曲阜:曲阜师范大学.

胡楠,2020.沙盘游戏对自闭症儿童攻击性行为的干预研究[D].沈阳:沈阳师范大学.

黄小妹,2017.上海市辅读学校转衔服务研究[D].上海:华东师范大学.

黄亚丹,2020.运用积极行为支持干预中度智障儿童攻击行为的个案研究[D].武汉:华中师范 大学.

黄媛,2022.孤独症儿童幼小转衔教育的行动研究[D].青岛:青岛大学.

贾婉莹,2018.社会故事法对孤独症学生问题行为的干预研究[D].大连:辽宁师范大学.

江佳蓉,2009.注意力问题儿童可视音乐治疗策略的研究[D].上海:华东师范大学.

李利,2017.普小智力障碍儿童课堂离座行为的功能性行为评估及干预的个案研究[D].重庆: 重庆师范大学.

李术,2004.论特殊儿童家长参与学校教育[D].上海:华中师范大学.

李艳,2009.自闭症儿童刻板行为的积极干预研究[D].上海:华东师范大学.

李艳芳,2019.基于视频反馈法的中度智障儿童攻击性行为自我控制训练的个案研究[D].上 海:华东师范大学.

穆雨萱,2022.积极行为支持应用于中度智力障碍儿童生活自理能力发展的研究[D].沈阳:沈 阳师范大学.

潘文娟,2017.结构化教学对 2～6 岁自闭儿童重复刻板行为的干预研究[D].南昌:江西师范大学.

任会芳,2018.正向行为支持对自闭症儿童攻击性行为干预的个案研究[D].广州:广州大学.

唐子涵,2021.巡回指导模式提升幼儿教师融合教育素养的实践研究[D].成都:成都大学.

万蓓,2007.积极行为支持用于智障儿童问题行为干预的研究[D].上海:华东师范大学.

王洁,2015."自我管理"策略对提升自闭症儿童课堂专注行为的成效研究[D].重庆:重庆师范大学.

王林,2015.家园共育模式在幼儿教育中的应用[D].烟台:鲁东大学.

王强,2017.高中历史"五化"有序教学模式的实践研究[D].杭州:杭州师范大学.

王梓儒,2021.学前特殊儿童家长对融合教育的态度研究[D].长春:东北师范大学.

徐芳,2012.特殊儿童感知觉能力评估量表的编制[D].上海:华东师范大学.

徐芳,2017.融合教育环境下改善 ADHD 幼儿专注行为的研究[D].杭州:浙江师范大学.

郑美妮,2021.幼儿教师融合教育观念与态度的调查研究[D].上海:华东师范大学.

朱晓晨,2013.发展迟缓儿童社会技能的家长执行干预案例研究[D].上海:华东师范大学.

二、外文参考资料

AGAZZI H,TAN R,TAN S Y,2013. A case study of parent-child interaction therapy for the treatment of autism spectrum disorder[J]. Clinical Case Studies(6):428－442.

AMERICA PSYCHIATRIC ASSOCIATION(APA). Diagnostic and statistical manual of mental disorders[M].5th ed. Washington:American Psychiatric Pub,2013.

BAKER A E, LANE A, ANGLEY M T, et al,2008. The relationship between sensory processing patterns and behavioural responsiveness in autistic disorder:A pilot study[J]. Journal of Autism and Developmental Disorders,38(5):867－875.

BARRERA J M,SHEILA L A,1983. The structure of social support:A conceptual and empirical analysis[J]. Journal of Community Psychology,11(2):133－143.

BRONSON M,BHAUSER-CRAM P,WARFIELD M E,1997. Classroom matter:Relations between the classroom environment and the social and mastery behavior of five-year-old children with disabilities[J]. Journal of Applied Developmental Psychology(18):331－348.

BUYSSE V,BAILEY D B,1993. Behavioral and developmental outcomes in young children with disabilities in integrated and segregated settings:A review of comparative studies[J]. Journal of Special Education,26(4):434－461.

CHEESMAN P, WATTS P,1985. Positive behavior management:A manual for teachers[M]. New York:Nichols Publishing Co.

CHENEY D,2012. Transition tips for educators working with students with emotional and behavioral disabilities[J]. Intervention in School and Clinic(9):22－29.

CIPANI E,SCHOCK K,2011. Functional behavioral assessment,diagnosis,and treatment:A complete system for education and mental health settings[M]. 2nd ed. New York:Springer-Verlag.

CLOUGH P,CORBETT J,2000. Theories of inclusive education:A students' guide[M]. London:Paul Chapman Publishing LTD.

DURKHEIM É,1951. Lesuicide[M]. London:Routledge.

EMBREGTS J C,2000. Effectiveness of video feedback and self-management on inappropriate social behavior of youth with mild mental retardation[J]. Research in Developmental Disabilities,21(5):409－423.

FALCOMATA T S,GAINEY S,2014. An evaluation of noncontingent reinforcement for the treatment of challenging behavior with multiple functions[J]. Journal of Developmental and Physical Disabilities(26):317－324.

FALCOMATA T S,ROANE H S,PABICO R R,2007. Unintentional stimulus control during the treatment of pica displayed by a young man with autism[J]. Research in Autism Spectrum Disorders,1(4):350－359.

FARMER T W,FARMER E M Z,1996. Social relationships of students with exceptionalities in mainstream classrooms:Social networks and homophily[J]. Exceptional Children,62(5):431－450.

GABRIEL S R L,AGNEW J A,MILLER L J,et al,2008. Is there a relationship between restricted,repetitive,stereotyped behaviors and interests and abnormal sensory response in children with autism spectrum disorders[J]. Research in Autism Spectrum Disorders,2:660－670.

IWATA B A,KAHNG S W,WALLACE M D,et al,2000. The functional analysis model of behavioral assessment [M]//AUSTIN J, CARR J E. Handbook of applied behavior analysis. Context Press.

KIUPPIS F,2013. Why(not)associate the principle of inclusion with disability? Tracing connections from the start of the'Salamanca Process'[J]. International Journal of Inclusive Education(7):746－761.

KOEGEL R L,KOEGEL L K,1990. Extended reductions in stereotypic behavior of students with autism through a self-management treatment package[J]. Journal of Applied Behavior Analysis,231:119－127.

LANDMARK L J,ZHANG D,2013. Compliance and practices in transition planning:A review of individualized education program documents[J]. Remedial & Special Education(2):113－125.

LEAF J B,2009. Increasing social skills and pro-social behavior for three children diagnosed with autism through the use of a teaching package[J]. Research in Autism Spectrum Disorders(3):275 - 289.

LIEBERMAN L M,1985. Special education and regular education:A merger made in heaven [J]. Exceptional Children(51):513 - 516.

LIU G L,2010. A replication of the RIRD strategy to decrease vocal stereotypy in a student with autism[J]. Behavioral Interventions(25):77 - 87.

MARTIN G,PEAR J,2007. Behavior modification:What it is and how to do it[M]. 8th ed. New Jersey:Prentice Hall.

MARTIN S C. WOLTERS P L,SMITH A C,2006. Adaptive and maladaptive behavior in children with Smith-Magenis syndrome [J]. Journal of Autism and Developmental Disorders,36(4):541 - 552.

MCLAUGHLIN T W, SNYDER P A, ALGINA J, 2016. Using generalizability theory to examine the dependability of scores from the learning target rating scale. Topics in early childhood special education[J]. Advance Online Publication(13):128 - 131.

MEYEN E L, SKRTIC T M, 1995. Special education and student disability:Traditional, emerging,and alternative perspectives[M]. Denver:Love.

PAVRI S, MOMDA A L, 2001. Social support in inclusive schools:Student and teacher perspectives[J]. Exceptional Children,67(3):391 - 411.

ROJAHN J,MATLOCK S T, TASSÉ M J, 2000. The stereotyped behavior scale:Psychometric properties and norms[J]. Research in Developmental Disabilities,21(6):437 - 454.

SIGAFOOS J, MEIKLE B, 1996. Functional communication training for the treatment of multiply determined challenging behavior in two boys with autism [J]. Behavior Modification,20(1):60 - 84.

WEHMEYER M L, BERSANI H, GAGNE R, 2000. Riding the third wave:Self-determination andself-advocacy in the 21st century[J]. Focus on Autism and Other Developmental Disabilities,15:106 - 115.

WINZER M A, 1993. The history of special education:From isolation to integration[M]. Washington:Gallaudet University Press.

WINZER M A,2009. From integration to inclusion:A history of special education in the 20th century[M]. Washington:Gallaudet University Press.

跋

　　和西安市启智学校的合作由来已久，2021 年与西安市启智学校校长李唯宇合作出版了《送教上门工作指导手册》。该书出版后，不仅在全国各省市特殊教育学校产生了较好的反响，而且对陕西省内送教上门工作起到了积极的推动作用。鉴于第一次合作成果在社会上所产生的巨大影响，西安市启智学校领导打算继续和我进行科研合作。在本次合作启动的初期，西安市正在大力推进资源教室的建设，推动融合教育的发展。鉴于西安市学前融合教育领域的工作需要大力推动，西安市启智学校的领导、老师和我反复协商，最后终于确定从学前融合教育师资培训入手，以合格的融合教育师资作为提升陕西省学前融合教育工作高质量发展的具体抓手，这本《学前特殊儿童融合教育理论与实务》书稿由此应运而生。

　　确定了合作目标后，我们很快成立了书稿编写小组，由我担任第一主编，西安市启智学校韩秦虎书记担任第二主编，并邀请九位在国内学前融合教育领域有丰富经验的老师作为书稿撰写组成员。大家通力合作，书稿撰写的进度和质量得到了保证。第一章学前特殊儿童融合教育概述由西安市莲湖区第九幼儿园党支部书记、园长徐继红承担；第二章学前融合教育的产生与发展由陕西职业技术学院讲师田凤娟承担；第三章我国学前融合教育发展的现状与趋势由西安市第八保育院副院长郑竞翔、教师关森承担；第四章学前特殊儿童的评估由南京特殊教育师范学院教师杨艳承担；第五章学前融合教育课程构建由西安电子科技大学幼儿园园长邹琳芝、副园长文婷承担；第六章学前特殊儿童行为问题的干预由四川文理学院教师教育学院教师蒲云欢承担；第七章学前特殊儿童的幼小转衔由西安市第二保育院院长郭茜、教师石才英承担；第八章建构学前融合教育的支持体系由西安市启智学校康训处主任毛鑫辉承担；第九章构建有效的家庭与幼儿园合作模式由西安市莲湖区第八幼儿园园长王勤、教研干事仲溢承担。

　　初稿完成后，我们对书稿进行了统编工作。其中，第一章至第六章由我本人负责，第七章至第九章由韩秦虎书记负责。在书稿后期的加工过程中，我的硕士研究生王心靓、陈淑玉、徐定琴、王君、马晓娟、梁艳、邱翠丝、钟晓杰、王炜杰、张明月等做了大量的辅助工作。

　　在书稿撰写初期，编写小组对书稿内容进行了很美好的设想，想将书稿做成最完美的材料呈现给大家。但是，在书稿撰写过程中，我们每个人都觉得各自想表达的内容很多，等到书稿付梓之际，我们又觉得各自还有太多东西没有完全表达出来，对书稿有颇多不满意之处！值得欣慰的是,不论是否满意,书稿最后如期撰写完成,即将交付出版社予以出版。今后,我们对于本书所涉及领域的研究不会停止,恳请各位专家和学前融合领域的工作者见到本书后,能够开诚布公地指出不足,既帮助我们在今后对本书内容进行更全面、系统的修改,又有助于我们今后开展学前融合教育工作时提升质量。

　　本书的编写和出版离不开西安交通大学出版社王建洪编辑的辛勤付出,也离不开各位编写组成员和朋友在背后的默默支持,在此向你们致以诚挚的谢意!你们的付出和温暖是支持我们团队在学术道路上向光而行、奋勇前行的最大动力源!

郭文斌于临潼静心斋

2024 年 3 月 29 日